低碳智库译丛

UNLEASHING THE SECOND AMERICAN CENTURY

Four Forces for Economic Dominance

Joel Kurtzman

低碳创新和美国经济霸权2.0

（美）乔尔·克兹曼 著

周亦奇 王丽娜 毛舒悦 曹嘉涵 译

于宏源 校　　陈东晓 序

东北财经大学出版社
Dongbei University of Finance & Economics Press
大连

UNLEASHING THE SECOND AMERICAN CENTURY: Four Forces for Economic Dominance
by Joel Kurtzman

图书在版编目（CIP）数据

低碳创新和美国经济霸权2.0 / （美）克兹曼（Kurtzman,J.）著；周亦奇等译.
—大连：东北财经大学出版社，2015．7
（低碳智库译丛）
ISBN 978－7－5654－1908－9

Ⅰ．低…　Ⅱ．①克…　②周…　Ⅲ．节能-经济发展-研究-美国　Ⅳ．F171.245

中国版本图书馆CIP数据核字（2015）第068161号

东北财经大学出版社出版发行
大连市黑石礁尖山街217号　邮政编码　116025
教学支持：（0411）84710309
营 销 部：（0411）84710711
总 编 室：（0411）84710523
网　　址：http：//www．dufep．cn
读者信箱：dufep @ dufe．edu．cn
大连图腾彩色印刷有限公司印刷

幅面尺寸：170mm×240mm　字数：253千字　印张：18
2015年7月第1版　2015年7月第1次印刷
责任编辑：李　季　吉　扬　　责任校对：百　果
封面设计：冀贵收　　版式设计：钟福建
定价：59.00元

“低碳智库译丛”总序

气候变化是当前人类面临的最大威胁，危及地球生态安全和人类生存与发展。采取应对气候变化的智慧行动可以推动创新、促进经济增长并带来诸如可持续发展、增强能源安全、改善公共健康和提高生活质量等广泛效益，增强国家安全和国际安全。全球已开展了应对气候变化的合作进程，并确立了未来控制地表温升不超过2℃的目标。其核心对策是控制和减少温室气体排放，其中主要是化石能源消费的CO_2排放。这既引起新的国际治理制度的建立和发展，也极大推动了世界范围内能源体系的革命性变革和经济社会发展方式的转变，低碳发展已成为世界潮流。

自工业革命以来，发达国家无节制地廉价消耗全球有限的化石能源等矿产资源，完成了工业化和现代化进程。在创造其当今经济社会高度发达的“工业文明”的同时，也造成世界范围内化石能源和金属矿产资源日趋紧缺，并引发了以气候变化为代表的全球生态危机，付出了严重的资源和环境代价。在全球应对气候变化减缓碳排放背景下，世界范围内正在掀起能源体系变革和转型的浪潮。当前以化石能源为支柱的传统高碳能源体系，将逐渐被以新能源和可再生能源为主体的新型低碳能源体系所取代。人类社会的经济发展不能再依赖地球有限的矿物资源，也不能再过度侵占和损害地球的环境空间，要使人类社会形态由当前不可持续的工业文明向人与自然相和谐、经济社会与资源环境相协调和可持续发展的生态文明的社会形态过渡。

应对气候变化，建设生态文明，需要发展理念和消费观念的创新：要由片面追求经济产出和生产效率为核心的工业文明发展理念转变到人与自然、经济与环境、人与社会和谐和可持续发展的生态文明的发展理念；由过度追求物质享受的福利最大化的消费理念转变为更加注重精神文明和文化文明的健康、适度的消费理念；不再片面地追求GDP增长的数量、个人财富的积累和物质享受，而是全面权衡协调经济发展、社会进步和环境保护，注重经济和社会发展的质量和效益。经济发展不再盲目向自然界摄取资源、排放废物，而要寻求人与自然和谐相处的舒适的生活环境，使良好的生态环境成为最普惠的公共物品和最公平的社会福祉。高水平的生活质量需要大家共同拥有、共同体验，这将促进社会公共财富的积累和共享，促进世界各国和社会各阶层的合作与共赢。因此，传统工业文明的发展理论和评价方法学已不能适应生态文明建设的发展理念和目标，需要发展以生态文明为指导的发展理论和评价方法学。

政府间气候变化专门委员会（IPCC）第五次评估报告在进一步强化人为活动的温室气体排放是引起当前气候变化的主要原因这一科学结论的同时，给出全球实现控制温升不超过2℃目标的排放路径。未来全球需要大幅度减排，各国经济社会持续发展都将面临碳排放空间不足的挑战。因此，地球环境容量空间作为紧缺公共资源的属性日趋凸现，碳排放空间将成为比劳动力和资本更为紧缺的资源和生产要素。提高有限碳排放空间利用的经济产出价值就成为突破资源环境制约、实现人与自然和谐发展的根本途径。广泛发展的碳税和碳市场机制下的“碳价”将占用环境容量的价值显性化、货币化，将占用环境空间的社会成本内部化。“碳价”信号将引导社会资金投向节能和新能源技术，促进能源体系变革和经济社会低碳转型。能源和气候经济学的发展越来越关注“碳生产率”的研究，努力提高能源消费中单位碳排放即占用单位环境容量的产出效益。到2050年世界GDP将增加到2010年的3倍左右，而碳排放则需要减少约50%，因此碳生产率需要提高6倍左右，年提高率需达4.5%以上，远高于工业革命以来劳动生产率和资本产出率提高的速度。这需要创新的能源经济学和气候经济学理论来引导能源的革命性变革和经济发展方式的变革，从而实现低碳经济的发展路径。

经济发展、社会进步、环境保护是可持续发展的三大支柱，三者互相依存。当前应对气候变化的关键在于如何平衡促进经济社会持续发展与管理气候风险的关系。气候变化使人类面临不可逆转的生态灾难的风险，而这种风险的概率和后果以及当前适应和减缓行动的效果都有较大的不确定性。国际社会对于减排目标的确立和国际制度的建设是在科学不确定情况下的政治决策，因此需要系统研究当前减缓气候变化成本与其长期效益之间的权衡和分析方法；研究权衡气候变化的影响和损害、适应的成本和效果、减缓的投入和发展损失之间关系的评价方法和模型手段；研究不同发展阶段国家的碳排放规律及减缓的潜力、成本与实施路径；研究全球如何公平地分配未来的碳排放空间，权衡“代际”公平和“国别”公平，从而研究和探索经济社会发展与管控气候变化风险的双赢策略。这些既是当前应对气候变化的国际和国别行动需要解决的实际问题，也是国际科学研究的重要学术前沿和方向。

当前，国际学术界出现新气候经济的研究动向，不仅关注气候变化的影响与损失、减排成本与收益等传统经济学概念，更关注控制气候风险的同时实现经济持久增长，把应对气候变化转化为新的发展机遇；在国际治理制度层面，不仅关注不同国家间责任和义务的公平分担，更关注实现世界发展机遇共享，促进各国合作共赢。理论和方法学研究在微观层面将从单纯项目技术经济评价扩展到全生命周期的资源、环境协同效益分析，在宏观战略层面将研究实现高效、安全、清洁、低碳新型能源体系变革目标下先进技术发展路线图及相应模型体系和评价方法，在国际层面将研究在“碳价”机制下扩展先进能源技术合作和技术转移的双赢机制和分析方法学。

我国自改革开放以来，经济发展取得举世瞩目的成就。但快速增长的能源消费不仅使我国当前的CO_2排放已占世界1/4以上，也是造成国内资源趋紧、环境污染严重、自然生态退化严峻形势的主要原因。因此，推动能源革命，实现低碳发展，既是我国实现经济社会与资源环境协调和可持续发展的迫切需要，也是应对全球气候变化、减缓CO_2排放的战略选择，两者目标、措施一致，具有显著的协同效应。我国统筹国内国际两个大局，积极推动生态文明建设，把实现绿色发展、循环发展、低碳发展作为基本途径。自“十一五”以来制定实施并不断强化积极的节能和CO_2减排目标及能源结构优化目标，并以此为导向，促进经济发展方式的根本性转变。我国也需要发展面向生态文明转型的创新理论和分析方法作为指导。

先进能源的技术创新是实现绿色低碳发展的重要支撑。先进能源技术越来越成为国际技术竞争的前沿和热点领域，成为世界大国战略必争的高新科技产业，也将带来新的经济增长点、新的市场和新的就业机会。低碳技术和低碳发展能力正在成为一个国家的核心竞争力。因此，我国必须实施创新驱动战略，创新发展理念、发展路径和技术路线，加大先进能源技术的研发和产业化力度，打造低碳技术和产业的核心竞争力，才能从根本上在全球低碳发展潮流中占据优势，在国际谈判中占据主动和引导地位。与之相应，我国也需要在理论和方法学研究领域走在前列，在国际上发挥积极的引领作用。

应对气候变化关乎人类社会的可持续发展，全球合作行动关乎各国的发展权益和国际义务。因此相关理论、模型体系和方法学的研究非常活跃，成为相关学科的前沿和热点。由于各国研究机构背景不同，思想观念和价值取向不同，尽管所采用的方法学和分析模型大体类似，但各自对不同类型国家发展现状和规律的理解、把握和判断的差异，以及各自模型运转机理、参数选择、政策设计等主观因素的差异，特别是对责任和义务分担的“公平性”的理念和度量准则的差异，往往会使研究结果、结论和政策建议产生较大差别。当前在以发达国家研究机构为主导的研究结果和结论中，往往忽略发展中国家的发展需求，高估了发展中国家减排潜力而低估了其减排障碍和成本，从而过多地向发展中国家转移减排责任和义务。世界各国因国情不同、发展阶段不同，可持续发展优先领域和主要矛盾不同，因此各国向低碳转型的方式和路径也不同。各国在全球应对气候变化目标下实现包容式发展，都需要发展和采用各具特色的分析工具和评价方法学，进行战略研究、政策设计和效果评估，为决策和实施提供科学支撑。因此，我国也必须自主研发相应的理论框架、模型体系和分析方法学，在国际学术前沿占据一席之地，争取发挥引领作用，并以创新的理论和方法学，指导我国向绿色低碳发展转型，实现应对全球气候变化与自身可持续发展的双赢。

本译丛力图选择翻译国外最新最有代表性的学术论著，便于我国相关科技工作者和管理干部掌握国际学术动向，启发思路，开拓视野，以期对我国应对全球气候变化和国内低碳发展转型的理论研究、政策设计和战略部署有参考和借鉴作用。

何建坤

2015年4月25日

第二个美国世纪：真实的世界还是激情的幻想？

上海国际问题研究院院长/陈东晓

2014年2月，美国学者乔尔·克兹曼的新书《低碳创新和美国经济霸权2.0》在美国舆论界引起了不小轰动。克兹曼以其相当乐观的态度以及颇具感染力的叙述语气描绘了一幅美国经济的欣荣图景。作者试图告诉国内外读者，美国非但没有衰落，而且正迎来一个全新的美国世纪。当然，无论是一般舆论还是学界，对于克兹曼所描绘的乐观图景仍存在不同的看法。一种声音认为金融危机之后美国衰落正在加速，经济缺乏活力，失业率居高不下，并且其在世界格局中的绝对优势陷入困境，世界领导力也有所下降，美国前景堪忧。另一种声音则但支持克兹曼的观点，认为二战以后唱衰美国已经历了好几轮，但是美国却依然是世界上最大的经济体，依然在综合国力各主要领域保持着绝对的领先地位，而且美国的革新和自我完善的能力会保证其持续的活力，因此美国会再次复兴。

克兹曼在书中从四个方面阐释了其关于第二个美国世纪即将到来的论断。首先，美国拥有世界各国无可匹敌的创新力，有着强大的自我修复能力，这是保持美国经济活力的源泉，也是保障美国引领世界经济潮流的基石。其次，美国拥有大量可开采的清洁能源，有着提高能源开采效率的关键技术，这是刺激美国能源相关领域重新整合的关键，也是保障美国能源安全的利器。再者，美国拥有充足且闲置的资金，有着谨慎投资的动力，这是美国制造业能够复兴的前提，也是开启第二个美国世纪起飞的钥匙。最后，美国拥有强大的令全世界艳羡的制造业基础，有着高度自动化的工厂和世界领先的劳动生产率，这些条件保证了美国能够回归实体经济，也是助推美国经济增长的发动机。

不可否认，克兹曼提出的这四大主导力量真实地反映了美国经济中的巨大优势，也是未来美国将继续保持其世界经济领先地位的重要变量，如作者所言，美国创新力体现在风靡全球的苹果产品上，体现在生物制药和医疗器械上；美国的能源潜力体现在天然气储量上，体现在水力压裂法上；美国的充足资金体现在大量美国企业的账簿上；美国先进的制造业实力也体现在其高度发达的机械化水平及高素质的产业工人上。仅就这些方面而言，没有人会怀疑美国的这些优势，也不会去质疑美国的强大能力，这也是美国"复兴论"者的主要依据。

在很大程度上，这本书是克兹曼对美国国内普遍流行的消极情绪的回应，是帮助美国人重拾对美国实力信心的努力。众所周知，最近的二十年来，世界格局正在发生结构性变化，大洋彼岸的中国一跃成为世界第二大经济体，中国制成品开始横扫美国市场，中国成为美国最大的债权国……美国大街小巷热议的都是中国。而太平洋这边的美国却虚拟经济泡沫破裂，经济增长缓慢，失业等问题频现……正如作者在书中坦言，这些年来，美国报纸网络热议的都是"美国衰落"、"我们不再制造任何东西"等。很多美国人都担心第二天早上醒来，报纸上的头版头条惊现"中国已经成为第一大经济体！"这样的噩梦对于习惯于做世界第一的美国而言，不但可怕，而且无法适应。《低碳创新和美国经济霸权2.0》试图给他们带来希望，帮助他们破除美国"衰落"的幻想。

但本书作者克兹曼不断抛出美国具备的各种优势的同时，似乎缺少一些具体的时空对比研究，既没有将美国的各种优势与其他国家进行对比，也没有详细讨论美国国内政治与经济之间的关系。因此，当作者用激情的文字向读者灌输他的思想，重复地强化他的观点时，有时很难令读者就美国在未来世界经济格局中的地位得出一个全面而立体的图景，这不能不说是本书的一个缺憾。

作者延续熊彼得创新理论，推崇美国强大和内生的创新精神，毫无疑问美国创新力引领世界，而且基础深厚，其拥有世界上最多且最好的高等学府，吸引了世界上最多的高精尖人才。但是作者在本书中并没有对美国的创新力进行横向和纵向对比。尽管克兹曼在第一章中对美国的创造能力和潜力大书特书，但是考夫曼基金会（Kauffman Foundation）的一项研究表明，1996年以来美国企业创新力的总体比率是没有变化的，从2011年到2012年间还有轻微下滑。此外，美国统计局的“商业活力数据”显示，美国科技公司正在老化。1978年美国的新生科技企业（创立不足一年）在所有美国公司中占比15%，2011年则下降到8%。三十多年来首次出现了公司的死亡率超过公司的诞生率。另一方面，美国所谓的成熟企业（成立16年以上）则从1992年的占比23%上升到2011年的34%。一般而言，成熟企业在业务上更加趋于保守，不愿冒风险。换言之，创新的动力也不如新生企业。与此同时，OECD的数据表明，在过去几年里，包括澳大利亚、葡萄牙、瑞典、英国等国家的新生科技企业比例不断上升。因此有美国学者担心，长此以往，美国科技企业的整体研发优势可能不保。最为关键的是，要延续美国企业创新的动力，还需要一系列政策配套，如完善移民政策、简化公司财税法、扩大政府对研发投入、提升美国的基础教育等。这些作者在书中并没有充分阐述，也没有探讨美国创新力未来的发展趋势或是发展潜力，只是不断带领读者漫步美国的创新走廊，向读者兜售着他关于美国正在复兴的乐观情绪。此外，克兹曼也没有对美国与其他国家之间的创新力进行对比。无疑，美国总体创新力是领先他国的，但是其他国家并没有驻足不前，例如中国，我们近几十年的科技发展迅猛，中国企业特别是民营企业在技术、业态等方面的集成创新优势不断迸发，与发达国家相比，中国总体技术代际差距在不断缩小。同时，德国、英国和日本等经济强国仍居于技术创新最前线，2014年彭博社对215个国家和地区的创新力排名中日本和德国分别位居第四和第五，仅次于美国，而英国虽然排名稍微靠后，但是其专利活动排名靠前，而且作为老牌的资本主义大国，创新潜力不可小觑。因此，作者的叙述尚无法让读者判断美国未来在全球创新地图中的地位变化。

在制造业方面，克兹曼强调了美国制造业中的生产效率和自动化水平等，但是并没有充分论述这些因素的负面影响。譬如，全球化下的产业布局及自动化生产替代人工的一个重要后果是美国国内中高等熟练技术产业工人的流失，出现了代际断层。如果没有美国职业教育的提升，这种断层难以弥补，美国国内熟练技术工人的短缺必将影响美国制造业回归的进度。又譬如，生产效率和自动化水平的提高意味着人力需求和就业岗位的减少，而作为吸纳就业人口的一大产业如何在效率与就业之间进行权衡不仅是一个经济问题也是一个政治问题，这不仅是由市场来决定的，也要受到联邦及州政府那些政治家们的影响。当前美国极化的政治生态是一个不确定因素。此外，尽管美国制造业基础扎实深厚，但是美国的制造业产值在GDP中的比值并不高，而且中国等新兴国家在起飞阶段主要致力于发展制造业，随着经济基础及市场需求的变化，制造业改造升级也成为必然趋势。在这种背景下，美国的制造业优势是否还能持续，抑或相对优势是否还能保持值得进一步探究。

此外，该书侧重经济和案例分析，对国际体系变化及其对美国的影响分析稍显不足。在全球相互融合的时代，最大的经济体美国受到世界市场的影响巨大，其经济也受到国际政治格局变化的影响。譬如从全球经济形势看，同为发达经济体的美欧日等经济体发展的分化比较严重，同时，新兴经济体增长趋缓，能否顺利实施结构升级和产业调整仍然任重道远。世界其他经济体的发展究竟如何影响未来美国的经济发展态势？作者对此很少着墨。又譬如随着大宗商品价格周期下行，石油价格在未来一段时间内价格会处于70美元左右（高盛公司预测），这对美国页岩气和页岩油生产也会带来负面影响。此外，页岩气和页岩油开发具备高技术、高风险的特点，其开采需要全面先进的勘探、设备及施工等管理系统，还需要多学科的专业综合能力。一些研究还认为美国页岩井和页岩油/气田的生产能力都呈现出陡峭下降趋势，特别是美国国内从环保角度质疑和反对页岩气开发的意见不断抬头。这些因素也或将影响美国能源创新力的发展。

总之，未来美国的发展以及在世界经济版图中的地位变化仍然面临不少风险和不确定，也许不会如作者所估计得那么乐观。尽管本书的分析相对线性，缺少系统的比较和论证。不过，总体而言克兹曼的新书语言通俗易懂，简洁风趣，也颇能代表时下相当一部分美国人的心态，对于我们了解美国经济形势及发展前景提供了一个有益的视角。

↘序 言

在美国参加第二次世界大战（以下简称“二战”）前夕，《时代周刊》的联合创始人亨利·鲁斯提出了“美国世纪”一词。他用这一概念来反映美国正在取得世界中心地位，并且将在相当长时间内保持这一地位。随着第一个美国世纪的消逝，美国开始依赖其他国家来获得能源特别是石油，并由此获取财富。能源和金融通常相互交织。

第二个美国世纪与第一个美国世纪不同。第二个美国世纪基于美国能源独立和成为能源出口国的道路。它基于美国仍然领先全球的创新产业、目前所拥有的大量私人资本和一个正在高速增长、富有成效的工业及制造业基础。第二个美国世纪还根基于美国另外一些强大的，但在很大程度上被低估的特质。

第二个美国世纪会是怎样的时代?

如果把美国强大的农业、工业、高科技、生物科技、大学、研究和军事实力与俄罗斯和沙特阿拉伯所拥有的丰富能源储备相结合，你就可以知道这个新时代是怎样的了。当能源开始从我们的油井中源源而出，制造业也将以越来越快的速度回到我们的海岸。当越来越多的制造商品开始从美国出口到世界各地，金钱将会涌回美国。长期来看，美国的财政状况将得到改善。

如果你将我们北美自由贸易协定的两个伙伴——加拿大和墨西哥也加进我刚刚所提到的那些资源里面来的话，这就会变得更加有趣。如同前劳工部长、财政部长和国务卿以及斯坦福大学胡佛研究院的杰出研究员乔治·普拉特·舒尔茨所说的那样：“以美国为领导的北美大陆，会成为世界创造力和创新的中心。你可以用任何测量标准来衡量这一切：新成立的公司数量、获得的诺贝尔奖数量、在研发上的投入、对其他地区高水平人才的吸引力、专利数量和大学的数量。”此外，还要考虑到舒尔茨所说的

“北美正在逐步成为一个能源的净出口国”以及“这对地缘政治的发展影响深远。美国将获得安全的能源供给，而不需要担心在中东或其他地方所发生的事情[1]”。

美国难以想象的财富将被再次释放。这曾经在20世纪发生过，尤其是在第二次世界大战之后。现在，这一切又开始发生了。在那时，当我们的军队从一场海外无比恐怖的恶战中回到祖国时，那个时候这个国家的债务高达其国内生产总值的120%——这是其历史的最高点——而这主要是由于大萧条和第二次世界大战的原因。当我们的士兵回到祖国后，他们需要工作、房子和教育。他们回到了一个需要新的道路、桥梁、铁路、机场、下水道和港口等基础设施的国家。他们当时回到的那个美国和现在的美国非常相似。

那么，接下来发生了什么呢？

是持续60年的大幅度增长，在这其中只有短暂的干扰。伴随着增长浪潮，我们的大学，科技能力，新产业，对太空，人体及人体细胞的探索等能力都获得了前所未有的发展。正是在那一段时间里，美国发生了转变。

当我们继续向前发展时，美国的未来看上去更加光明。大萧条和房市危机的确带来了巨大的痛苦和干扰，但是它们也清理了低效率的系统。政府可能会被债务所累，但私人部门和数百万的美国人依然坐拥大笔资金，非常多的现金，并且在不久之后，人们将开始消费。在衰退和危机所在之地，我们会以新的乐观主义心态，去面对一个更新的发展时期。

那么，这样的发展会何时发生？

在这个国家的一些地方，这样的发展正在发生。如果前往北达科他州、马萨诸塞州的剑桥市、硅谷和旧金山、奥斯汀、休斯敦或纽约，你将会看到发展的种子正在落地生根。不久之后，美国每个地方都将开始这种新的发展。

这种发展和它将引领的新世纪正是这本书的主题。

↘目 录

［前言］

看空美国的人必输无疑

此书的构思来自于我对2012年美国大选期间许多候选人提出的错误观点的忧虑。这不是人们第一次对美国的现状与未来作出错误的评估了。几乎从大选年一开始便有许多政客和时事评论员认为我们已经出局了。但是在最近的选战中，无论是全国范围内竞争总统的选战还是那些在州和地方进行的选战中，我们听到的无数观点都认为我们最好的时期已经过去了。这其中，一个特别的观点是“我们如今在美国不生产任何东西”，而正是这一观点让我尤其生厌。

这些候选人理应比一般美国民众更加了解和理解当前的美国经济和美国在世界上的地位，但是他们却毫无头脑地重复一个观点。这个观点使美国人民紧张，使他们怀疑我们在世界上的地位，使他们对我们的未来更加悲观。然而更加糟糕的是这个观点是错误的。评论员、知识分子、意见领袖都只是在不断重复这一观点，似乎已经把这个观点当成一个咒语。

中国正在超越我们——“吃掉我们的午餐”是许多人的叙述方式，美国和几乎所有的西方国家的前景或多或少都注定不容乐观。当然，这些人还会补充说我们这一切的问题都应该归咎于其他党派的成员和政策。很难回忆起还有另一次选举时期像这次一样出现那么多恶意中伤和无知言论。

在一些人发表无稽之谈时，我们的大街被占据着草坪边座椅的不同年龄的抗议者们所挤满（很明显这是一种当前流行的抗议手段）。茶党成员与占领华尔街成员互相抢占着媒体时间。

但是当我倾听他们的观点，甚至在一些情况下与这些组织中的一些成员直接交谈后，我立刻发现他们之中没有人真正知道他们在谈论些什么。他们个人的境遇可能有的困难、有的凄惨，但是这些人所遭遇的个人困境能说明整个国家、整个美利坚合众国也同样凄惨吗？美国到底是不是已经陷入了这些人所宣称的那么糟糕的境地？

基于我个人的工作，作为一家非营利、无党派的经济智库梅肯研究院的高级研究人员（虽然这本书的观点主要是我个人的观点）和我在沃顿商学院SEI高级管理研究中心的广泛人脉关系，我有渠道接触到一系列不寻常的数据、事实和其他类型的信息，并且，最重要的是，我可以接触到一些世界上最具智慧和最有洞见的人。我并非是三岁的小孩子，我也不是刚刚才开始搜集关于美国和其前景的信息。在我大部分的职业生涯中，我一直以来都是一个“经济观察者”。我在研究生院就读时就开始研究经济，这其中包括了我在联合国作为实习国际经济学家的一个时期、我在《纽约时报》报道经济和商业事务的阶段和我作为哈佛商业评论主编的阶段。我已经撰写并与他人合写了数百篇文章和数十本书籍来讨论全球和美国经济。在这些年，我已经采访过数百名CEO和其他商业机构负责人，以及一大批政治和经济领袖。如果你和我任何的同事或者朋友进行过交流，他们会告诉你理解经济向何处去一直以来就是我的激情所在。我热爱揭示长期和短期的趋势。

所以，我决定判断一下那些在大众集体意识中占据重要地位的判断是否正确。美国是不是过时了？我们的势力是不是正在江河日下？债务是不是正在削弱我们？中国会不会立刻超越我们？我们真的是一个精力耗尽的国家吗？我们孩子的生活会不会比我们过得更差？我们的创造性和创新性火花是不是正在熄灭？还有当然，我们是不是已经不再生产任何产品了？

谢天谢地，这些问题的答案是“不”！美国不是一个精力耗尽的国家，远远不是。事实上，我希望这本书表明，美国依然处在我母亲曾经说过的“急剧增长期”。借用亨利·鲁斯的话来说，美国即将发动起第二个美国世纪。并且这一个美国世纪会比第一个美国世纪更好。许多人问我这个国家未来会往什么方向发展，根据我所搜集的事实和研究结果，我可以用一个词来回答："向上走。"

毋庸置疑，美国有许多问题。我们需要改善对各种经济背景的孩子们的教育，以确保他们可以获得体面的生活和保持领先；我们需要继续投资我们的基础设施，并且整体上而言，我们应该减掉几磅，因为如今肥胖已是普遍的疾病。但是你能举出一个没有问题的国家吗？问题是人类社会的一部分，并且只有当这些问题得到解决、各种阻碍被移开后，生活才会变得更好——由于我们经济系统所提供的各种激励，结合我们自己的企业家文化，一些聪明的人在一些地方总能挣到钱。我相信你如果把美国的问题放在天平的一边，同时把机遇放在另一边，你会发现机遇将战胜问题。我并不是说我们的问题会在一夜之间被彻底解决，或者这些问题会被非常容易地解决。我的意思是这些问题会随着时间的推移逐步得到解决。

我并没有轻描淡写地提出这些观点。同样我也不总是一个乐观主义者。不过我相信美国的未来是乐观的，比中国、印度、俄罗斯、巴西、大部分欧洲国家和世界上的大多数国家都更为乐观，因为许多事情都在朝着对我们有利的方向进行发展。美国是有天赋的，就像一个流行的电视节目（是指NBC电视台电视节目"美国有天赋"*America Got a Talent*）所暗示的那样，美国也有资源、能力和超过其份额的运气。简而言之，这个世界上，我们所处的这一块大陆充满着财富——包括大量的能源及其他稀有和高质量的资源，包括太阳能和风能、水体与水道、森林和一些全世界最好的可耕种土地。

通过认真研读各种充满事实情况的报表和消化掉足以使我昏昏欲睡的大量统计数据，我现在可以充满信心地说，美国的好日子正在我们前方。虽然我们的孩子们抱怨不断，但是只要他们获得大学学位并参加工作，他们的生活将比我们更好。美国不会失去其经济的统治地位。

美国的实力没有下降，甚至与之相反。我们可能会暂时歇斯底里，受到严重误导，偶尔执迷不悟，甚至有时狂热。但由此并不能说美国的实力在下降，就如你离开布鲁克林时那个标记所说："彻底忘了它吧。"

这取决于你如何理解这些数据，相信我，有许多种理解这些数据的方式，美国是世界上最大的生产国或者与中国并列第一大生产国。如果你把这个世界上70亿人生产的所有产品的价值累加在一起，美国一共生产了这其中的20%。考虑到我们只有世界上4.5%的人口，这绝对是一个巨大的成就。美国的生产力，以人均作为标准进行测量，依然保持世界领先的地位。中国、印度、俄罗斯和巴西——这些国家可能工作得非常努力，但是不管你信不信，美国工作得更聪明。美国所拥有的世界领先的工厂数量是世界第一的。

不止于此，美国企业所制造的大量的各式各样的产品很多是在世界其他地方所生产制造的，这里面包括中国和其他的亚洲地区、欧洲和拉丁美洲、非洲和澳大利亚。要理解这些事实背后的数字是一件棘手的事情，所以我会给你一些轶事来作证。总部位于辛辛那提的宝洁公司在全世界包括美国在内约50个地方生产商品。刚刚起死回生的通用汽车公司在英国生产沃克斯豪尔，在德国生产欧宝，在澳大利亚生产霍顿，在中国生产解放、别克和凯迪拉克，并且在巴西、墨西哥和加拿大组装汽车，其中还要包括它在美国所生产的各项产品。总部位于圣何塞的英特尔在以色列、爱尔兰、中国、马来西亚、越南，当然还有美国生产先进的电脑芯片。这个名单还会越列越长。美国公司在美国国内进行发展，并且将它们的分支机构和旗帜插遍世界各地。我们在这里制造了许多东西，不过我们在别的地方也制造了许多东西，如果这别的地方是指全世界所有地方的话。

为什么我会提起这些呢？因为这牵涉到奇怪的数据统计方式。全世界在美国的货物中，美国公司生产了其中的20%，并且在美国之外的全世界的货物中，美国公司或许也生产了其中的15%~20%。这意味着当你计算中国在全球生产中的份额并且与美国进行对比时，在中国的统计数据中，许多在那里生产的商品是由在华经营的美国公司所生产的。苹果手机、iPod、苹果电脑和苹果的其他部件虽然在中国生产，但是其利润却是给了那家总部位于加利福尼亚库比蒂诺市的公司。[1]

虽然在美国这里也有相似的情况，因为有一些非美国公司在美国境内进行生产和制造，但是，在美国生产制造业中的外资份额依然较小。

这意味着虽然美国生产了在美国境内所有商品中的20%，但是美国公司整体上生产了全世界所有产品中的30%~40%。此外，由于这些公司所赚取的收入来自于其在海外的活动，这些收入由于我们国家对这些公司愚蠢的征税规定而并没有返回美国。当我们的公司税最终（希望如此）得以改革，这些资金将大量涌回美国。这一切的结果是，就如同本书将揭示的那样，我们的企业将坐拥一大笔巨额资金，并且这些资金正等着被调配。

美国是一个全球性强国，经济很早就已经扩展出美国国界，延伸到世界各地。这个世界上没有任何国家像美国这样全球化。

数年前，我被邀请给一个叫做伟事达国际的美国中小企业协会就全球化议题做一次演讲。那一年，在波士顿，大概有800家公司的负责人出席了这次演讲。

我做了几十张关于全球贸易、投资、劳动力成本、市场相对份额和投资机会等的幻灯片。我预计听众中的大多数都应该或多或少读过弗里德曼的《世界是平的》或者类似的书。这些公司的领导者都是非常见多识广的。

在我演讲开始时，我问他们："这里有多少公司拥有国际业务，请举手示意。"出乎我意料，几乎所有人都举了手。要知道，这里聚集的公司并没有包括如通用电气或者通用汽车或者IBM或者苹果，或者任何财富五十强和财富五百强的公司。

这些公司大部分都是位于美国东北部和新英格兰地区的小公司。我估计在这800家公司中，只有一小部分收入超过10亿美元。这些公司怎么可能都成为全球公司？

我因此决定不做一个干巴巴的演讲，而是让我的演讲变得更为互动，所以我邀请在场的听众来互相分享他们走向全球的经验。答案非常简单。这些公司了解到在世界范围内有许多它们没有好好利用的机会后，便努力地找寻商机。大多数公司主要以互联网作为它们的工具，它们用互联网找寻伙伴、分销商、供货商和投资者。

听众们自愿分享他们的故事。罗得岛上的一个工业阀门公司通过网络找到一个德国的阀门生产商来分销其产品到欧洲。欧洲不是这个公司最大的市场，美国和加拿大才是其最大的市场，但是欧洲市场的销量正在上升，尽管整个欧洲大陆正在陷入衰退。波士顿附近的一家生产外科手术工具的公司通过其在网上找到的新加坡的分销商向其亚洲客户销售产品。同样的故事也发生在一家从墨西哥进口零件的汽车零件制造商上。

以大公司的标准来衡量，这些公司都只是小土豆。但是它们阐释了一个重要的观点，就是美国的商业文化没有停滞不前、坐以待毙。美国公司，无论大小，都非常积极进取，没有公司会自愿走向灭亡。它们正在采取各种手段来获得成功，并且它们都是独立地进行这些事业，没有太多的宣扬。这些公司真有勇气。

事实是，美国产品和影响在全世界各地都能看到——在人们的家中、车库里和办公室里，在天空中、在铁轨上、在政府办公楼，甚至在他们的脑海里，这都要归功于我们在艺术、娱乐、文学和音乐上的成就。

德国、加拿大和法国的学生可能在反全球化的抗议中向警察扔石块，但是他们在扔石头时还用他们的苹果手机或者iPod听着美国的摇滚乐和说唱，他们听音乐用的贝茨耳机是由德博士（Dr.Dre）公司生产的。他们穿着李维斯的牛仔裤和耐克的跑鞋（这是你抗议美国时所能选择的最完美的鞋子），同时吃着麦当劳巨无霸和塔可钟的薯条。当他们回到家时，他们用戴尔或者苹果电脑做作业，并且使用美国的药物来确保他们受到警察击打擦伤后不至于感染。在抗议者们做这些事情的同时，那些试图阻止抗议的警察们，正在用摩托罗拉的紧急电台进行交流，驾驶美国产的直升机，如果需要，喷射美国产的辣椒水和催泪瓦斯来驱散集会。

我回顾这些事实有我的理由。如果美国公司在美国生产所有出售的东西——占全世界产品中的30%~40%，其他的国家不仅要大动肝火，它们甚至没有足够的资金来购买我们生产的东西。即便我们把美国的许多制造工厂分布到全球各地，基于你统计的方式，美国经济依然占据了世界GDP中的21%~23%。这是一个衡量我们这个只占世界人口总数4.5%国家表现的有效指标。[2]

即使如此，许多我们的制造基地正迁回美国。但是不要期待从中国或马来西亚迁回的工厂会和它们离开前一样。当新的工厂建立，或者老工厂扩建或再次更新时，它们不会再是它们离开时的那种劳动力密集型工厂了。在这些年里，制造走向了大学，甚至你可以认为研发都在海外进行了。那些再一次回到美国的工厂将会是高度自动化的，并且具有令人叹为观止的生产力，可以生产非常高质量的产品，并且可以在产品完成后一小时内将这些产品发送给它们的客户。那些在这些工厂工作的人们至少需要上过一些大学课程或者需要一个大学学历。发达的肌肉可能在健身房里或者运动场上有用，但是在工厂里再也不需要了。

当然了，美国的政治候选人和那些在草坪座椅上抗议的人们，似乎都没有理解这一事实。一个只占了世界人口4.5%的国家，生产了全世界1/4的商品，这样的国家会是一个精力耗尽的国家吗？

真的吗？如果回答是，那么请说出为什么？

事实是，美国还远没有到夕阳西下的时刻。所谓的大萧条和金融危机虽然干扰了这些年已经开始的一系列巨大和积极的改变趋势，但绝对没有阻止、逆转这些趋势。这其中的一些发生在媒体和人们关注的视野之外，但是它们的确正在发生。而另一些趋势，就像我们刚获得可以开发过去无法获得的石油和天然气储存的能力，终于开始获得一些关注，但是这些关注都是带着一种好奇的目的来看待这一切的，而不是将其看成可以改变我们国家和世界的重要力量。真相是美国就如同一个实验室的试验，往往能够产生正确的结果。

我写这本书的目的就在于将事实从虚构中区分出来，并且现实地评估美国当前地位和它在这个迅速变迁世界所前行的方向。我会用那些重要但受到忽视的事实来作为支撑第二个美国世纪的案例，并且用一种合理的方式来呈现它们，以希望能使你们用新的角度来考察当前的情况。这里有一个事例：美国目前的商业机构坐拥超过4万亿美元的资金，等待合适的时机投资在一些富有成效的领域。从另一个角度看，这一资金量等同于世界第四大经济体德国一年的国民生产总值。而这就是我们公司在银行所拥有资金的数量。[3]

但是，仅仅有事实还只是这一故事中的很少的一部分。在这些年里，我还遇见过许多相信“只有美国才有”的朋友，我会讲述他们的故事以使我能够以更加生动、个人化的方式阐释我的主题。

最重要的是，虽然我希望这本书成为一剂解药，来应对所有那些自私的反对者们，他们只会不假思索地重复或者基于他们自私目的添油加醋地宣传我们最好的时代已经过去了。正如我从国外移民至美国的父亲曾经说的："看空美国的人必输无疑。"当他来到美国的时候，这个观点是对的，如今这个观点依然是正确的。

我的视角

多年来，我分析和理解我们的经济、市场和商业，其中特别关注我们的优势与劣势。在长时期努力地评估我们的前景之后，我认为所有认为美国会立刻衰退的观点显然是毫无根据的，并且是完全错误的。事实上，100年前，我们就听到过类似的言论。现在的这些观点就和100年前一样是错误而荒谬的。

即便如此，末日论是一项巨大的生意。在2008年大萧条和房地产市场崩溃之后，有大量的文章、书籍和令人作呕的网站广告致力于让我们对国家未来继续失望。在2008年，各种各样的预言家——这其中大部分都是自学成才——已经开始预言我们在1929年经历的股市崩溃会在2009年、2010年、2011年、2012年和2013年重演。

这些末日论者中的一个——《趋势》杂志的主编杰拉德·西兰特，认为经济会在2011年陷入萧条。当2011年这一切没有发生的时候，他只是简单地将其预言改到了2012年。另外一些末日论者，例如哈利·登特在过去十年里写了数十本书来预测经济的衰退。经济学家和养蜂人盖瑞·谢林从20世纪80年代起就开始撰写各种涉及经济灾难的文章。[4]

由于在政治上存在如此多的负面消息，同时由于2008年经济和金融危机的幽灵依然笼罩着美国（我称这一阶段为有钱人的萧条，我会在这本书的后面解释这一切发生的原因），美国人自然会感到焦虑，并且更难以信任他们的领导人。因此，他们开始从乐观转为对未来感到担心。

在他们每天开车来往于他们工作之处时，他们中有许多人发现各种频道里都充斥着媒体主播们的咆哮，他们喜欢用对我们领导人充满荒谬的咆哮来吓唬他们的听众。当然，我们的一些领导人确实值得被批判，尤其是那些为了他们个人目的扭曲事实，不考虑国家只考虑自身，或者那些用他们自己的权力来为自身牟利的人。

但是，我们负面的、政治极端化的媒体和为了争取选票可以说一切话的政治风格结合起来产生的效果正在伤害我们的国家。在2011年，CNN一次民调显示48%的美国人认为一种失业率超过20%的1930年式的大萧条已经迫在眉睫。[5]

这一负面性也甚至产生了奇怪的新运动——末日生存者。这些悲伤、恐惧的人们正在提前囤积食物、水、武器和弹药，以应对他们认为即将到来的经济、政治以及可能发生的生态灾难。国家地理频道有个获得高收视率的节目，就是对这些人的准备过程进行跟踪拍摄。这也展示了这些“末日生存者”如何准备逃离他们的住宅——用他们的说法叫“撤离”，从而在地下的临时住所或者偏远地区寻求安全。

并不是每一个人都如同这些人一样惊恐，也不是每一个人都认为大萧条即将到来。但是有许多人确实被他们所读到和所听到的内容吓坏了。

唱衰未来不是犯罪，散布恐慌也不是。如果这些都是犯罪的话，我们的监狱会变得更加拥挤，从格伦贝克开始。然而，虽然这不是犯罪，但是以我的观点来看，地狱里也会有一块专门的区域留给那些用幻想和偏执的谎言恐吓他们的听众，并且试图让他们投资黄金或者那些遥远的永远无法被找到的土地的媒体主持们。

美国依然强大。任何人只要客观地看一看全球各地的经济情况后都会知道这一点。在很多方面，美国与海外的那些经济问题相隔离，包括欧洲的债务危机和亚洲衰退的潜在风险。我认为即使在一个衰落的世界里，美国依然会变得更加强大。其中的原因我会做出解释。

美国远远不是一个精力耗尽的国家，虽然我们问题依然存在，但这都是可控的。这不仅是我的观点，数字和趋势都在支撑我的论断。美国是一个富有、成功和充满活力的国家，并且美国比世界上任何其他国家都具有更有利的地位来塑造未来。当然我们不能躺在荣誉上休息，但是事实就是事实。

一个原因是由于我们地理和地质上的幸运，但是并不是所有都来自于幸运。我们的力量是无穷的。在我们那些关于我们命运的不断恶化的讨论中，我们在经济分析中犯了与气候研究中把一时气象特征当成长远气候趋势一样的错误。虽然在今天天上可能存在一些经济上的乌云，或许明天还会有一些，但是乌云都有散去的一天，长远未来是非常光明的。事实上，我们眼光看得越长远，未来的前景就越好。

我认为一共有四项具有转折性的力量可以帮助推动美国到一个新的高度。在2008年金融危机悲观的后果中和我们充满斗争的过度党派性的拉扯和辩论中，它们被很大程度地忽视了。另外一些国家可能会拥有这其中一到两种力量，从而对它们有利。但是只有美国拥有全部这四种力量。

我们有一个选择：我们可以扭动我们的双手，或者我们可以张开我们的双眼。如果我们选择后者，我们就会对我们看到的非常满意。借用亨利·鲁斯的经典语录："我们正在驶向第二个美国世纪，而风向对我们有利。"

当人们开始指控美国不再制造任何产品时，这主要是因为他们看不到，甚至也不经常买我们制造的东西。美国不再生产人字拖或海滩球或其他装饰品。我们制造的是发电机和燃气轮机、喷气式飞机和推土机、卡车、起重机、军用物资、软件和计算机产品。我们生产医疗器械、药品和其他分析你的心脏、血液和基因的工具。我们制造各种类型的雷达设备。美国生产化肥、杀虫剂和塑料——这其中有些是由大豆和玉米为原料生产的。我们的确比中国生产更少的汽车，但是与日本、德国和韩国相比，我们生产更多的汽车。我们生产的拖拉机数量是日本的两倍、意大利的三倍，几乎比中国多五倍。我们是全世界最大的风力发电国。美国生产和出口的食物数量比全世界任何其他国家都多。美国制造的清单还很长。

就在写这本书的时候，美国人正在遥控一个六轮的、重达2 000磅的火星探测器。这个探测器上装满了各种实验器械，由钚电源驱动，携带激光、烤箱、各种科学试验和成像设备。这个探测器正在距离地球3.5亿英里的火星表面上。同时，加利福尼亚、新墨西哥和佛罗里达的火箭企业家们正在为环绕地球的国际空间站运输货物。这些相对不那么贵的火箭都是基于新的设计。

我刚刚列举的这些产品只是美国所制造产品中的一小部分。人们事实上需要美国制造的东西，并且他们无论如何都需要这些东西。在许多情况下，美国是全世界唯一可以让你买到相关产品和服务的地方。

但是因为一般的美国人不会购买燃气轮机、灭火直升机、艾布拉姆斯坦克或者喷气式战斗机，他们便无知地重复那个观点，即“我们在这里再也不生产任何东西了”。让我们以后在日常对话，特别是在媒体报道中禁用这句话吧，因为它根本不正确。

但更重要的是，我们有可能在不久之后制造比现在更多的东西。由于这里的生产力、成本、市场渠道、质量、创造力及我们新取得的大量廉价和相对清洁的能源，美国将会成为一个开工设厂的“最佳之地”。

四种改变的力量

这些年里，在我的书、文章、专栏和博客（更不要说脸谱网了）中所撰写的关于美国经济内容都是关于我们将面临的各种困难和阻碍的。事实上，我后来在《纽约时报》的同事威廉·萨菲尔，在《纽约时报》杂志他的“论语言”的专栏上，把我称为“经济逆风”这个流行词的发明者。[6]这可以体现出我与这个概念之间深深的共鸣。事实上，当我离开我在《时代周刊》的商业编辑和专栏作家的工作岗位前往《哈佛商业评论》担任主编时，我的一位同事在我的告别派对中站在新闻发布室的椅子上，朗读我的一些书、专栏和文章的标题——“美国经济的下滑和破产”、“金钱之死”、“与衰退共舞”、“寅吃卯粮”，这样的标题还有很多。当时，全场的笑声震耳欲聋，因为人们都在嘲笑我的观察是那么悲观。不过，这些书籍、文章和专栏大多数在之后都被证明是正确的。

我提到这些是因为我如果写一本充满着绝对乐观精神的著作是一件比较古怪的事情，尤其是当其他那么多人——这些人都似乎应该知道这些事情——认为我们正在向经济深渊前进时。然而，我是有事实依据的。

在我看来，美国，一个我们那么多人都认为受到了恩惠（虽然可能由于不同的原因）的国家，即将由于下列原因而再次受到恩惠：

1. 飙升的创造力——这个世界上没有任何国家，可以在那么短的时间里，进行如此多的科学、技术、工业、商业、金融和艺术创新。美国的创造力不仅仅改变了科学和商业，它还改变了整个世界文化。

2. 巨大的新能源储备——美国正在向2020年能源独立迈进，并且将在2025年逐步成为一个净能源出口国。[7]这些新能源可以被用于燃料或变成产品。想象一下在未来，石油和天然气的财富将流向我们国家而不是中东、俄罗斯和委内瑞拉。

3. 巨额的资本——作为大萧条的后果，商业机构开始重新商议其债务，并且商业和个人开始变得对资本尤其保守。数十亿美元投资基金都在私人手中，正在等待着被投放。

4. 无可匹敌的制造业深度——美国已经制造了数不清的东西，并且随着企业转移到美国以利用其充足的能源和资本，使用我们巨大的智慧和创造力储备，美国将会制造得更多。

以色列是一个充满创造性的国家，并且在那里刚刚发现了大量的天然气储备，但它是一个小国，没有足够的资本，在制造业和商业上也没有足够的经验。加拿大拥有能源和资本，并且它也很幸运地拥有一些世界上最具创造力的企业家，但是它的人口数量太少，并且加拿大大部分制造业都被安放在南部靠近美国一侧。加拿大可以制造非常好的零部件，但是很少有任何完成品。日本有足够的资本和人口，并且其制造业水平极高，但是日本没有任何资源。中国有资源和资本，但是它还没有展示它的创造力，并且其制造业虽然规模庞大，但是还远不如我们的先进和有效率。除此之外，中国大部分的新能源都位于缺水地区，而要将天然气和石油从岩石中挤出，需要大量的水。欧洲有一些资源，和一些小规模的、非常棒的创意聚集地，但是欧洲几乎没有任何企业家，并且其制造业深度参差不齐。除此之外，欧洲的资本并不轻易能够获得。我继续谈我的观点。

创造性是非常重要的。如果不是，就不会有人惊叹于苹果的伟大，或者为辉瑞、IBM、特斯拉或波音的创新而印象深刻。如果创造性不再重要，没有人会听我们的摇滚、说唱、乡村或西部歌谣，看我们的电影和电视剧，或者来到美国进行学习或工作。

我不认为创造性是我们基因的一部分。我们是一个太多元的国家，以至于我们不能说任何关于美国的东西是我们基因的一部分，但是创造性是我们的文化。在冷战时期，苏联训练出了大量天才级的科学家和数学家，这其中有许多拥有创新的潜质。只有在移民到美国、以色列或加拿大之后，他们才可以在生物技术、工程或信息技术领域大放异彩；在华尔街的密室里，他们创造了那么多的用于投资和对冲基金的算法。

可以确定的是，美国是一个大国，并且也存在起着不太积极作用的因素。但是如果足够明智，并且把一点点智慧用到工作上，我们将见证美国的崛起。

通过参观我称之为“创新走廊”的地方，让我来向你更详细地解释我所提到的各种力量吧。

[第1章]

漫步创新走廊

来与我一起漫步……

如果我们沿着第三街的西南方向前进，这里直到最近都是马萨诸塞州剑桥市肯德尔广场地区的一条空无一人、杂草丛生的大街，但是在这里美国的未来将呈现我们眼前。过去在这一街区，那些老旧的橡胶和金属制品工厂都早已消失。这些建筑四十多年前都已被推平，从而为国家航空航天局的巨大研究设施腾出空间。然而，这些研究设施仅仅停留在提出计划阶段，由于重返月球的兴趣逐步消减和财政赤字逐步上升，这个研究设施从未被建立起来。事实是美国一直是一个只能对事物保持短暂注意力的国家。

数十年来，摇摇欲坠的肯德尔广场就一直以其大片空地、食品卡车和粗砂粒砖墙仓库而闻名。肯德尔广场毗邻庞大的麻省理工学院。麻省理工拥有一个我不知道如何形容的相当漂亮的校园，这个校园由一大片极客式(Geeky)、雷达穹顶的建筑混杂而成。这是全世界最好的，即便不是最好的，也是全世界最具竞争性的研究性大学。将麻省理工与第三街空地相隔开的是一块正在腐烂的胶合板围栏，在这上面贴着许多寻找丢失的狗和房屋出租的通知告示。你可以在任何年代久远的东海岸城市找到这样的社区。

但是接着一些令人叹为观止的事情发生了。剑桥市的这个街区成为了美国引领的改变世界的新技术浪潮的家园。许多不同的因素促成了这一变化——包括数码技术、机器人、太空技术和航天科技。但是我的行程只会关注其中刚刚形成的领域——生物医疗走廊。

这意味着我会忽略亚马逊公司刚刚租赁下的10万平方英尺的研究地块、谷歌4万平方英尺的研究地块以及微软、IBM和诺基亚的研究中心。这些公司是美国引领的上一个发明和创造时代所遗留下来的一些仍然充满活力的遗留物。那个时代里涌现了大量的软件和硬件公司、芯片制造商、互联网、电子商务、自动取款机、智能手机、卫星定位系统、电子显微镜和数不清的app软件。对于美国而言，这里的大部分产品都已经没有多少领先优势了。

现在正在进行和发生的一切与20世纪90年代发生的并不相同。现在正在剑桥这个在波士顿查尔斯河对岸只有10万人口的小城中的肯德尔广场地区所发生的事情属于一个崭新的层次。如果在之前的时代里，在美国所爆发的惊人的创造力改变了世界的话，在不远的未来，你会看到这里也将发生相似的事情。

研究的温床

围绕第三街的大片空地——实际目前的空地只有很少的一部分了——现在正被数百万平方英尺的新建筑所包围。这些建筑不是你在其他地方能够看到的建筑。在这些空地上修建的建筑物都是高科技实验室，在其中都是价值数十亿美元的设备。更重要的是，在这些建筑物里面工作的人并不是《办公室》这部电视剧里所描绘出的那种普通白领，而是一些全世界最聪明、最具创造力的科学家。这一批新一代创新家们正在乘风破浪，迅猛前进。只是到目前为止，他们大部分都被忽略了，就如同受到忽略的美国创新地位和世界领导地位一样，这些都被我们美国人无知地嘲笑着，并认为美国正在失去这一切。

我的意思是这样的。

如果我们继续沿着肯德尔广场向查尔斯河进发，我们就会看到闪闪发光的、环保的（获得LEED铂金奖：能效环保类建筑最高奖项，译者

注)、由玻璃和钢筋组成的、34.4万平方英尺、12层楼高的健赞公司研发中心和公司总部。凭借着该公司的1.2万多名员工（这里面大部分都是科学家），该公司成为了全世界最大和最具生产力的公司。在那边工作的有数以百计的硕士和博士学位拥有者，他们中的几乎所有人都在获得高学历之后依然从事学术研究工作。除此之外，这里还有一大批“双学位”的人，这些人拥有医学博士和哲学博士两个学位，一些人甚至同时拿到。这些人可能得不到如甜心波波或者卡戴珊那样的媒体曝光度，但是他们正在推动着发明创造的前沿。这些拥有双学位的家伙正在将工程学、数学、化学、生物学、计算机科学和其他学科的知识增补到他们本来就相当强大的医学学位上。虽然我们非常担心我们那些无法在地图上找到堪萨斯州的邻居们，但美国拥有着全世界人数最多的双学位研究者。事实上，美国在有资质的（区别于那些仅仅学习一个学科）的工程师、电脑科学家、数学家、化学家和其他技术专家的数量上依然领先于世界。[1]

在2011年，健赞被世界第四大制药公司法国赛诺菲以200亿美元的价格收购。为什么一个总收入只有不到50亿美元、净利润仅仅略高于4.2亿美元的公司会以如此高的价格被收购？用赛诺菲首席执行官魏巴赫的话来说，“这就是搬到剑桥来的代价”。

我对魏巴赫的评论以及我与其他主要制药和生物科技公司的谈话的解读是——毫无疑问，美国对人类、动植物的生物学研究以及把研究成果转化为实际产品的能力领先于世界其他各个国家。这个领先地位是我们长期在大学投资的结果，也将影响到经济的其他领域，从而创造就业岗位。当越来越多的研究者在剑桥受到雇用（或在其他的美国创新中心里），并且伴随着本土和国外对美国创新者的投资，回报将持续地喷流回美国经济。当我们最有才华和富有创造力的思想者们购买或租赁房屋来居住、购买汽车、外出就餐、在超市购物、看电影、送孩子去上学时，这一切就会发生。我们不用都成为硕士或者博士级的研究人员，就能从这一对美国投资的浪潮中获益。

剑桥市的房价可能确实不菲，但是这并不是魏巴赫所表明的意思。他想说明的是这个世界上还没有其他国家可以在智力、创造力和勇气上与美国进行匹敌。没有国家在科研精英——这其中有许多人是在外国出生的——也包括其本土的学生身上投入如此多的资金。没有一个国家可以如此成功地打破学校院系之间的障碍，从而促进可生产创新的多学科合作。数学家和发明家巴克明斯特·富勒曾经在几十年前这样和我说道："宇宙和生命不是由我们大学设置院系的方式来组织的。上帝没有独立的物理、生物、化学和数学系。如果事物要合在一起才会起作用的话，为什么我们要在学校里把它分成各个不同的学科呢？"

除此以外，没有国家可以像我们这样如此成功地消除学术和商业之间的边界，这也解释了为何那么多公司支持麻省理工和其他类似的研究性大学，而这样的情况并不会出现在欧洲。这些国家在这一类合作上难以获得和美国一样多的资金和投入。

虽然我们不断地给自己挑刺，特别是（也非常合理地）指出我们当前初等和中级教育所存在的令人羞愧的境况，但是美国的主要大学，包括大的州立大学和精英式的私人学院（除了少数例外）都依然在世界上维持着领先地位。（这解释了为何当前有76.4万外国学生在美国大学里努力学习。）

当然这并不表示其他国家没有顶尖的专业，例如计算机科学。大部分主要的发达国家都有一两所具备强大师资和享有盛誉的大学。但是美国大学的名声来源于它们开创和扩展了各个领域。虽然英国科研人员可能是电脑、喷气机和生物医药的先驱设计者，但是这些领域内大部分最领先的工作都发生在美国。

在2012年，当《美国新闻与世界报告》排列世界最好25所计算机科学的学校时，头五位全部都是美国的学校——麻省理工、斯坦福、卡内基·梅隆、加州伯克利、哈佛。在剩下的20所学校中，有一半位于美国。[2]如果你看其他技术领域内的排名，包括工程、生物或医学——这一排名一样向美国倾斜。

考虑到我们的人口只占世界人口的很小一部分（4.5%，这在前言中已经提到过），这里有世界上那么多优秀的大学是非常令人惊奇的。同时，也正是因为这些大学的存在，美国才能继续成为世界无可匹敌的科技超级大国。我们未被超越的科技领先地位将会保证我们经济的领先。

事实上，我们的经济建立于科学技术的基础上，并且将继续建立在这一基础上。科技是这个国家增长的真正引擎，并且是这个国家最重要的优势之一。我们在本书之后的部分将探讨美国在其他方面的优势。而且，美国的无可匹敌的优势不仅仅在于我们所生产出的科技产品，更在于我们设计科技产品的思维方式和方法。

美国依靠科学技术，已经实现了许多成就，但好消息是科技创造力大显身手的时代才刚刚开始。世界正处于一个新发明时代的起点，而美国已经获得领先地位。通过吸引类似于赛诺菲这样的投资，通过吸引全世界的富有才华的探索者，通过生产可以市场化的产品，美国实现了这一点。并且虽然并非所有事情都一帆风顺——例如，生产药品需要耗费比以前更多的资源，失败的概率也比以往更高，但生物制药产业已经注意到这些问题，并正在努力地解决它们。此外，正如我在之后的章节讨论的那样，美国的科技精英们正在处理比以往更为复杂和艰难的问题，而这需要更多的人才能完成。研发第四代抗生素很难，但消除甚至逆转阿尔茨海默病更加困难，这需要聚集数十个不同学科领域专家的力量。

生物医药领域只是许多美国不仅保持领先地位，并且正在推进其领先地位的经济领域中的一个。尽管有权威学者和政治家唱衰美国，提出相关论证或记错用错了统计数据并做了许多悲观失望的演讲，但美国并没有落后于其他国家，而是正向前走得更远。我并不是一相情愿，也没有盲目乐观。我只是简单地陈述事实，正如我后文将说明的那样。

科学遇见商业

位于剑桥的健赞公司在处理癌症的基因疗法以及肾脏疾病治疗、自免疫疾病和其他干扰我们的疾病的治疗方案上位居领先地位。它制造的药品通过使用不久之前还仅仅存在于少数科幻小说作家头脑中的先进的基因工程技术制成，从而来拯救生命。

健赞的发源与其他美国公司类似。该公司由哈佛大学（从肯德尔广场和麻省理工学院只要骑10分钟自行车就到了）的著名学者、化学家乔治·怀特塞兹和风险投资先驱谢里丹·斯奈德共同创立。该公司在2005年被布什总统授予国家技术奖章。同时，虽然收获了诸多赞誉和利润，公司并没有减缓前进的步伐。事实上，赛诺菲收购健赞的一项重要原因就是期望借助健赞的创造力和活力来改造赛诺菲自身的文化——来为这个聪明但保守的法国医药公司中注入一些美国“果汁”。通过收购健赞，赛诺菲获得的不仅仅是一个新的公司研发中心，而是一个新的思考方式。

如果我们沿着第三街继续往下走，沿着它新铺的沥青路面和刚刚被粉刷过的交通线（包括强制的自行车道），我们会路过几家新开的餐馆和咖啡馆。“Za、橄榄油、吉卡、电压”，这些餐馆和咖啡馆的店名体现了它们已经适应了这个地区的创造力。虽然在此之前这仅仅代表着肯德尔广场的知识分子精神，但如今在剑桥的这一地块，第一次出现了咖啡馆文化。在这里，你可以看到满头白发的诺贝尔奖获得者与青年研究者和企业家们一边喝着拿铁咖啡、吃着比萨，一边在聊天。他们在咖啡馆里创造符合SAT考试标准的三段论（毕竟我们在讨论麻省理工）。第三街上的餐馆对于肯德尔广场的天才和极客的意义就如常青藤（Ivy）、歌瑞尔（Grill）或小巷（Alley）和克拉夫特（Craft）之于好莱坞的大鳄们，双叟咖啡馆（Les Deux Margots）、勒多姆酒店（ Le Dome）和梦曼特（Café Montmartre）之于巴黎的作家和艺术家的意义。在这些地方完成了许多事情，概念和理念获得发展、修正和交换智慧并且以一种非正式的方式代代相传。在与你的导师一起品尝双份的特浓咖啡或者与一个同事喝几杯生啤的同时，数不清的知识得到了传递。

我们穿过这些餐厅，右转至主干道上。在那里你会注意到在十层楼高的麻省理工学院麦戈文大脑研究所（见图1-1）前刚刚栽下的一些树木和灌木。这座中心由高科技出版先驱麦戈文和他的太太劳拉·麦戈文的3.5亿美元馈赠中的首付款项所建立。这一中心的目标是以剑桥为中心加快全世界的神经研究（在中国和欧洲的研究所也正在规划之中），并且用跨学科的方式来进行研究。具有创造力的探索者们用他们需要的资源来研发对抗影响大脑疾病的治疗方案，并且推动我们对于大脑工作的理解。在这个中心工作的1/3的主要探索者——主要是其中的高级科学家——都是从全世界其他地方搬到剑桥来进行他们的研究的。他们将成为奥巴马总统所提出的“定位和理解人类大脑工作原理的倡议”的重要组成部分。

图1-1　麻省理工学院的麦戈文大脑研究所，位于马萨诸塞州剑桥市的曾经破旧不堪的区域。爱德·布热斯基摄

在麦戈文研究所的后面是一栋15层楼高、非常现代的占地18万平方英尺的砖头和玻璃建筑，在其中坐落着麻省理工学院大卫·科赫癌症综合研究所。

无论你对科赫兄弟和他们的茶党政治有什么看法，大卫的新研究设施汇聚了全世界范围内来自不同学科的600位最好的研究科学家来创造性地研究治疗癌症的细胞和基因疗法。在最近的一次会见中，科赫告诉我这个研究所被科学家们起了个别名叫做“幸福楼”，因为那边的预算几乎没有限制。这个中心里的25个主要实验室全部是世界最好的实验室。这里的探索者们都来自不同的学科，并且这些结果将对许多人的生命产生如此巨大的影响。科赫对我说，工作在这座楼里的人都觉得在这里追寻他们的事业是一件快乐的事情。在与几个工作在科赫研究所的研究者交谈后，我认为科赫说的是对的。

继续漫步，我们现在来到一栋5层楼高、暗灰色、设计优雅并富有品味的建筑——麻省理工学院和哈佛大学的布罗德研究院。这个中心由埃利和艾德斯·布罗德捐赠4亿美元所建。埃利是一个意志坚定、身材修长、灰白头发的生活在洛杉矶的企业家，他虽然有着优雅的风度，但是行事大胆果断。他建立并出售了一个不断发展的家庭建筑公司，然后他又购买并出售了一家保险公司。董事会里有好几位拥有十几亿美元资产的富翁，他们决定在去世之前捐出所有钱，并大胆地、深思熟虑地，高效地使用这些财富。

这个研究所的目标雄心勃勃——对药品的改革，并且该研究所试图通过增加科学的不同分支之间的合作来实现这一目标。研究所聚焦的六领域其中之一[3]——我喜欢它的表述方式——是这么说的："完成一张关于生命体细胞组成的完整蓝图"——这是一个相当具有野心的目标。另一个聚焦的领域也非常大胆："变革医学治疗的发现和发展过程。"因为创造力是这个研究所努力的核心，布罗德坚持除了科学团队外，一个全职的艺术家也应该在这个研究所里。在这个科学院所里，艺术家的作用是什么？这是为了提醒在这里工作的其他人，来提醒他们创造力可以有不同的形式并可以通过多种道路来追寻，并且更为最重要的是，创造力始终对新观点和新影响保持开放。但是一个更加宏大的想法是：真正的创造力，无论在科学上还是艺术上都意味着有更大的勇气来承担风险。作为对此的激励，布罗德的慈善机构——布罗德艺术基金会拥有全世界最好的艺术收藏，并且将这些艺术品借给博物馆和艺术机构。

布罗德研究所与5所哈佛大学下属的医院有伙伴关系，并且其与这个国家其他大的医院和研究中心建立伙伴关系。在其创始主任麻省理工学院生物学教授埃里克·兰德的领导下，该中心目前是"精确药物"研究的前沿。在这里，治疗基于每个人的DNA，因此对病人的治疗都各不相同。

凭借着位于马里兰州贝塞斯达市国家卫生研究院和其他投资方的努力，在全国各个大学中的研究者们（其中很多是在肯德尔广场）正在向相同的方向推动科学的进步，并且他们正在取得成果。在2003年，当人类基因图谱计划完成的时候，这一项目耗费了13年和30亿美元来完成一幅人体全部DNA组合的地图。如今，相似的分析只要数个小时就能够完成，并且基因排序价格正在迅速地降低。新成立的两家公司——剑桥的生物枪（Gunbio）和康涅狄格离子激流（Ion Torrent）公司正在向市场推广可以以1 000美元左右的价格来为人体基因排序的机器。不仅如此，生物枪的仪器将小到可以放在一个写字台桌面上，这与2003年进行基因排序所需的巨大和昂贵的实验室设备可谓是千差万别。

离子激流和生物枪揭示了新一轮的发明多么强大。虽然摩尔定律表明硅芯片每18个月的计算速度就会翻一倍，今天在生物科技领域的进步已经超越了这一速度。这就是为什么为一个人基因排序的成本从30亿美元降到1 000美元，并且从13年降到数个小时。这也是布罗德研究所在不久的将来即将成功实现完成生命分子组成的蓝图和改变医学治疗的发展进程的原因。

想一想这些目标的力量吧。如果生命中的分子生物学获得完整的理解，并且相应的治疗模式发生改变，那么我们不仅会理解大部分疾病的原理，而且会找到这些疾病的治疗方案。在那时，医生挥舞着三度仪，就像是《星际迷航》中伯恩斯用的那种诊断和治疗疾病的仪器那样，将成为现实。为了鼓励发明创新，位于圣迭戈的市值200亿美元的电讯巨头高通公司将给第一个发明出这种设备的研究者价值100亿美元的奖励。竞赛希望发明者能发明类似于三度仪的设备。这种设备“能够测量出关键健康指标并从中诊断出15种疾病”。[4]

如果我们继续走过科赫和布罗德的研究所，我们就来到了里根研究所，这是一个由麻省理工、哈佛和马萨诸塞州总医院（附属于哈佛大学下面的5个医院中的一个）共同创建的研究所，在这里探索者们正在夜以继日地研发艾滋病疫苗。如果我们向右转，走到公路上，我们将走过怀海德研究所，它们正在与布罗德演技所紧密合作来研制阿尔茨海默病、帕金森病、糖尿病和几种癌症的治疗药物。

当我们继续前进时，我们会路过剑桥创新中心，在这里坐落着十多家高科技软件和生物创业公司。这些处于创业初期的公司在很小的办公室里办公，大部分都以玻璃墙作为隔断。它们共享会议室和其他公共区域从而培养合作和它们称之为“高速流动”的创新。超过100家公司已经在剑桥创新中心孵化成功并商业化，它们共募集了约17亿美元。

在对这一中心最近的一次访问中，我观看了一位企业家所做的演示。她目前是麻省理工一个实验室的神经科学家。她向我展示了她的新产品——一个可以扫描你大脑并了解你情绪的帽子，这个帽子可以了解人们喜欢或不喜欢什么。并且，虽然这不是一项类似于布罗德研究所的那种可以拯救世界的产品和想法，设计这个产品的目的是为了赚钱。这一产品的发明者说："我们的市场客户是广告公司和市场部门，它们想用一种没有偏见的方式了解它们的产品或信息是否触及它们的客户。"

孵化出100家公司乍一看是一个巨大的数目，但是这还达不到麻省理工已经孵化出的公司的数量。自从其创立150年以来，麻省理工的校友们已经开创了25 800家公司，产生了2万亿美元的年收入，在全世界范围内雇用了330万人[5]。这些行业涉及航空航天、通信技术、计算机和生物科技。整体而言，这些公司（包括惠普、高通、德州仪器、美国模拟器件公司、博思公司）都让我们的生活变得更好，并且让我们的世界变得更加富有生产力。

所有这些都不是偶然发生的，相反这些都是计划好的。如果你读过由麻省理工教授二战期间科学研究和发展办公室负责人万尼瓦尔·布什教授写的论文《科学，永无止境的边疆》[6]，你就可以了解科学的重要性被重视的程度了。科学被看成经济增长和整体繁荣的引擎并且是国防的关键要素。

在二战时期，这位一神教牧师的儿子——又高又瘦的布什是少数几个直接向罗斯福总统汇报工作的人，这体现了科学对罗斯福总统的重要性。科学研究和发展办公室在那一时期不仅仅实施了曼哈顿计划，而且还推动了医学研究的深入，特别是与战斗创伤有关的研究；除此之外，该办公室还推动了喷气机、火箭和雷达的研究。在1945年，当战争结束时，布什教授写下了这篇论文，这篇论文首先刊登在《大西洋月刊》，这在当时看起来有点奇怪。这篇文章起名为《我们可能这样思考》，描绘了一个网络，这个网络可以使人们无止境地获得关于任何学科的任何知识，这个网络可以将全世界所有的图书馆都联合起来。这是在前电脑时代对未来的互联网和万维网的设想。

布什教授同时也是雷神公司的创始者，这个巨大的航天公司，非常热情地主张我们现在称之为STEM的教育，那就是科学（Science）、技术（Technology）、工程（Engineering）、数学（Math）。在《科学，永无止境的边疆》一文中，他描述了使用高等教育和先进研究来推动美国经济前进的想法。布什教授的计划不仅仅在麻省理工学院得到了很好的落实，相似的计划，比如加州一些大学提出的一项最终导致硅谷成立的想法，都是以这篇论文为根据的。教育不再如许多人认为的那样是一项花费和负担，相反，让学生在科学和技术方面做好职业准备并且使他们获得最高层次的教育是一项永远获利的投资。

如果继续前行，绕了两个街区就到了艾姆街，我们来到了麻省理工媒体实验室。虽然这个实验室名称叫做媒体，但是这个实验室正在进行包括计算机、软件、生物学、大脑科学和媒体在内的一系列跨学科研究。不断发展演变是媒体实验室的常态。它最近有了一位新领导者——伊藤穰一。他并没有传统意义上教授的职称。伊藤大学中途退学，并且变成一位风险投资家。在他所罗列的各项主要成就之一是长期担任网络游戏魔兽世界中的“玩家协会领导”。他被任命为如此重要实验室的负责人是非常具有争议的，但这体现了麻省理工学院愿意用一种与其他国家类似机构不同的典型的美国方式来承担风险。这也表明只要新世界创新有需要，麻省理工就愿意转入一个崭新的发展方向。

这个新的方向是什么呢？与过去组织一批科学家和研究者并把他们带入实验室不同，伊藤希望将实验室变成一个创意之网的中心，从而可以使全世界最有才华的人在任何地方进行媒体实验室的相关项目的合作。这个网络并不要求所有工作于此的人都在马萨诸塞州，毕竟马萨诸塞州只是一个小州。同时也不要求所有这些人都来自于美国。但是这个网络必须由剑桥所管理，并且这些网络所带来的收益都必须回到麻省理工学院。

正在起步的事情

从2002年开始，大约有400万平方英尺的新研究和办公区域在肯德尔广场被建造。除此之外，还有大约32亿美元的新建设正在进行或将要开始建设。公司、研究中心和新的麻省理工教学楼将占用额外的400万平方英尺的空间。[7]在我写这本书的时候，在第三街有8个大型的建筑项目正在起步。所有这些都表明了美国所引领的新的创新篇章的力量。

在这些正在建设的项目中，有一个是诺华公司（见图1-2）。诺华公司是瑞士医药业巨人，是全世界第三大制药企业。在这些新的建筑中最大的一栋是亚历山大中心，在这里将会有除了诺华之外其他的公司一起入驻，这其中包括百健艾迪。除此之外，随着诺华公司持续将其研究总部从瑞士巴塞尔迁移到剑桥，这一研究复合体将逐步扩大。为什么要把几乎所有的研究人员搬到剑桥来呢？“主要原因是剑桥拥有大批人力资源并且靠近顶尖学术机构”，诺华公司前主席和前任首席执行官丹尼尔·魏斯乐这么对我说。

图1-2 诺华公司在马萨诸塞州剑桥市投资了60亿美元，其中包括新成立的生物医药研究中心。照片使用经摄影师同意

赛诺菲当然也在逐步将其研究人员转移到剑桥，这样可以使他们距离

健赞更近。辉瑞这个世界上最大的制药企业也在剑桥距离赛诺菲和诺华不远的地方建设一座新的3亿美元的研究设施。

距离这些大型的建筑物不远的地方是一些在2008年金融危机之后比较难以见到的东西。这个叹为观止的项目试图建立一个巨大实验区域从而公司可以在它们用完自己的研究区域、需要设置隐秘团队，或者刚刚起步的时候，租用这里的实验区域。虽然在剑桥正在建设那么多建筑，这里的研究实验室总是供不应求。

靠近这些建筑场地的是百健艾迪的世界总部。这是一家由包括美国诺贝尔化学奖得主在内的团队所创建的全球性生物科技公司。百健艾迪在其创立后不久就把其研发设施搬入剑桥并且将其总部搬到了剑桥。

在这条街稍远的地方就是千禧制药，现在是日本武田制药的一部分。千禧制药是一个先驱式的生物技术公司，它使用电脑建模的方式来研发新型的、非常精致复杂的药物颗粒。

除了这些大公司，在这个只占全世界很小一部分的土地上有超过250家生机勃勃的创业企业。这些企业中大多都是马萨诸塞生物技术协会的成员——它们和一切创业公司一样热情地工作着，将各种生物领域的新产品带入市场。

就像所有经验和天才的聚合带一样，在剑桥内形成的生物科技走廊的形成遵循相关规则。哈佛大学商学院教授迈克尔·波特利用他富有成果的学术生涯中的大部分时间研究这些聚合带是如何逐渐形成的。[8]这个过程一般在新知识开始得到应用时，经常始于专注于某个特殊领域的公司。这家公司——也许是一家家族企业——可能从自己的研究团队或者现存的研究中获得超过对手的优势。波特所研究过的一个聚合带位于意大利。在那里，一些企业生产织布机及其他的产品。

当被雇用者觉得自己能比雇主做得好的时候，竞争知识就得以转移，例如公司创始人的儿子认为他可以比他父亲做得更好。他深思熟虑、展开规划，从远房叔叔或者遥远的银行那里获得资金。然后，他离开原来的公司，自己成立一家新的竞争公司。

现在，儿子的新想法得以落实，新公司也开始发展。接下来常发生的事情是在新公司工作的人开始不再对儿子的旧想法感兴趣了。他们展开策划，到远房叔叔或者遥远的银行去筹资，然后创建自己的公司。在这个过程中，公司的数量开始上升，人们开始搬迁至这个区域来借势发展。当这一切都发生时，银行开始进驻这一区域，伴随于此的是律师和咨询顾问。一个创业者接着一个创业者，知识以一种缓慢但稳定的节奏转移和提升。

我这种简短的总结并不能很好地阐述波特的理论，但你应该大致理解这种想法。现在考虑一下正在剑桥发生的事情吧。在这里，创造新知识的主体不是个人或小公司，而是麻省理工学院、哈佛大学、塔夫茨大学、波士顿大学等。除此之外，这里的研究中心都由全球性的制药公司和生物技术公司运营。这个区域拥有极端发达的金融中心，有着众多的律师、咨询顾问和各种类型的专家。

不用提这个国家的其他地方，单单波士顿剑桥地区的人才和资源的高聚集程度就令人震撼了。更重要的是，这里的大学在没有任何规划设计的情况下，很早以前就得出这样的结论：最有天赋的研究者抽出一些时间离开学术工作来创立公司符合所有人利益。不仅如此，这些大学都从自己实验室所发明的产品那里获得资金收益。在这个区域还有许多大型的生物科技和制药企业。这些企业有时利用公司中的人才培育新公司或者购买由其他人创立的公司。几乎所有在这个区域运行的大型制药企业都有投资创业项目的风险投资项目。这些模式取代了传统的、缓慢的区域发展模式，为这一区域带来火箭般快速的发展。

美国人做得十分好的事情是保持大学和商业机构之间大门的畅通。这不仅仅在生物技术走廊取得了良好的结果，而且在美国的其他地方和经济的其他领域也获得了巨大的成功。在不同机构之间大规模流动的想法和人员、新开创公司、既有公司、学术研究机构加快了创新和改变，这也有能力来创造足够强有力的增长。虽然其他国家试图复制在剑桥或者硅谷所发生的一切，但是这样的尝试大部分都失败了。

虽然有些国家也能实现知识在大学和商业机构之间的转化，但是没有国家可以和美国媲美。即使其他国家的学术机构愿意为商业利益服务，它们也缺乏我们如此独特的美国优势——那便是一种务实的、高度企业家精神的和个人主义的文化。

德国、日本和法国的工人和他们的美国同行一样聪明。但是他们不会摆脱他们过去受雇用的地方来开创新的公司，也不确信未来他们能否创立比现在工作的公司更大、更好和更有价值的公司。除了很少数的一批人，其他国家的研究者不会抵押他们的房子、将信用卡额度刷到最高，并且从他们朋友处借钱来组建公司从而将他们的想法商业化。这是美国所特有的肆无忌惮，而这也使美国保持着世界第一。

然而，美国还有更多的独一无二的地方。

经济影响

骑自行车穿越剑桥前往波士顿只需要10分钟。我们的第一站就是马萨诸塞州总医院。这家医院是哈佛大学的合作伙伴，是管理ENCODE项目的所在地。ENCODE全称是DNA元素的百科全书，[9]它对我们细胞中80%的所谓“垃圾DNA”进行定位，发现这些DNA其实并不是垃圾。这些基因物质控制许多生物功能，在它们出现问题的时候，疾病就会出现。

通过全世界32家研究机构相当于350年电脑时间的研究，这一个由国家卫生研究院资助的项目发现了400万个在我们细胞中的开闭转换。这些转换控制那些对我们健康有贡献的正常特性和那些导致问题的非正常特性。这个项目将会在未来十年内获得理解生物学的重要洞见。

在肯德尔广场附近是哈佛大学、波士顿大学和波士顿大学研究和医学的综合设施。塔夫茨大学的医学院和实验室也在附近。在更远一点的地方是布兰迪斯大学、东北大学和马萨诸塞大学的波士顿分校。这些世界一流的大学不仅互相合作并且与这个国家的其他研究机构也保持密切的合作。

你会发现在距离剑桥更远的地方，在马萨诸塞州、美国乃至全世界范围内，许多重要的拯救生命的药物来自于麻省理工学院附近的研究机构的发现。整体而言，在剑桥这一小片区域积聚的公司生产和销售了价值数千亿美元的产品并且在全美国雇用了数以万计的员工。生物医疗产业为美国经济提供了高收入、高产值的工作岗位。把这一研究密集型领域对经济的整体影响进行加总，美国劳工部发现这一领域在2009年提供了私营部门内120万个就业岗位、960亿美元的收入和2 130亿美元的产出。一项独立的研究发现在这一领域的研究每投入1美元，会带来2.20美元的新增收入和7个新增岗位。

没有任何国家像美国一样拥有类似麻省理工学院周边的第三街走廊的地方。知识、研究经验、脑力和激情在这里的汇聚是无法比拟的。这也是为何那么多公司，例如赛诺菲、诺华、武田为了搬入这块区域愿意支付高昂的费用。没有任何欧洲国家，也没有任何亚洲、非洲和南美的国家拥有和马萨诸塞州这一平方英里大小的地区一样先进的地区。事实上，其他国家连与这里稍微接近的地方都没有。

美国优势

这还不是最真正令人叹为观止的地方。麻省理工周边区域只是美国所拥有的众多研发中心区域中的一个而已，还有其他与剑桥比肩的能力的中心。许多这样的地区都见证了大量外国资本和国际人才的涌入，因为这些国家都希望通过借助美国的研发优势来使自身的产业富有活力。

美国其他的研究中心散布于整个国家。令人印象深刻的人才、知识、资源汇聚在加州大学伯克利、旧金山、圣迭戈分校附近，也在加利福尼亚州拉荷亚市的斯克利普斯索尔克研究所附近集聚。这些加州的研究中心可与剑桥相提并论，并且在整体上甚至超越了剑桥。

但这还不是加州所拥有的一切。在硅谷边上靠近斯坦福大学的门洛公园附近也有一个研究者和创业公司的聚集地。第一家基因公司基因泰克就在此建立，并制成基因修正胰岛素来对付糖尿病。

在新泽西州的I-95走廊附近也有数十家研发中心和公司，在这里坐落着许多世界上最大的药企。虽然我们对于新泽西的印象可能会因为如史努基和《战火迷情》的真人秀电视明星的特写镜头而产生偏见，但事实上新泽西远比这些明星的名声所暗示的要严肃得多。这里研发了数十种新药，也是如强生这样的医疗业巨头的所在地。

这个国家其他的区域也发生着世界一流水平的创新。在北卡罗来纳有一片围绕着杜克大学的区域被称为研究铁三角，在那里坐落着昆泰尔（Qunintle）公司。该公司组织、评估和用数据分析全世界大部分的药物试验。除此之外，还有一些围绕着得克萨斯奥斯汀分校周围的区域、休斯敦医学综合设施、洛克菲勒大学和纽约的威尔康奈尔医学中心。纽约也是辉瑞制药的所在地。

在匹兹堡的卡内基·梅隆大学附近也有另外一个研究聚集地。在西雅图也有一批非常具有创意的生物技术研究者。明尼阿波利斯市是第一个可植入的心脏起搏器发明的地方，盐湖城是第一个肾透析机器被完善的地方。在纽约州的雪城附近，通用电气制造着核磁共振、电脑分层摄影机和手提超声波设备。

我的观点很简单，美国是世界增长最快的经济领域的大本营。这个领域的增长没有任何减缓迹象。成为这个产业的中心需要满足一系列条件——教育机构、全世界最聪明的头脑、最好的经理、风险投资家和昆泰尔这样的世界顶尖的服务和咨询公司。

单凭美国在这一个领域的经验和活力，那些认为美国衰落的观点合理吗？我们不再生产任何东西的观点正确吗？

当然不合理，不正确！

创造力和公司

刚刚描述的情况仅仅聚焦于经济中的生物技术和制药领域。这些领域充满活力、发展迅速并且被证明是国家经济发展的有力引擎。然而，还有许多产业与生物和制药产业一样。事实上，这仅仅是美国众多领先世界的领域中的一个。这些产业都拥有自身的创新和创造力聚集带。那些专家在讨论我们的衰落的时候，都没有提及这些领域。

电脑硬件和软件、电信技术、先进制造业、材料科学、化学、航天、太空工程、电力工程、人工智能、“大数据”分析和其他各种各样的领域——它们都有散布于这个国家不同地区的研究中心。斯坦福和伯克利周边的高端计算机产业的集聚区与剑桥第三街区域非常相似。两个区域都是全世界最好的思想、公司、教育和研发机构的大本营。这些集聚区都已经发展成熟。这些区域的咖啡馆和酒吧里有着在计算机领域工作的外籍居民、大量的风险投资商、咨询顾问以及世界一流的公司。其中的一些是刚刚创始的企业，而另一些已经发展成熟。

这些我所提及的拥有生物技术和计算机的地方不仅仅是美国和我们自身经济的重要中心。它们对世界在这些领域的发展都有着至关重要的作用。虽然最近出版的一系列悲观的作品，例如乔治·帕克的《解除：一部新美国的内部史》，或者是库伦·默菲的《我们是罗马吗？帝国衰落和美国命运》、法里德·扎卡瑞亚的《后美国时代》、莫里斯·伯曼的《为什么美国输了》和爱德华·鲁斯的《到了开始思考美国处于衰落的时代的时候了》都在哀叹我们在经济、产业和政治上的衰退，但是真正的现实是美国经济由于我们对创新者的尊重和珍惜而正在强化美国在世界上的优势地位。

我们通过哪些指标的测量能得出经济下滑或者创新趋缓的结论？专利的数量就是典型的指标。虽然美国仍然在专利数量上位列世界第一，但是一些其他国家明显正在迎头赶上。不过如果你稍微仔细地看一下这个数据的话，你会发现迎头赶上的原因是它们的版权法远远比我们宽松。在这些国家可以被授予专利的产品或流程在美国绝对不会被授予专利，这是因为它们缺乏创新性。我提到这一切，并不是想捍卫什么。我只是简单地述说一个事实。一些国家有专利保护的严格标准——爱因斯坦曾经是瑞士的一位专利官——但另外一些国家只有较为宽松的标准。

如果你依然不相信我们是创新者，问问看你自己，你能找到几个欧洲、亚洲或者拉丁美洲的公司或组织可以与苹果媲美。苹果公司不仅仅持续通过研发各种新产品和新的商业概念和模型，例如iTunes，来让我们眼花缭乱。并且请不要忘记，苹果成功地开发了第一台个人电脑。并且，苹果公司绝对没有用完前进的燃料，苹果还将继续震撼我们。

或者让我们考虑下斯坦福大学里面富有创造力的氛围吧，在那里两个研究生拉里·佩奇和布林开创了谷歌。

还有亚马逊，它开创了网络图书销售的先河，并且通过各种新的富有创造力的方式进行改变。亚马逊是商店中的商店。非常小的二手书商和其他小的商户可以在亚马逊强大的网站上销售它们的东西。亚马逊同时也是一个比较价格和购买商品的平台，并且亚马逊借助其云计算的基础设施还成为了商务和商业服务的提供商。我们也决不能忘记Kindle电子书阅读器，这在2007年由亚马逊推出，比苹果出售第一台iPad要早3年。Kindle重塑了整个书籍产业并且改变了我们阅读、学习和理解的方式。

我们也不能忘记微软公司，该公司的软件使个人电脑出现在全世界几乎每一个商务人士的办公桌上，或者英特尔公司，它依然还在生产着先进的芯片从而使电脑更便宜、更快速同时也变得更好。

在生物技术的世界里，美国对于创新的偏爱也使得全世界最杰出的人才来到我们国家。一些像健赞和安进这样的多产品基因工程的大型创新者在全世界范围内得到尊重。同时，更新、更小的公司例如阿米香树正在利用基因工程技术对抗疟疾；合成基因组公司正在制造合成微生物；正在研发抗癌新疗法的昂科基因公司（Oncogenex）和正在创造新型抗生素的新星湾制药公司都被认为是在该领域世界领先的公司。它们的存在证明新的公司还在继续出现。

除此之外，美国还有风险投资业。这也是在美国首先出现的行业。风险投资能找到新的企业家，为他们提供资金并帮助他们改变整个世界。在这个名单上再加上在加利福尼亚、德州和北卡罗来纳、华盛顿州和其他地方的几十家生物技术公司。美国将拥有足够强大的基础来向未来挺进。

我的清单还远没有完成，本书之后还会提到其他公司，但实际上这几十个或数百家独特的美国公司和组织持续创新。美国被独特地赋予了创造性和商业敏锐性，这足以维持美国数十年的领先地位。这并不意味着我们应该就此满足。然而，即使美国受到挑战，我们依然会继续保持成功。

我们的时代还将继续

在过去把资金投给美国最杰出的人才可以获得丰厚的回报，这在未来将继续获得丰厚的回报。这是我们增长的引擎，并且我们必须保护这一切。中国、印度、巴西、俄罗斯和其他新兴市场国家也很有可能获得它们自己的发展黄金期，但是现在还不是时候。对于那些没有到过这些国家的人来说，这些国家的星辰闪耀夺目，他们无法理解这些国家的能力和局限，或者这些国家将花费多长的时间来发展世界一流的科技能力和公司。

然而，剑桥和其他美国城市还有一些其他难以量化的优势——原始的创造力。人们常把它当做一个好品质。但事实上，创造力可以提供巨大的优势。

有些国家或许正在实验室和大学建设上投入巨资，试图成为一个研究上的超级大国，但是目前为止这一投资还没有被证明是成功的。它们已经精通技术性的研究，建设了大量的实验室，但也就仅限于此。突破新的知识领域与通过购买别人的专利和设计来建造汽车或火车不同。成为一个研究上的超级大国需要深邃的思考、对于真理的持续探索、永不停息的质疑和对于失败的容忍——甚至包容争论和不同观点。

刚刚我所提到的那些品质都是人类固有的。但是那些强调统一性和共识的社会——无论是出于政治或者社会原因——并且使这些社会中的不同观点者保持沉默的社会，会比我们这种包容甚至欢迎刺耳辩论的社会更可能镇压创造力。创造力是混乱的、刺耳的甚至是无政府的。一些最具有创造力的人也往往是顽固的、以自我为中心的和超级有活力的。他们不能安静地坐着，他们往往不愿按照别人的指示进行工作，他们有非常出其不意的创造性想法，并且有时他们也有非常狂野的政治想法。简而言之，具有创造力的经常是那些疯狂渴求知识和经验的不合群的人，他们不随波逐流。正如我们是一个移民的国家一样，我们也是由不合群的人组成的国家，这也是我们的艺术或流行文化所赞美的。

创造精神和艺术家的精神一样，这也是为何布罗德研究所要安排一位艺术家的原因。这种成为有创造力的人所需要的反权威的精神可能为世界上许多其他的文化所厌恶，但这是这个国家所构建的基石。美国不会像许多威权国家一样把具有创造力的艺术家、流行乐手、科学家或者政治家关押在监狱里面，除非他们犯下明确的罪行。

如果我们足够诚实，我们一定要意识到成为一个创造性的国家并不容易。这在日本——一个曾经让我们恐惧的国家没有发生。虽然日本花费了数万亿日元来培育各种创新的计划（在其中的一些研讨会中，我也做过演讲）。即便如此，虽然培育了那么多项目，日本在创新上依然存在困难。否则，在20世纪80年代提供给我们特丽珑彩电、随身听CD机和索尼商店的索尼公司，也应该会在21世纪给予我们iPod，iTunes，iPad和出售这些产品的商店。不过，尽管日本的创新引擎停止了，美国的创新引擎依然在轰鸣着。

请不要错误地理解我的观点。日本依然有着非常好的工程能力和令人叹为观止的工厂。日本人非常聪明并且受到很好的教育。日本是世界汽车和电子产品的领导者，但是日本文化没有我们那么富有创造力。它在很多产业获利并且巨幅地增加其市场份额，但是它没有开创任何新的产业。

没有一个。

那么美国呢？我们创造了几个产业，从核能到个人计算机、互联网、基因工程、电子书出版、卫星定位和许多其他的产业。

变得具有创造力

我曾经担任一些大型的印度技术外包公司——例如佩恩公司和HCL公司的咨询顾问。我觉得这些公司的分析师和技术人员都非常聪明、受到过良好训练并且非常富有能力。印度理工学院（IIT）的5个校区（不算最近新增的校区），都是世界一流学院并且培养出世界上最好的工程师、计算机科学家和技术专家，但令人遗憾的是虽然印度理工学院的学生非常有天赋，他们却只能成为技术专家而无法成为企业家。然而，看看许多硅谷最有名公司的创始者名单，你会发现许多公司都是由移民到美国的印度人所创立。事实上，整个硅谷新创企业中的13.4%[10]都由占美国人口不到1%的印度裔美国人所开创。那么是什么改变了他们？

根据我的观察，答案是当印度的技术专家融入到美国文化中，他们受到我们对企业家的热情的感染。美国改变了这些人。印度拥有一种非常引人入胜的、丰富的和在一些情况下非常正式的文化，或者应该说多种文化，因为印度文化极其多元化。在印度，人们很少在公司里直呼对方的名字。这种结构容易造成等级化的文化。人们做他们被要求做的事情，直接表达自己的想法并不受到鼓励。

然而，在美国，我们期待我们的工程师在看到一些错误事情的时候直接说出来。当他们这么做的时候，我们就取得了进步。纽约市长布隆伯格了解鼓励人们直抒胸臆的价值。这就是为什么他在纽约许多地方放置这样的标志，上面写“看到什么，就说什么”。这是一种弥漫在全美国的态度，既能在大学里看到，也能在商业和技术文化中看到。这并不表示印度的公司能力不强或者不够具有竞争力。它们的能力和竞争力都不错，并且它们也拥有许多令人赞叹的人才，只是没有企业家而已。

在为许多公司工作的时候，我观察到一件有趣的事。当一个外国的工程师来到美国的时候，他或她仍然受到他们祖国等级制文化的影响，但是在美国工作一段时间后，这些移民发生了变化。他们开始展现出创造力并开始对企业家文化感兴趣。在我们文化的影响下，在美国的印度人比在印度的印度人以更快的速度创立企业。

其他国家的人才移民到美国是他国的损失，是美国的收获。我们的创造力非常具有感染力并且吸引具有才华的人来到美国。我们需要在他们来到这里工作或学习之后把他们留下来。对富有才华的外国人开放我们的国门对我们是有利的。为什么？因为美国的诺贝尔奖得主中的25%都出生在另一个国家，因为硅谷和美国其他地方的一大批企业家都是移民，因为许多财富500强的CEO都是移民。这些人或许在他们自己的国家也生活得不错，但是在美国他们成为了超级巨星。他们的创造力被释放出来了。[11]

[第2章]

富人的萧条

美国经济已经复苏。如果倒退几步，看看几年前，也就是正好到2008年金融危机之前的那几年的情况，我们就更容易理解这个说法了。其实我在那个时候就已经注意到经济中的一些不同寻常之处：灾难降临的时候其实经济中已经出现了许多积极的趋势。出口和美国制造业投资都在增长，能够充分利用我们那巨大但是之前无法触及的能源储备的新技术也在开发中。与此同时，中国的制造业成本在增加，而美国的成本却在下降；印度编写软件的成本在增加，而美国的成本在下降，生产力在加速。我认为虽然大萧条使得很多非常积极的趋势搁浅，但是并没有断绝这种趋势。大萧条的余波过后，现在那些发展趋势已经重新获得前进的推力，而且实际上变得更强大了。虽然对于很多人而言，大萧条使他们饱受折磨，但总体上这是对经济的一次洗礼。我们比萧条之前更加强大。这种力量将协助我们开启美国的第二个世纪。

然而，我们也要清醒地意识到，大萧条确实暂时让我们脱离了原来发展的轨道。更为严重的是大萧条不是暂时抑制美国经济增长的地震或飓风等自然现象。我们之所以受挫，是因为我们的愚蠢。下面我对此加以解释。

2007年底，即经济危机爆发前几个月，我参观了位于纽约时代广场的雷曼兄弟那过分奢华的总部。该大厦光彩绚丽，一个巨大的视频显示屏镶嵌在灰色玻璃塔上，无聊地播放着头条新闻、电影广告、股票价格、图片、地图，诸如此类。除了摩天大楼中间的华而不实的LCD带，没有任何关于“我们知道如何挥霍你们的金钱”的信息。

我去雷曼跟当时该公司的特德·简勒利斯共进晚餐。他是最赚钱的（至少在当时）抵押贷款部门的负责人。你一定还记得这个部门。是的，这就是在低迷的房地产市场的重压下倒下的那个部门，最后导致了雷曼兄弟的倒闭，紧接着就是世界经济的大崩溃。雷曼的这个部门，连同大批其他公司、众多独立抵押经纪人及一些愚蠢的银行，将全球经济和金融系统带入无尽的深渊。然而，在2007年底，很少有人知道金融危机将至。

那年的早些时候我在一个会议上已经见过这位芝加哥出生、看上去像大男孩的抵押资本部门的负责人。我一直在主持一个主要讨论通过证券化的奇迹创建抵押信贷市场的座谈小组，而简勒利斯是发言者之一。

抵押贷款证券化会使私房屋主的数量增加到美国家庭的68%。抵押贷款证券化就是将上亿（甚至10亿）美元的抵押贷款打包卖给养老基金或者华尔街上类似雷曼兄弟这样富有的投资者。每个抵押权人付给银行的利息都流向了像雷曼这样的公司，这些公司自己留一部分，将另一部分支付给购买抵押贷款组合的投资者。由于这些组合操作起来类似债券——这是有价证券，所以这个过程就叫做证券化。

雷曼和其他金融公司通过购买银行和经纪人发行的抵押贷款创造了上千个住房抵押贷款证券（这是上面提到的抵押贷款证券化的另外一个说法）。随着时间的流逝，证券化的抵押贷款的池子就变得非常庞大。

雷曼曾是抵押贷款证券化市场上最大且最具革新性的公司，而言辞犀利且手段高明的简勒利斯就掌管着公司里的这个部门。当我到达简勒利斯的办公室时，他把我带到位于这个庸俗华丽大厦的40层的公司餐厅，一个刚从迪拜回来的女同事和我们共进晚餐。雷曼在迪拜有一个办公点，而简勒利斯正在考虑在那里开启抵押贷款证券化业务以服务于中东市场。

我们坐在餐厅里，墙是柔和的灰白色，装饰着雅致的艺术家的绘画，没有了建筑本身的那种华丽。一个穿白色夹克的服务生招待我们。在建筑的这个高度，我们可以俯瞰大半个曼哈顿。

我永远不会忘记我们讨论的那些要点，回想起来，那些论点太奇怪了。我们仔细地讨论了在美国FICO分数系统评估的基础上建立一个评估中东抵押贷款借款人信誉度的系统。在该系统中，850分代表信誉非常好，300分代表糟糕透顶（抵押贷款必须遵守伊斯兰法律）。我们还讨论了设立类似于美国的Moody's，Fitch，Standard&Poor's那样的评级机构，以评估中东抵押品的质量。

就在这里，我和雷曼兄弟抵押贷款部门的负责人吃着清蒸鲈鱼，小酌着毕雷矿泉水。而这一切就发生在雷曼兄弟由于一系列错误的金融决定——估计主要是简勒利斯的决定，导致这个公司倒闭的前几个月。当时我们讨论了什么？我们讨论了要复制美国的抵押贷款证券化制度、信用评分制度和抵押物评级制度，但是这些制度在世界上任何一个地区都没有履行其预测危机的这一头号任务。47%的次级抵押贷款证券——“次级”意味着这些抵押贷款的低信誉——都被评为AAA，这是它们可能取得的最高评级。随着高评级的持续，一些独立抵押贷款经纪人开始伪造借款人的工资水平。发行抵押贷款的银行随后将它们卖给像雷曼这样的公司，欺骗性地签订文件（它们叫做“robo-signing”），并且在一些情况下甚至会遗失它们的记录。这就是我们讨论的将复制到中东甚至全世界的系统。

此外，还有杠杆率的问题。我知道雷曼和其他公司借钱购买抵押贷款，但是我不知道它们借了多少。在公司倒闭后，才发现雷曼以30∶1的比例举债经营其抵押贷款投资是很正常的，也就是1美元的自有资本，雷曼会放出30美元的信贷（而其他公司的杠杆率更高达50∶1）。

即使一切都是经过精确计算并且被整理得一清二楚，包括借款人的信用分数和评级机构对证券化的评分，如此大的杠杆率仍是很危险的。如果杠杆率是30∶1，那么证券投资组合的价值只需下降3.3%就能耗尽投资的价值（30×3.3%，大约相当于100%）。那就要求不能有过多的浮动。实际上，如果雷曼是独立的借款人，信用评级机构可能就建议银行取消它的信用卡了。

随着诡计的继续，抵押贷款经纪人和银行开始发行“无文件贷款”。结果，他们可以将一个园丁的收入从30 000美元变为130 000美元，而不过目园丁的工资单或是承认这是因为园丁填错了申请表。如今，由于办理抵押贷款不再需要文件，经纪人可以以“我一定是误会了这个申请人所说的”为自己开脱。所有行为导致的结果是，园林工人和其他那些住在价值232 400美元（那时房子的中等价格）房子里的低收入者遇到麻烦只是时间问题。

人们之所以愿意抵押贷款是受到非常低的利率的诱使，例如2%的利率。如果利率是2%，那么他们做抵押贷款还是负担得起的。但是大部分抵押贷款是可调节的，也就是说利率可以上浮，在某些情况下也可以下调。如果借贷者那个较低的“戏弄人的”利率被实际利率6%或者更高的利率代替时，那么借贷者每个月的抵押贷款需要支付的金额就从900美元上涨到1 800美元。如此一来，成千上万的低薪购房者将无法支付。

我说这么多就是想指出，一个相对来说设计得很好的抵押贷款和证券化制度，以及对各种债务进行评级和打分的制度也会失败。它们之所以失败是由于糟糕的管理和记录保存，错误的决策（尤其是关于风险）以及贪婪，但是关于这些我们在午餐时都没有讨论。

在与简勒斯利团队里的其他几位成员会面之后，我离开了雷曼大厦，然后走回了我所入住的酒店。回想当初，我感到一丝困惑。考虑到雷曼是抵押贷款证券化领域最大的玩家，我感觉我见过的这些人似乎并不是——我该怎么说呢?——不像他们应该做到的那样厉害。请原谅我这样的判断，我认为我见到的这些人圆滑且善于演讲，但并不都是那么聪明。我并不是说他们做不了数学计算——虽然事实证明一些人确实做不到。我想说的是，他们似乎没有足够的求知欲回过头来看看他们建立的制度，并且试着去批判它的缺点。我感觉他们对自我批评的兴趣随着红利支票的飙升而减弱。

在回顾那次会面的时候，我对自己的看法有所保留。毕竟，是他们而不是我，对住房借贷进行了革命化的变革；是他们而不是我，是市场的主导者；是他们而不是我，将数十亿的美元注入房地产市场。鉴于这些原因，我告诉自己我的第一印象一定是错误的。我告诉自己，很明显这些人很聪明。我感到哪里不对的感觉一定是错的。然而，为了保险起见我还是卖掉了我名下的所有房产，将大部分积蓄从股市里撤出来，并且换成债券，然后紧张地等待事态的发展。

然而，几个月后，也就是2008年春天，特德·简勒利斯开始了审核过程，最终他的部门辞掉了2 500名员工。根据彭博社的报告，雷曼声称有850亿美元套在了住房抵押贷款证券中而无法出售。春季末，公司股票直线下降。然后，2008年8月，即雷曼兄弟倒闭以及世界经济降到谷底的前3.5周，特德·简勒利斯“退休”了。

危机拉开序幕

如果在大萧条拉开序幕之时你像我一样看了CNBC，你可能会充满恐惧。那时候我们都是这样。直到2008年9月15日，世界对危机的处理还OK，或者说我们觉得还可以。然而，就在9月份那一天，雷曼，这个国家的第四大投资银行成为了有史以来美联邦破产法历史上申请破产的最大的案例。6 390亿美元的破产金额几乎相当于两个瑞士的经济规模。

财政部长汉克·保尔森和其他人决定不对雷曼进行救助的时候，因为他们想向金融界传递一个强烈的信号，那就是糟糕的商业操作是无法被容忍的，但当时保尔森可能都不知道这将产生多大的破坏力，但是其他人很明白这一点。法国时任财政部长克里斯蒂娜·拉加德，说这个决定是“可怕的”，并且是一个“根本的错误”。纽约大学的经济学教授兼经济顾问鲁里埃尔·鲁比尼说：“很明显我们处在金融崩溃的边缘。”[1]其他人同样也对此有所警惕。

这个问题最好可以这么理解。这就好比一场拔河比赛，雷曼拉着绳子的这一端，而上千个私房屋主、银行、养老金投资者和保险公司拉着另外一端。当保尔森决定雷曼不应该被救助的时候，即这个公司应该充当实践教训的案例时，就像雷曼突然松开绳子的这一端：长绳另一端的人和各种机构就都向后跌倒，摔在泥土里了。

雷曼破产造成的破坏是巨大的。2009年3月，股市已经跌了40%。在此期间，一个月有800 000人失业。在一些地区，例如拉斯维加斯和佛罗里达州、亚利桑那州和加利福尼亚州的部分地区，40%的房地产市场崩溃了。[2]信贷市场和银行系统失灵——这意味着没有人贷款。零售销售额直线下降，尤其是在中高端市场。世界贸易额收缩。就在雷曼倒闭的几个小时内，欧洲的金融系统就开始解体。在失业率增长到10%以上时，利率下降了。

没有了信用，人们便不再购买汽车，因此这又推动因高额油价和十多年的管理不善而受到削弱的克莱斯勒和通用最终破产。航空业也收缩。由于这么多人失业，零售业也遭遇挫折，伴随失业成本的增加，国家和联邦政府的税收收入也减少了。在某种意义上这是第一次，政府工人下岗或者被迫接受工资下降和休假。联邦政府的债务膨胀了。

金融和经济崩溃的震级体现在萧条的规模上。事实上，股市在初期的损失要远远大于1929年危机刚爆发后的损失。2008年，美国要比1930年的时候富裕好多倍，这就避免了产生更大规模的后果。

我说我们在2008年比1930年更富有其实是保守说法。1930年，美国的平均家庭收入是11 000美元（以2008年美元的价格计算）。[3]而在2008年，平均家庭收入是52 000美元，这意味着在个人平均所得基础上，2008年的美国人比1930年的美国人几乎富裕5倍。

然而，2008年的美国人也比1930年的多。1930年，美国有1.25亿人。2008年，大约有3亿人。如果我们做一些数学计算（5倍的个人平均所得乘以2.5倍的人口），你会发现2008年的美国人至少比1930年的时候富裕12.5倍。

但那只是收入。加上人们在2008年所拥有的所有财产——8 000万栋房子、上百万个农场、上万个工厂、上百万部汽车和卡车，以及上百万件其他产品，例如电脑和手机。这在1930年是不可想象的——除非有人写科幻小说——然后你才能意识到这个世界已经变得多么不一样。

2008年，曼哈顿的办公区是20世纪30年代的两倍。许多美国城市，例如洛杉矶、休斯敦、凤凰城、圣迭戈、拉斯维加斯、图森以及其他城市，在20世纪30年代都还是微小的前哨站，但是在2008年是有着上百万居住及工作人口的充满活力的经济中心。20世纪30年代，没有硅谷，沿着新泽西州的收费高速公路也没有生物制药长廊，剑桥的第三街还都是臭名昭著的橡胶加工厂。20世纪30年代，没有电脑，没有可用的抗生素、电视、喷气式客机或者是高速公路，也没有空调。1930年，男性预期寿命是58岁，女性61岁。然而在2008年，男性78岁，女性81岁——足足增长了20岁。1930年，最畅销的汽车是500美元的福特A型车，配备有40马力的发动机，但是没有收音机（收音机是昂贵的奢侈品，并且需要单独安装）。1930年，最大的商业航空公司只有17个人，超市还没有创造出来，道琼斯指数只停留在240左右，但是这个指数在2008年回落到6 547之前，在2007年已经达到14 164。根据年份以及计算方法，2008年的资本市场是1930年的30~70倍。2008年，所有在美国股票市场上交易的股票总价值为15万亿美元，而这个数值在1930年是810亿美元，相当于现在的1.02万亿美元，也就是说，只大致相当于今天美元总数的1/15。

更重要的是，在1930年还没有失业保险，没有社会保险，没有为银行设立的联邦存款保险公司，没有保障养老金的养老金福利担保公司，没有监督市场的证券交易委员会，也没有医疗保险或者医疗救助。在更加贫穷的1930年，每个人从很大程度上都是依靠自己的。

万一这是次大萧条呢？

2008年的金融和经济危机导致了富人的萧条。虽然大萧条是痛苦的，但是其具有巨大的净化效果。如果在讨论伴随着太多痛苦和不确定的经济崩溃时“最好”是一个正确的词，那么大萧条最好的效果就是导致私营部门债务消失以致恢复经济增长。萧条的好消息（记住大多数消息都是坏的）就是它清除了抵押贷款债务、信用卡债务、汽车债务以及其他形式的个人债务，虽然这个过程很痛苦。从很大程度上讲，这就是2008年确确实实发生的事情，就在那时很多个人债务都被清除了。当这一切发生时，它就为美国经济复苏铺平了道路。

图2-1是2013年6月份美联储发布的，该图说明了我正在讨论的问题。根据该图，当美国陷入金融危机时，包括消费贷款和抵押贷款的家庭

债务大约占到GDP的100%。到2012年中期，它已经回落到GDP的84%，下降了16个百分点，到2013年中期又缓慢地上升到GDP的85%。如果我们做下算术，这是巨大的变化。美国的GDP大约是15万亿美元，如果下降15%的话，无论以何种方式计算，这都意味着美国家庭财产比2009年少了2.3万亿美元。这是一个巨大的数字：2.3万亿美元只比英国的经济总量少一点点，是整个英国经济的规模！

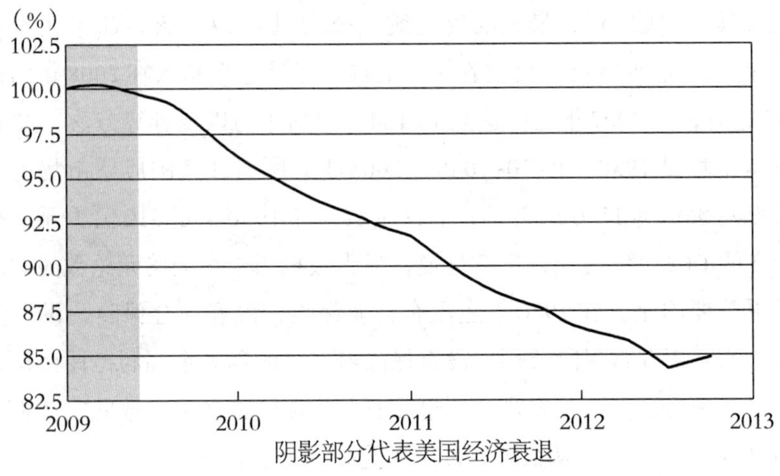

图2-1　美国家庭债务与GDP之比

来源：国际货币基金组织

除了表明个人债务正在缩小外，这个图表和这些数字也在极大程度上表明美国人是谨慎节俭且表现良好的资本家。尽管媒体总是想灌输给我们反面信息，但是美国人并不是浑身债务，也没有肆意挥霍或者挥霍无度。

另外一个考虑债务难题的方法是检查一下美国人的家庭收入中有多少是用来偿还债务的（见图2-2）。如果过去有太多的收入用来偿还购物消费，那么这将限制未来我们的消费金额。幸运的是，这个图也正在朝着正确的方向——大时代发展。就在金融危机到来之前，美国人将他们家庭收入中14.2%这么大的比例用来偿还债务。2013年，由于利率下降而且美国人变得更加节俭，我们只用收入的10.3%来偿还债务。这是不小的进步。更重要的是，这表明美国人在未来可以借贷稍微多一些的钱来进行更大金额的消费。如果是那样的话，美国复兴还需要很长的一段路要走。

图2-2　家庭债务服务支出占个人可支配收入百分比(TDSP)

来源：美国联邦储备理事会

这对经济和消费者来说是利好消息。但是对那些各类商品的美国制造商来说也是好消息。为什么？因为自二战以来，塞满美国人车库中的耐用品的使用时间要比任何时期都长。这些耐用品被设计可以使用三年至五年或更长的时间，例如汽车、轻型货车和各种器械。二战时，美国的制造业可能主要是用于制造武器，而不是面包机和跑车。

总之，我们的东西变得越来越陈旧，而我们则需要全新的。自2011年年底起，美国各种器械的平均使用期是5.3年。[4]汽车使用期稍微短一些，平均是4.4年，但是仍然比20世纪40年代以来的时间长。人们马上就会花钱替换掉那些金融危机后磨损或者坏掉的东西。如果发生的话，我们在整个经济体系中都会感受到这种变化。

同样重要的是，事实证明我们可能错误地计算了美国的GDP，漏掉了5 000亿美元的税收，而这相当于比利时的经济总量。这是因为华盛顿和其他地区的经济学家在计算GDP的时候总是漏掉经济中最具创造性的部分，即书籍、电影、音乐和其他娱乐形式以及教育和研发活动的版税。这种疏忽的结果就是，如果追溯到1929年，美国的GDP数值将会被修改，那么我们将比我们想象的更富有。

再来看看这些事实。只将你收入的10.3%用于支付房贷算是挥霍吗？如果剩下的几乎90%都用来支付其他所有的开销，这也不错。

是相当不错。

美国基本上是一个负责任的民族。大萧条引起的各种问题并不是美国的问题，虽然我们都感受到了这些问题的影响。这只是一小部分美国人的问题。他们也只是一个小团体——处于边缘的人。

相信我，我并没有任何诋毁低薪工人的意思，而且我也无意批评他们，但是在平时，收入低于50 000美元的人是根本支付不起232 400美元的房贷的，这个价格是金融危机爆发时房子的中等价格。而现在的问题是低薪借贷者会和受到银行蛊惑的不良抵押贷款经纪人勾结，而银行将抵押贷款卖给像雷曼这样的公司，这些公司又将抵押贷款证券化。这些人也与那些法律上没有资格将抵押贷款评为AAA的评级机构勾结，即使这些抵押贷款来源于那些收入要么太低而无法支付贷款要么收入造假的借贷者。

2007年，13.5%的贷款都是次级贷款——这是一个高得离谱的比例，但并不是所有的贷款都是坏账。2007年，美国大约有1.25亿栋房屋。总价值22万亿美元，其中1/3全部没有贷款。[5]那些变成坏账的抵押贷款——大约5%——这个百分比并不是一个天文数字，但是却转变成了巨额资金——8 000亿美元——这可使我们损失了一大笔钱。更严重的是，既然像雷曼这样的公司举债经营的比例至少是30∶1，那损失的这8 000亿美元所造成的损失就要放大好几倍。

问题资产救助计划的精神

我们都知道布什总统在2008年10月是如何将问题资产救助计划写入法律的，将上十亿美元的债务放到政府资产负债表上。由于授予财政部7 000亿美元的资金额度并没有花完，而且接受贷款的银行和其他金融公司都偿还了它们接受的救助资金额度的大部分，因此关于花多少钱以及用多长时间完成问题资产救助计划是需要讨论的。

问题资产救助计划以及其他救助项目表现很好的部分——也是它们被

批判的部分——是将银行和其他私有组织的债务转嫁给联邦政府。其他被美联储监管的项目也是如此——它们将银行的私有债务，以及有些情况下私房屋主的私有债务，转嫁到美联储的资产负债表上。

如果政府慷慨赠与的接受方永远无法还清这些债务，那么它们就只能继续停留在政府负债表上了。但是，这是它们应该做的。政府不会救助银行、保险公司和汽车公司，除非其他都倒闭了。如果它们真的倒闭了，重要的也不是挑出来一些惩罚它们，给剩下的人上一节实践教学课。重要的是要救助我们的整个经济体。正如功利主义的哲学家经常说的那样，以实现“大多数人的大多数利益”为宗旨是决定我们该做什么的最好方式。

经济学家在30多年以前就知道解决经济萧条的一个方法就是将私有债务转换成政府债务，而不是一味独自苦行。我们在2008年以后是这么做的，我们有效地帮助了那些不诚实的经纪人、不合格的评级公司、在申请表上撒谎的借贷者以及华尔街的许多人摆脱困境——这是我们的耻辱，甚至可能是悲剧。然而，我们也救助了整个经济体。虽然一些人可能会质疑救助的道德性，但这是应该做的。这有点儿像战地外科医生对待一个受伤的敌人。这不是这个外科医生应该做的，而且这甚至可能有点儿令人感到厌恶，但这在道德上是正确的。

真实情况是，即使将如此多的债务转嫁到政府负债表上的问题有很多政治噪音，但是政府有办法清除这些债务。大萧条期间，甚至在二战期间，人们都担心我们国家的债务。但是一旦恢复和平，经济开始增长，作为GDP一部分的债务就缩水了。此外，哈佛大学的经济学家卡门·莱因哈特和肯尼斯·罗格夫进行的最好的长期数学研究表明，过多的政府债务会减缓未来的经济增长，这个论断现在已经遭到质疑。[6]似乎经济模型里出现了很多错误，并且曲解了结果。当错误被纠正时，另外一批由位于艾姆斯特市的马萨诸塞大学的托马斯·赫恩登领导的经济学家专家组重新运行这个模型，结果表明高水平的政府债务对未来经济增长没有影响——完全没有。

那是因为政府跟我们不一样。政府机关有特殊的权力，这是个人甚至企业都没有的。政府可以印刷货币，改变银行和市场运行方式、征税，甚至允许轻微通货膨胀的出现以使债务作为经济的一部分而缩水。

那么政府为什么不应该使用这种权力？我们民众就是政府存在的理由。毕竟，根据《独立宣言》，政府是建立在民众同意的基础上的，并且要保障我们的生命、自由和追求幸福的权利。因此，如果世事艰辛，经济有直线下滑的趋势，政府就有理由进行干预，即使这意味着要承担风险或者采取特殊措施以保障经济持续运转，以及我们的生活和福利持续提高。我认为，政府的目的不是教导民众道德公正。有其他组织是为此目的而设立的。政府的目的是在人类失误的时候仍然能够保证经济体系的运转，而不让经济体系因其自身缺点而出现经济崩溃以及压垮我们。

我这么说是因为有一点是确定的。我们在金融危机中遇到的问题不是独一无二的。这些问题已经融入我们的经济体系。在我看来，尽管我们做出了最大的努力，但是在不远的将来，当关于是何种原因导致2008年经济崩溃的记忆消退时，毫无疑问我们会重复我们犯过的错误，经济危机会再次来临。

这并不是冷嘲热讽，这是事实。1933年，就在股市崩盘4年后，大萧条已经席卷全国，国会难得明智地颁布了格拉斯-斯蒂格尔法案来保存国家银行系统的实力。该法案将基础银行系统的功能与投资银行和经纪商区分开来。

格拉斯-斯蒂格尔法案背后的理念是，必须保障一部分金融系统的失效不会导致整个金融系统的崩溃。这是一项好法律，并且使得国家成功抵挡住了20世纪80年代末的房地产危机、储蓄和贷款危机。但是1998年，总统比尔·克林顿取消了格拉斯-斯蒂格尔法案。他辩称，世界已经改变了，在全球竞争中，我们的金融系统需要清除那些阻碍它变大变强的限制条件。据说格拉斯-斯蒂格尔法案是上个时代的遗产，不再需要了。简而言之，现在这个世界已经非常不一样了。

的确不同了！

为什么会崩溃

一个很少被提及但却是最根本的原因是石油。更确切地讲，是进口的石油。2007年末，我的一个同事做了一个关于住房供给的小小的计算。当我们坐在他的办公室讨论他的图表时，我们周围的世界看起来顶多是不稳固的，但是这些数字后来证明很有意思。2008年，美国有1.25亿栋房屋，平均价格是232 400美元，这意味着我们的住宅价值大约22万亿美元，这在之前已经提及。通过与其他国家进行比较，22万亿美元相当于中国和日本经济总量的两倍。所以不要再说美国不够强大或者不富有了。

2007年经济表现良好，但是后来石油价格开始上涨。自2003年伊拉克战争起，石油价格便以稳定的比例上涨，2003年一桶石油只卖33美元。但是到2007年，石油价格已经高达100美元一桶，这促使高盛投资公司的分析师阿尔琼·穆提写道，石油价格现在处于高峰时期，并且随后会步入“超级飙涨期”，最后涨到200美元一桶。[7]

谢天谢地，油价没有上涨到那么高。但是2008年7月份，油价破纪录地飙涨到145美元一桶。6周后，雷曼倒闭，世界经济直线下滑。

高额的油价就如对经济进行的征税，因为石油要用在方方面面。汽车的油箱、火车、轮船、卡车和巴士都要用到石油，这会影响交通成本和通勤价格。石油成本也会影响任何物体的货运成本。由于石油用于塑料制品、化学制品、肥料、杀虫剂甚至化妆品，石油价格的上涨会导致任何其他东西价格的上涨。两者加起来，食品和燃料总共占到一个普通家庭预算的25%~35%。其他大型家庭开销是住房供给，这占到家庭预算的34%~37%。

2003年至2008年期间，石油和住房价格一直在上涨。并且，虽然房价在2006年末达到平衡，但是由于利率问题，抵押贷款的成本继续上涨。上涨的食品、燃油和住房成本给人们的预算造成了切切实实的伤害，尤其是生活在收入底层的那些已经办理次级抵押贷款的人们。

美联储对消费者支出的调查表明，就在伊拉克战争爆发之前的2003

年，汽油价格是每加仑（1加仑=4.54609升）1.72美元。美国家庭平均食物消费是5 340美元，汽油消费是1 333美元，总共6 673美元。五年后，即2008年，对于同样的家庭，食物消费是6 443美元，汽油消费是2 715美元，总共是9 158美元。这意味着2008年的家庭每个月消费在食物和汽油上的钱要比2003年多出大约210美元。尽管生活成本在上涨，但是收入没有变化，尤其是对于那些收入底层的人们。[8]

如果你还在疑惑为什么如此多的人要拖欠他们的次级贷款，那么将食物燃料成本和住房成本加到一起算算就明白了。根据美联储的统计，2003年平均家庭住房消费是13 432美元。到2008年，这个数字上涨到17 109美元——增加了3 677美元。把这些花费都加起来，你会发现美国平均家庭收入在2008年要比2003年多支出6 177美元，也就是每个月增加了515美元。[9]

人们或多或少还是理性的。一旦同时面临燃料、食物和房价上涨，他们会选择优先购买燃料和食物，而暂时推迟偿还抵押贷款。他们这么做是出于以下理性考量：人们必须吃饭，而大多数人必须开车去上班。如果你没有出现在工作地点，很快就会被炒鱿鱼，但是如果晚些支付抵押贷款，过个一两年房子才会被没收。此外，人们总是想如果继续工作，有能力支付抵押贷款是迟早的事。换言之，雷曼一倒闭，一个月内就有800 000人失去工作。

如果油价较低——维持在2003年到2006年之间的水平——那么就会很少有人会拖欠抵押贷款或因此而失去他们的房子了。我认为如果油价较低，经济也就不会崩溃了。

所以，如果在可预见的未来能源价格仍然很低呢？如果美国实现能源独立呢？事实上，如果美国变成一个石油和天然气的能源出口大国呢？这一定会对经济产生巨大的推动力。

这一天已经不再遥远。

趋势暂停

经济与金融危机彻底爆发前夕，我飞到巴黎给来自全世界的保险业的高官做了一个长达一天的演讲。在我的公文包里，我放了100多张我会用到的PPT。当然，我准备得有些过于充分——充分到我的演讲能讲到半夜，但是我喜欢做好充足的准备以防有人提出有趣的观点或者问我尖锐的问题。每当这个时候我就可以炫耀："我正好有一些关于这点的东西要分享。"像我这样的怪人，看到那些图表和表格像是和老朋友打招呼，又像是展示夏日度假的照片。

我在酒店的房间布满了曲线图和图表——床上、桌子上、椅子上和脚凳上——我记得当时感到莫名地乐观。我不认为这是我的幻想——起码没有比沉闷的经济学认股权证更不切实际。然而，从这些数据里可以看出一些有意思的事情。数据表明美国的复兴进程已经启动，尤其是在制造业，已经有些变化正在发生。但这正好在金融和经济危机到来之前。那么我是哪里出错了？

我演讲的内容是这样的。1998年到2008年的10年间，美国出口翻了一番。对于我们这样一个成熟的国家，这是了不起的成就。直到经济崩溃前，21世纪头10年的每个月美国都出口价值1 500亿美元的产品，例如飞机、电脑芯片、小麦和玉米、药品、金属切削机床、拖拉机、雷达系统等。有些月份出口甚至更多。此外，美国还出口银行和保险服务，以及咨询、法律、软件、工程、设计和建筑服务。除此之外，美国还出口境外服务，例如油田服务——在钻孔方面拥有专业技术的美国公司在类似沙特阿拉伯这样的地区为客户提供服务。实际上，探测石油一定得找美国公司。因此，服务出口达到空前的高度——占到出口总额的20%。

在此10年内，生产力获得了显著增长——年增长率为3.7%——这对于所谓的"成熟经济体"而言是极快的速度。这些成果意味着如果平均一个美国工人在1998年创造100美元的价值，那么在2008年创造的价值大约就是145美元。此外，我的数据表明从1981年到1995年，美国贡献了世界23.1%的增长率，而且1996年至2007年，这个数字又增长到26%。对我们这样的成熟经济体来说这是显著的成绩。而人口远比我们多得多而且生活标准令全世界都羡慕的欧洲在同时期并没有对世界经济增长做出多少贡献。日本也是如此。[10]

我演讲里的另外一个要点跟制造业有关。大众打算在田纳西州的查特努加市的工厂开设一个新车间，这个车间每年将生产150 000辆汽车。本田正在印第安纳州的葛林斯堡开设其在美国的第四个装配工厂。日本巨头松下电器的子公司三洋电器正在俄勒冈州的赛伦扩建它的光电管工厂。此外，艾奥瓦州已经成为风力涡轮机叶片的世界领先制造业中心之一。

艾奥瓦州甚至引起了欧洲风力涡轮机制造公司的兴趣。2007年，西班牙Acciona风电公司在此开设了一个厂房，用于生产165英尺长的超轻型碳纤维复合材料叶片。制造碳纤维对专业技术要求相当高，尤其是因为每个叶片都要比16层高的大楼还要长。谁会想到艾奥瓦州会成为这项技术的世界中心之一?

Acciona在艾奥瓦州的厂房距离加利福尼亚州的Clipper风能公司制造叶片的厂址只有8英里。2008年，TPI复合材料公司在艾奥瓦州的纽顿附近开设了一个工厂，为持有该公司股票的GE生产134英尺长的风力涡轮机叶片。那年稍晚些时候，丹麦的Vestas公司也开设了一个制造厂房，生产144英尺长的涡轮机叶片，但不是在艾奥瓦，而是在科罗拉多附近。

这表明美国的制造业基础缩水的速度没有变化的速度快。其中一些已经从老式的金属打压成形的大规模生产向生产技术复杂的碳纤维复合材料转变。这项技术是当时拥有500家工厂的波音公司显著的竞争优势，它推动了世界上最先进、最经济以及最成功的新型大型客机787梦幻客机的销量。生产这架飞机的跟那些生产风力涡轮机叶片的是同一批人，目前这架飞机已经大约有1 000份订单了。

然而，787曾经也有遭遇交付延期问题和其他问题，例如其组件——日本制造的电池总是着火，因此787不得不推迟首飞。这架客机的首飞之所以推迟好几年是因为其300万个组件中的很多部分——例如电池——都外包给了欧洲和亚洲的制造商，导致协调难度增加。因此，波音公司决定将这些工作由海外供应商转交给美国的供应商。该公司的外包经验为其他公司提供了经验教训，其中许多公司开始将它们的工厂转移到国内。

此外，我的演讲还着重介绍了我从各个咨询公司获得的数据，这些数据表明除了波音公司之外的其他大的美国制造商都开始将产能从中国转移回美国。

波士顿咨询集团（BCG）的一项研究表明，跟当地的公司相比，搬到中国建厂的汽车零部件制造商在向中国汽车公司销售产品过程中会遇到更多的麻烦。一方面，中国欢迎投资，因为这将增加就业岗位。另一方面，本土公司将落户中国的美国厂房归为外国公司。当然也有例外。这条规则不仅仅适用于汽车零部件产业，还适用于电子元器件产业。[11]

在中国其他成本也在增加。此外，由于油价上涨，而货船航运需要石油，将产品运回美国又会有额外的成本。

然而，我在巴黎特地展示的一个曲线图令观众印象深刻（见图2-3）。这个图是波士顿咨询集团根据有效数据及对在中国工作的高管采访所得的相关信息制作的。该图表明，2008年北美制造业公司实际上在美国比在中国的生产成本要低。这种论点同样适用于来自意大利和法国的公司。当我把这个图演示给在场所有人员的时候，他们非常吃惊。根据以上证明，中国货不再是便宜货了。它是一个迅速发展的国家，并且正在向中产阶级发展。因此，这说明了2008年优势在向我们倾斜。

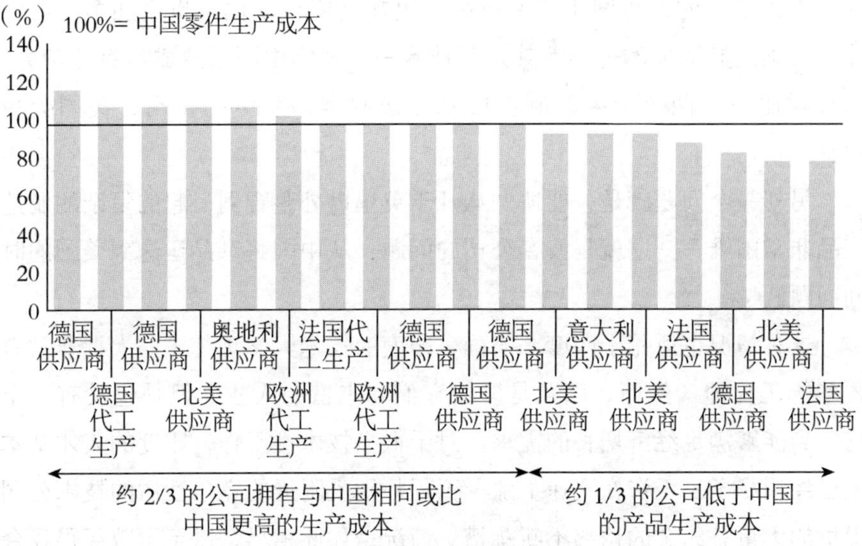

图2-3　美国和中国的产品生产成本比较

来源：公司访谈；波士顿咨询公司分析

中国成本结构上涨的一个原因是其劳动力成本在增加，而且速度非常之快。起初，廉价劳动力和巨大的国内市场是吸引美国公司给中国外包的原因，但是从2000年到2012年，中国的工资上涨了500%。这是非常巨大的数字。

中国深知中国的劳动成本预期会继续呈上扬趋势。事实上，中国的领导者正在转变他们的重心，希望能将中国从一个全球外包商转变成一个以消费为导向的经济体——这样中国就可以受益于向更高的经济社会地位流动的国民。这样做必须提高国民的工资使之与中产阶级的生活方式一致。

在中国的工资水平以每年18%的速度上涨的同时，[12]2000年到2010年美国的劳动生产率却以非常快的速度增长。例如，2000年到2007年，信息服务产业、制造业和零售业的劳动生产率分别以5.8%、4.2%和4%的速度增长——这些都强烈地表明美国已经成长为一个“成熟的经济体”。[13]只有采矿业的生产率在下降。这意味着尽管雇用一个美国工人要比一个中国工人费用高，但是美国体制下非凡的生产率意味着，要完成同样的事情，美国需要的人手要比在中国少得多。事实是，相对于2008年的中国，美国工厂的能源利用效率更高，更加高度自动化，也更加多产。因此，美国的制造成本——尤其是高技术——要比中国制造成本有竞争力。如果对比一下两个国家的制造成本和送到客户手中的费用，美国会更便宜。

另外一个问题就是，要协调从几千英里以外整合到一起的复杂的制造产品非常困难——这就是波音公司的问题：从中国将产品运送到美国的时间问题。

这种情况也适用于印度。的确，印度的技术大学训练了一大批非常有才华的工程师。然而，问题是即使它们有丰富的人才，但是也没有“丰富”到能够满足经济增长的需求。对于很多技术类工作，印度的人才基本上已经用尽了。工资在飞速上涨，工程师则受附近的竞争性质的技术公司提供的大量签约金的诱惑不断跳槽。情况是如此糟糕，以至于曾经跟我合作过的信息技术和工程公司HCL的执行总裁为此写了一本书，名字叫《员工第一，客户第二》。针对印度IT员工流动的跳槽情况，这本书传达的信息就是：“如果你努力为HCL工作，我们一定会善待你。”

印度的就业情况并没有变好。在我的巴黎之行后不久，也就是2010年初，印度的劳动成本涨到更高，仅在那一年就上涨了20%。[14]由于劳动成本以如此快的速度增长，许多美国公司开始考虑还是否落户印度。一些公司——GE是其中一个——开始部分撤离印度。

这并不意味着这些国家会失去所有外包业务。它们不会的。例如HCL，在印度拥有非常具有创新能力的工程中心，可以与世界上最好的工程公司相媲美。然而在这种情况下，印度竞争的是知识和经验，而不是价格。人们去HCL的工程中心是为了寻求专业技术，但是技术方面美国公司做得也很出色。事实上，这正是美国公司统治的领域。在这个领域，没有人会担心美国会落后。美国强大的专业技术会始终使其处于领头羊的位置。

然而，其他形式的服务正在回归美国本土，尽管是以不同的形式。越来越多的客服中心开始自动化服务——如果您需要联系一位Verizon或者AT&T用户，打个电话就行。人工智能项目开始代替人类的某些功能。这些项目有可能是在美国设计的。而对于其他类型的客服中心的工作，美国人——现在在家工作，而不是在昂贵的办公室——正在抢回市场。

我并不是要排挤印度或者中国。中国正在转移它的政策重心，将出口导向型经济转向着重建设国内经济。中国的设计者们知道，要实现长远发展，工资水平就不能太低。与正在扩大其中产阶级规模的中国相比，印度还未选择好其未来的道路。因此，印度的未来远没有中国那么清晰，也不是那么有把握。

整合要点

我之所以要整理一下很久之前我在巴黎做的这个讲座里的一些要点，是为了强调美国经济现在蕴藏着非常积极的趋势。在这里我也想提及基于那次交流的两个观点：

首先，尽管由于金融崩溃导致房地产和金融部门都遭到了严重破坏，但是很明显，经济的其他部分还凑合，而且汽车产业也转型了。

汽车产业停滞了几十年，并且深受管理不善和昂贵的工会合同的烦扰，但是克莱斯勒、GM和其他供应商的破产却使其恢复了活力。得益于破产，企业获得了重新制定劳动合同并且调整退休金和医保责任结构的机会。危机爆发前，实际上GM与联合汽车工会的合同里有一条规定，公司需要支付那些已经下岗的装配工人工资，有些情况下，甚至向那些已经在别的公司工作的原职工发放工资。工会如此过分，可GM对此也无计可施。破产期间，这些条例重新制定了。养老金债务缩水（这些债务从私有部门转嫁给政府），救助的其他特征也降低了其他各种类型的成本。结果，美国汽车产业重新变得有竞争力，甚至在小型车市场也是如此。

在我为了我的巴黎之行制作这些曲线图和图表的时候，跟其他国家相比，美国的失业率非常低。直到2008年，失业率大概是5%。

然而，对失业数据的一个有意思的方面鲜有报道。虽然总体上失业率在危机后飙升到10%，但这个数字有些误导成分。因为失业主要集中于年轻人群，尤其是低于25岁且没有大学文凭的男性。这个群体的失业率在危机鼎盛时期飙升。这个群体掌握极少的技术。一般情况下，这些人直接都是离开高中以后——很多没有毕业——就去工作的，而且这些工作都是体力劳动而非脑力劳动。危机爆发前的几年，没有受过过多教育的年轻人，尤其是男性，主要从事房屋建筑、修路以及其他类型的基础设施工程的工作。住房危机爆发后，这些年轻人是第一批失业的。如果房地产市场复兴——而且每一项指数都表明已经开始——这些年轻人就会回到工作岗位上去建造房子——而且房屋建筑的需求还有很多。

以上观点是基于简单的人口统计资料。正如图2-4所示，2008年到2010年或者之后几乎没有破土动工的房屋。“新屋开工率”和“正在建造的新房屋”并不完全是一回事，因为两者计算的对象不一样。然而，如果我们计算“正在建造的新房屋”，就会发现[15]2013年将增建大约70万栋房子，2014年大约有90万栋，而2015年将会超过100万栋。人们将弥补他们失去的时间。

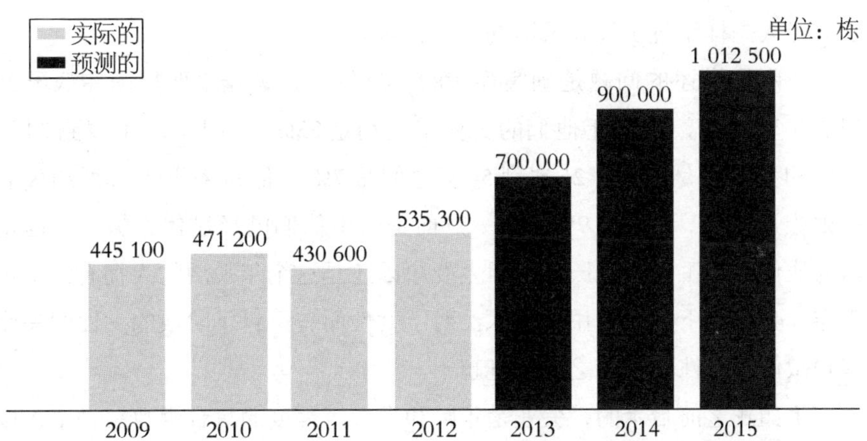

图2-4　美国城市土地利用协会(ULI)及安永(E&Y)房地产集成预报——正在建造的新房屋

来源：美国人口普查，2009—2012；ULI/E&Y集成预报数据，2013—2015

注：ULI在过去（2012年9月）对2013—2014年的预测数是：675 000，8 000 000

那么谁来建造这些房子呢？雇用熟练的木匠、水管工和电工，以及之前失业的那批年轻人。如果顺利的话，他们将能掌握一门手艺。铺管道或者拉电线都需要技术，但是挖沟渠或者是卸货呢？你需要做的就是有一个强壮的后背，仔细倾听工作要求，然后遵守纪律按时出现在工作地点。

失业对于那些30岁以下的拥有大学文凭但是没有经验的年轻人同样非常艰难。其实他们很多能找到工作，但不是很理想。许多大学毕业生在类似GAP这样的店里工作，或者在餐厅当服务生。许多拥有毕业证书的年轻人在Apple商店或者Target招呼客户。对于这些人，生活并不容易。

为了找份工作，许多有教育背景的年轻人必须去当无薪酬的实习生——有时是为了拖延时间——以获得足够的经验，只有这样，谨慎的老板才会愿意在他们身上赌一把。然而，大多数人去读大学并不是为了无偿工作，或者接近于无偿工作。他们是为了了解世界，然后在拥有足够的背景之后开始自己的事业。

然而，非常有前途的一代美国年轻人——千禧一代或者Y世代——似乎已经错过了这个台阶。事实上，对于那些荒废掉过去的五六年时间的人，或者在实习生岗位上到处跳槽的人来说，他们像真人秀中的Girls里的年轻人一样错过了又长又陡的一个台阶。

我刚刚描述的问题是确实存在的。总体上，失业主要集中在低于20岁的年轻人中，2012年他们的失业率大约是23%。[16]同年，20岁到24岁之间的失业率是13%，25岁到54岁之间是7%。而54岁以上人群的失业率则极速下降，达到5.9%，这一方面是由于他们已经退休，另一方面是因为他们对找工作已经厌倦，但主要原因还是这个年龄层的人拥有几十年工作经验积累下来的有用的技术。对于女性而言，青年阶段的女性的失业率稍微低于男性，但是之后就赶超了。

正如我之前暗示的，失业是年龄和受教育程度的复合函数。一个人接受的教育越多，他或她越不容易失业。（现在毕竟是信息时代，是所谓的知识分子统治的时代。）拥有专业文凭的人——不管哪个年龄阶段——在2012年只有2.1%的失业率。[17]具备本科文凭的失业率是4.5%，有博士文凭的失业率是2.5%。对于所有年龄层的人而言，没有高中文凭的失业率是12.4%。将所有不同人群加起来，就可以得到整个失业率，在我写这本书的时候，也就是2013年中期，这个数字是7.2%。

这些数字说明的是，每个人受到金融危机的影响并不同。一些人饱受折磨，而另外一些人几乎没怎么受影响。拥有大学文凭或者更高文凭的人群完好无损地挺过了摇摇欲坠的经济——尤其是30岁及30岁以上的人群。他们没有失业，并且工作照旧。他们也换工作，但是没有那么频繁。他们仍有市场。确实，他们的退休金贬值了，房价也缩水了。然而，如果他们无为而治，对投资也不加改动，这些投资有可能会恢复到以前的水平，甚至会升值。房价重新升高，虽然不是每个地方都会如此。

这个未受经济危机影响的人群构成了美国的30%甚至以上，包括被遗忘的一代和Y世代那些年龄稍微大点儿的成员以及生育高峰期出生的人。这些人是美国非常强大的、有经验的以及非常高产的工程师、教师、总裁、卫生保健专家、律师等团体的一部分。他们知道如何度过经济危机。尽管他们在危机时感到害怕，工作也不像危机前那么具有流动性，但是他们并没有丢掉工作。

这些事实表明，在金融危机之前美国有很好的发展前景。在危机期间，危机对人们造成的影响各不相同。经济体系的某些方面以及某些人比危机之前表现得更好，还有一些人靠自己挺过了危机。毫无疑问，受到打击最严重的是那些受教育最少的、最年轻的以及没有经验的人。是这些人提高了失业率，而我们国家大部分人仍然像以前一样。是这个人群——这些年轻的、失业的、没有教育背景的群体——会在破土动工启动建造新房后马上被召回工作。

趋势线

如果像我一样看看过去的萧条遗留的残骸，你就会发现有许多积极趋势将驱动美国以不可思议的速度向前发展。这些趋势——我在接下来的几章将会讨论——不是简单的变化，而是彻底的变革。伴随着大规模的、新获得的清洁廉价能源储备、大量的资金和美国的传奇式的创造力，科学技术上的进步意义重大。任何一个因素都可以改变一个国家，甚至一个地区。然而，美国同时拥有了这四个禀赋，这将会赋予我们无与伦比的力量。

对此我详尽解释一下。在过去，拥有四个因素中任何一个的国家都会飞速发展。沙特阿拉伯在大量石油发现之前是一片荒废的沙漠，随后就迅速建立了现代城市、港口和让人羡慕的基础设施。一个多世纪以前，由于拥有高新技术，日本开始发展制造业和工程技术，将其从一个农业国家转变成一个世界强国。瑞士在成为世界银行中心和拥有大量资金之前只是一个主要是以手表、布谷鸟钟和奶酪而著名的国家。生活在战区的难民国以色列曾遭到全球的联合抵制，但是其创造力将其转变成一个拥有现代生活标准和因其工业至关重要而无法被隔离的高新技术国家。

我所列举的这些表明，任何一个因素（能源、科学和制造工艺、资金来源和创造力）都可以将一个停滞不前的国家变成强大的经济体。那么像美国一样同时拥有这四个因素呢？而且，如果这个国家已经是这个世界上最大和最有活力的经济体呢？

这就是我们将要找寻的答案，马上揭晓。

美国经济在2013年开始加速。我认为，如果人们发现有越来越多的就业岗位，经济也不是那么紧张了，房价在上涨，他们对未来就会变得更加积极，尽管不是完全乐观。

美国是一个极为重要的国家。世界经济的增长需要美国的拉动，不仅是我之前提到的通过直接的方式，而且也通过间接的方式。我们可能一直是电脑革命的领导者，但是全世界都受益于这场革命。一旦我们的经济发动机加快转速，我们务实的品牌创造力在全球范围内进入市场，世界上的其他部分就会关注我们。人们会见证我们的成就，并且会说他们以前是经常怎么描述美国的——它永远会给我们带来惊喜、震撼和奇迹。

以上提到的积极趋势并不会因为2008年的金融危机而结束——它们只是暂停了而已。幸亏有类似美联储前主席本·伯南克这些掌控大局的人——请相信他——暂停的趋势已经重新开始上升了。因此，在温习演讲图表的时候，我在2008年感到的乐观情绪又回来了。2008年大桥倒塌的时候，人们必须进入峡谷，涉过溪流，然后再爬上峡谷的另外一端。虽然有各种斗争，但是一直以来工人们都在慢慢地重修这座大桥。

我提到的斗争——指华盛顿那些愚蠢但有时具有欺诈性的辩论以及无意识的行为，例如不能提高债务最高限额——耗费了我们的时间。由于隔离问题，增长比它应有的速度慢点儿，而曾经为世界羡慕的信用等级也减弱了，这一切都归因于我所指出的党派斗争。我们信用等级遭遇的挫折——从AAA到AA+——不仅仅是关乎是否尴尬的问题，最终这会增加到政府的举债成本。一旦这些成本增加，纳税人就得为此买单——这笔费用的产生仅仅是因为国会没有能力敲定一个本来的程序性问题。

虽然这些行为非常让人恼火，但是这无法阻止正在发生的事情，只是减缓了进程而已。影响我们未来的力量比少数政治家的自我毁灭行为更有力量。

2013年，我提到的大桥进入竣工阶段。起初只有少数人可以过去；后来，汽车也一辆接一辆被允许通过大桥穿过峡谷了。现在，即写这本书的时候，工人们已经在清除最后的障碍物，为了让这座重建的更加坚固的大桥能够通车。

我并不是说我们的问题已经解决了。我们还要在很长一段时间内清除前进道路上的问题。这个国家还在负债，预算也很紧张，信心缺失，我们的政治一团糟。但是，这些问题很快会被经济增长这股不屈不挠的力量都解决掉。这种情况应该会在2014年初出现，因为能源贸易赤字开始以有意义的方式减少。（2014年，美国将有望每天生产1 000万桶或者更多桶石油，成为世界上最大的石油生产商。[18]）

同年，如果我没猜错，作为经济快速增长的结果，利率可能会如伯南克暗示的那样慢慢上升。剥离国家生命保障——正如上升的利率证明的那样——似乎会让投资者对未来经济更有信心，只要这种危机不是发生得太早或者太迅猛。公司不再将其巨额资金储备放在银行里，而是会扩大业务投资。联系是普遍的，2014年的就业情况也将会更加正常。

随着越来越多的人可以从事他们喜欢的职业，而不是作为实习生无偿工作，也不是做他们不喜欢的工作，那么美国人就会恢复对未来的乐观态度。2015年，我期望所有人能克服各种经济困难，创造一个更加正常的房地产市场以及稳定的股票市场。

经济发展的道路上，经济增长会阶段性地出现。2014年，Apple将会在美国开始生产其最畅销的电脑，可能大部分会在德州。大众、尼桑、丰田和宝马也将在美国生产更多汽车——雇用美国高度积极的世界级的工人。果真如此，美国制造业的增加而非减少将会是有目共睹的。

没有什么会完全按照你预料的那样发展。经济发展过程中会有消极和积极的惊喜，它们会加快也有可能减慢对我们国家及其增长的投资比例。但是有一件事是肯定的。美国的经济将变得越来越强大，而不是越来越衰弱，这对我们所有人而言都是好消息。

[第3章]

创新力的合众国

释放第二个美国世纪的领导力、创新力和经济增长力的人具有共同之处。他们都才华横溢、具有创新力，具有极高的积极性。他们创新不仅为了改变，更为了以美国作为创新基地，变革世界。他们探求新思想不仅是出于好奇——虽然他们有极大的好奇心。这些人务实地探求新思想。虽然他们与美国的大学有着密切的联系，但并不是象牙塔中的理想主义者。在他们眼中，对物理、生物和数学等学科的深入基础研究是创新的工具。

在我过去面试和所见的人中，只有极少数人具有这类才华。用苹果的老广告语来形容，他们是众多美国天才中能做到“不同凡响”的人。通过与众不同的思考，这些人让美国变得伟大。

我所提到的这类人中，大部分人默默无闻，至少现在如此。但他们是推动美国崛起的重要创新力量。我认为，如经济学家保罗·罗默所说，才智和思想是改变社会、文明并最终改变世界的力量。如果没有这些美国人，那么我们农场的生产率仍然极低，分布在世界各地的石油和天然气也不会被发掘，美国科学家不会在科技和药物研发领域取得巨大突破。

美国心智是非常强大的力量。除此之外，我们拥有丰富的自然资源、科学家的专业知识、科技和商业领导者的经验和资源，还有实用主义文化、创新力和已有的成就。显然，有一些强大的力量在为美国工作。

20世纪90年代，当我还是《哈佛商业评论》编辑的时候，丹·扬克洛维奇来访问过我们多次。他现在已经80岁，但身体健硕。丹·扬克洛维奇在当时是最好的调研专家。用美国俚语说，是最好的“民意调查”专家。他在1950年拿到哈佛的心理学博士后，去了索邦大学继续学习。丹·扬克洛维奇熟悉不同的文化，足迹遍布世界各地，是一位旅游家、商人和社会科学家。他矮小粗壮，带着一副放大他那好奇双眼的眼镜。

几年前，丹和我曾有过一段让我记忆深刻的对话。我们讨论了所谓的“西方国家”的共同点。他刚结束关于这一问题的某项研究。丹的结论非常有启发性。他说美国和欧洲人对生活、感情问题、制度以及价值观几乎一致，但美国人在一个方面着实与众不同。在他所调查的人中，美国人对自我提高抱有极大的兴趣，总是努力地提高自我，而欧洲人对自己的生活机遇、自我以及社会角色比较满意。这也许能解释为什么一些欧洲国家比美国的幸福感高。相比而言，他们更容易满足，而我们则渴望提高自己。

然而，这就是我们。我们常常节食，尝试新的健身计划；我们阅读关于自我提高的书籍杂志；我们上夜校和网校，做瑜伽和冥想。与其他国家的人不同，我们接受终身学习的概念。即使许多美国人是沙发土豆，蜷坐在沙发上盯着电视打盹，他们也知道他们应该做更多的事。这种让自己变得更好的强烈愿望是我们的民族性。

美国人总是希望能自我提高（当我们进步了，我们还希望有更大的提高）。美国人是那些为把事情做得更好而成立公司的人。美国人为了改善事物而把新思想引入公司。他们写书和论文表达自己的想法，有时候这些想法离经叛道。他们为了变得更好，不断超越自我。美国人在家对打破鸡蛋、打碎陶瓷的声响习以为常，也习惯于打破限制和纪录。自我提高这个美国独特的核心价值产生溢出效应，让社会变得更加美好。当其他国家还依靠少数人决定国家的未来发展时，美国在时机成熟时已自己推选领导者。这意味着什么？这意味为了建设更好的社会，美国人举起手，自愿在周末和夜晚加班。我们的学校董事会、博物馆、教堂和犹太会堂、大学和社区组织以及某些镇和党派都由志愿者管理。从2011年到2012年，大约6 450万的美国人至少参加过一次志愿者活动。[1]虽然我们的志愿者文化并不独特，一些北欧国家的志愿者占人口的比重更高，但我们的志愿主义确实体现了美国人多么想使用他们的知识和技能。

我认为许多国家对未来的愿景是中心化的，而这种愿景在美国是碎片化的。任何人和任何地方都可能有新的思想产生。人们为了获得成功努力工作，上夜校，阅读自我帮助的书籍，在网络上寻找成功的秘诀。我们美国人比任何群体都更能利用和使用丰富的智力资源。我们这样做只是为了让自己变得更好，并在这个过程中把世界变得更美好。

美国如何思考

通过自学和终身学习使自己变得更好是美国人的秉性，并不是在美国新出现的现象。亚历西斯·托克维尔在1835年出版的《论美国的民主》是基于他1831年在美国的旅行。他写道，美国人孜孜不倦地改善事物而不是放弃。

自我改善是美国人心智中的最重要元素。这一心智与科学结合后，变得更加具有变革力。在建国之初，美国人就见证了科学的实际力量。我们都知道，研究科学的实际应用是本杰明·富兰克林的毕生兴趣，他在许多领域进行了基础性的科学研究。许多像托马斯·杰斐逊和乔治·华盛顿这样的建国者都是那个时代著名的科学家。真正对美国独特之处的总结来自于哲人拉尔夫·沃尔多·爱默生在马萨诸塞州剑桥的名为“美国学者”的演讲。该演讲的内容被集结成册，成为一本同名的散文集出版，在美国的知识界和政策界被广泛引用。

爱默生认为学者是脑力工作者，不应让自己与世隔绝或因循守旧。他们必须经常挑战自己和自己的思想。他警告学者不要成为僧侣和学舌的鹦鹉，要欢迎解决老问题的新方法。他还认为对大自然的直接观察以及对书本知识的研究是探索的工具。

然而，这并不是爱默生最重要的观点。他革命性地认为，虽然实践者的世界充满艰辛困苦，学者的世界遁世纯粹，但是学者不应该与实践者保持距离。（作为牧师和哲人，爱默生曾说：“制造一个更好的捕鼠器，全世界都会来找你。”）他厌恶把象牙塔与制造业和商业世界分离。这不符合他自力更生的理念。他认为学者应该与实践工作者一起，在现实世界中检验自己的想法。他称之为在现实世界中的“行动”。

爱默生所说的“行动”就是我们现在所谓的“应用”。他关于“应用”的观点成为美国特有的思考方式和学术的重要方面。那时候，科学家运用科学方法提出假设，并且检验假设。这与把科学研究运用到实践之中并不相同。检验假设能告诉你正负电子相互排斥，而实际的运用却能发明电动摩托。在科学史上，这种发明诞生于公司或发明家们的马厩、地下室和车库。

除了爱默生，没有科学家和其他哲人在当时这样激进地提倡减少学术实验室和商业公司之间的鸿沟。无论是羽毛未丰满的美国大学还是世界其他地方的大学都处于相对独立封闭的状态中。爱默生改变了这种思考方式，改变了美国绝大多数大学的教学和管理方式。

爱默生在1837年写道：“行动虽从属于学者，但是至关重要。没有行动，人就不能为人；没有行动，思想就不会熟化为真理。不行动是怯懦的表现，但是仍然有学者缺乏这种英雄精神。”[2]

在这篇文章中，爱默生为美国知识分子勾勒了一个不同的道路。在这条道路上，把思想用于实践不仅必要，并且这种英雄的必需品也是学者身份认同的必要部分。美国人注意到爱默生认为手上长着老茧和衣服上沾满油污的“实践者”并不等同于知识分子。实践者只是知识分子的合作伙伴。再没有哪个国家比美国更信奉这个观点了：实践者和学者是伙伴，能够产生实际的改进，如改善自我，改善社区和社会甚至改善世界。

爱默生的演讲和文章影响深远。他的书籍被广泛阅读和流传。奥利弗·温德尔·霍姆兹在1902年被西奥多·罗斯福总统任命为最高法院大法官。他也是那个时代最有影响力的思想家。他曾经把爱默生的散文称作“知识分子的独立宣言”。[3]

我们不能低估美国独特思考方式的重要性。甚至在今天，许多国家仍然把大学和商业社会分离。虽然一些国家的态度可能有所改变，但在一些地方这些态度仍然根深蒂固。

行动中的美国学者

我认为杰·施尼策尔（Jay Schnitzer）最能代表科学和实践的联姻。他是那种只能在美国找到的人。他在马萨诸塞州的斯普林菲尔德长大，曾经是一个鹰级童子军，长得像比较好看的喜剧演员尤金·列维。他的体格和橄榄球中后卫球员一样强壮，是个强壮而沉默的人，有着奇怪的幽默感。此外，他还是一个极端聪明和专注的人。

杰获得了麻省理工的化学工程博士学位和哈佛医学院的硕士学位。他是世界顶尖的小儿创伤医生之一，曾经在加沙的战乱危机中进行手术。他还是世界权威的烧伤专家和心脏病专家。

施尼策尔在2008年进入商界的时候是美国哈佛大学医学院的教授。他创办的并不是普通的公司。“波士顿科学”（Boston Science）是世界上最具有创新能力的公司之一。它制造起搏器和能够维持心脏律动的、疏通阻塞的血管、减少疼痛和窥探体内疾病的其他仪器。他的公司还是生产植入式长期输药设备和帮助心脏停止的高危病人恢复心跳的去纤颤器设备的先驱。波士顿科学拥有24 000个雇员和15个制造厂。

公司的创始者之一约翰·阿贝勒是“开放创新”的最早倡导者。“开放创新”提倡公司向外部开放新想法。这听上去比做起来容易得多。首先，“开放创新”需要公司有足够的自信，因为这意味着公司必须公布新想法并接受外界的批评。此外，公司还需要有足够的勇气，因为公司外的人可能从新想法中获利。最重要的是，公司要具备倾听和合作的能力。这听上去容易，但实际上很难。要成为“开放创新者”，你需要让自己和同事接受挑战，还需要关注竞争对手的动态和关心研究利益攸关者的利益（对波士顿科学来说，利益攸关者是它的病人、医疗专家和消费者）。这还不够，“开放创新”还需要公司承担一定的风险，因为提出新想法的人并不一定会在产品被开发和生产出来后购买产品。

波士顿科学在1979年创始之初，就参与“开放创新”。它甚至邀请消费者与研究机构的成员见面，到实验室中参观。当时，对外人开放实验室，即便这些外人是消费者，也是非常激进的举动。当时的观点认为公司的知识产权是秘密，必须保护公司的概念、想法、公式、操作和步骤等知识产权不受侵犯。

然而，阿贝勒并不接受这种观点。在某种意义上，他自己就是个外人。他既不是医生也不是工程师，曾经在阿姆斯特丹的一个文科大学学习。阿贝勒认为如果公司向消费者开放实验室，让消费者到处走走看看并与研究者交谈，消费者会向公司提供研究团队也许从未想过的想法。消费者的这些想法非常有价值。不仅因为它们通常是很好的点子，还因为消费者更愿意购买他们协助开发的产品。

波士顿科学的迅速发展依靠研究人员的力量，但同时也依靠倾听外人的想法。在34年中，波士顿科学从一个小企业变成了一个制造中心。“开放创新”是这家公司如此成功的原因之一。

而施尼策尔在其中扮演了什么角色？他是博士、外科医生、化学家和工程师，是波士顿科学的首席医学官。他的工作建立在他在马萨诸塞州综合医院工作经验的基础上。在马萨诸塞州综合医院，他负责药物研发与科技的整合。在波士顿科学，他负责公司四个重要部门，并参与从概念、产品研发到市场方向分析的每项工作。他是公司中连接学术研究和实践的众多桥梁之一。这个工作非常重要。

然而，这并不是他做得最重要的工作。

施尼策尔离开波士顿科技，来到国防部高级研究计划局（DARPA）工作。如果你不熟悉国防部高级研究计划局，设想一下：1958年，它成立于苏联发射第一颗环地球卫星的一年之后，承担着让美国的科技创新永远领先他国的任务。施尼策尔的主要工作就是不让别国的科技创新超越美国。

为了防止美国的创新被其他国家超越，要创建一个以科技和创新为基础的机构。这似乎与爱默生所说的连接现实世界与学术世界的任务并不相同。美国也绝不是第一个利用科技获得军事优势的国家。古罗马人有帮助他们获得军事优势的“机械师”（我们今天的“工程师”）。文艺复兴时期的艺术家和学术探险者达·芬奇根据他了解的科学知识设计武器，但由于他设计得太过先进，很多武器并不能使用。

美国方法的不同之处在于国防部高级研究计划局和军队并没有多少研究人员。军队的工程师都专注于土木工程项目，而不是高科技项目。在这些非军队的研究人员中，许多人都具有博士学位。他们大多数人与外界的研究者保持联络，而不是单独地进行研究。

国防部高级研究计划局位于弗吉尼亚的阿林顿。在国防部高级研究计划局的框架下，大学里的科学家、智库和研究实验室无须成为专职人员或机构就能直接为计划局工作。五角大楼附近的一些部门也提供这样的框架。这个模式的好处在于研究者在参与高级国防项目时不必与研究共同体分离。国防部高级研究计划局与美国最好的科学家签订合同。这些科学家一直孜孜不倦地完善我们的系统。事实上只有极少数的科研人员直接为国防部高级研究计划局连续工作数年。

苏联人造卫星的发射成功极大地损害了美国的利益。苏联和美国是具有核武器装备的竞争对手，双方在冷战中对峙。两国都具有强大的军事实力，不仅在军事上相互竞争，而且在西方国家和东欧国家互相争夺盟友。此外，美苏也相互拉拢不结盟国家，如印度、印度尼西亚、马来西亚和巴西。美国当时担心美苏之间会爆发战争，而人造卫星会给苏联带来战争优势。同时，美国还有另一种担忧：占了世界主要人口的不结盟国家也许会认为苏联比美国有更强的科技实力，而这种看法会使得不结盟国家在美苏发生摩擦时站在苏联一边。

因此，当苏联发射了装着无线电发射器的185磅重的发光金属球时，美国和盟友都被震惊了。虽然美苏两国都在谈论太空探险，但没有任何的美国科技和军事公司想到苏联赶在了美国之前。

美国并不是没有尝试过发射轨道卫星。美国之前尝试了多次，但每次都以失败告终。火箭不是在发射台上爆炸，就是在中途爆炸。在火箭发射前总有各种热闹的宣传，但随后总是充满了悲伤和恐惧。最终，在1958年，苏联人造卫星升空一年后，美国也发射了轨道卫星。它的重量只有30磅。

然而，当美国人庆祝这个成就时，苏联继续超越了美国。在美国第一次成功发射卫星之后，苏联再次发射了一枚人造卫星。这颗人造卫星比第一枚重得多并携带了一头名为莱卡（Laika）的狗。在整个航程中，莱卡的生命指征都受到监控。搜集的信息表明，当火箭把它送入太空并接着进入轨道时，莱卡表现出类似恐惧的生理特征。这说明苏联正在为把人类安全送入太空而搜集数据。

苏联一个接一个地在航天领域做出突破，继续走在美国之前。1961年，美国人再次被另一个消息震惊了：苏联把尤里・加加林送入轨道，并把他安全送回地球。美国到第二年才成功地把人送入太空。宇航员艾伦・谢泼德在太空中做了一个亚轨道飞行。

美苏之间的竞争痛苦而激烈。两个国家都有大量的核武器，让两国人民都感到非常紧张。苏联在太空项目的巨大突破让美国人感到恐惧。他们害怕在政治论坛和媒体的讨论中，美国已经失去了在科学和军事上的优势。

这促使德怀特・艾森豪威尔在国防部内部成立高级研究计划局。1972年，高级研究计划局（ARPA）改名为国防部高级研究计划局，这个机构的目标是防止美国再次被他国超越，尤其在军事技术方面。正如施尼策尔所说，“为了确保美国一直在科技上保持卓越”。

国防部高级研究计划局的根本任务是保持美国的创新力和领导地位。虽然其他国家有更大的政府资助的研究项目，但是没有一个项目的目的是为了防止该国被其他国家超越。2012年，俄罗斯总统弗拉基米尔・普京宣布俄罗斯将建立一个与国防部高级研究计划局类似的机构。而真正的国防部高级研究计划局在54年前就成立了，已经有一套完成不可能任务的方法。对这种方法的描述可以在网络和书本中找到。[4]然而，了解美国国防部高级研究计划局如何运作是一回事，学以致用却是另一回事。

美国国防部高级研究计划局的重要性体现在两方面。首先，它支持的研究都是为了完成不可能完成的任务。美国国防部高级研究计划局对容易的研究和开发并不感兴趣，只对那些最前沿的研究感兴趣。这个政策向美国科技界传达了强大的信息。其次，国防部高级研究计划局不仅是一个科研机构，还是激励众多科研人员不断突破认知极限的象征。如果那些国防部的人能够做出突破，为什么他们不能呢？

国防部高级研究计划局这样的机构要吸引发明家与它合作，并拥有这样强大的象征力，必须有所成就。当高级研究计划局成立之后，它就取得了许多成就。从一开始，国防部高级研究计划局就取得了惊人的成果。F-1是最大最强力的液态燃料火箭发动机，具有150万磅的推力。当美国国家航空航天局成立后，宇航局把五个F-1发动机捆绑在一起，称其为“土星”，用它们把人类送上了月球。

在高级研究计划局的长长的成绩表中，还包括ARPANET（后来成为了互联网），U-2间谍飞机、全球定位系统、无人飞行器（无人机）、隐形飞行技术和其他尖端科技，例如只有蜂鸟大小的自动飞行系统却能像正常飞行器一样被操控的自动飞行器。高级研究计划局是研究人工智能方面的先驱。

保持美国科技和创新领先地位的一个有趣例子是高级研究计划局对GPS的开发。虽然这项技术在20世纪70年代就已经出现，但它在高级研究计划局的帮助下不断演进。

在2004年，国防部高级研究计划局开始了“大挑战”项目，旨在发明第一架自动飞行器。这个自动飞行器要能够在无驾驶员的情况下，沿着特定路线穿过沙漠飞行150英里。高级研究计划局提供了100万美元的奖励，后来又把奖励提高到200万美元。2005年，斯坦福大学赢得了比赛。

有意思的是国防部高级研究计划局不仅充分利用了这笔奖金（为了赢得比赛，有超过12个小组投入了几亿美元），并且让全国受此激励的发明家和企业家为这个比赛开发了许多新的技术。基于2004年和2005年的比赛以及获得的成功，国防部高级研究计划局又举办了更多的比赛。在2013年6月。国防部高级研究计划局选取18个参赛小组中的15个小组参加“光谱挑战”。挑战的目标是看哪个小组能提高无线电的频率，使手机和其他网络能在调试更多声音和数据容量的同时，仍然维持重要的通信。胜出者将创造在紧急情况下更高效地使用无线电频谱的方法。此外，由于掌握了通过空气输送更多信号和声音的方法，胜出者还很可能创建一个创造市值数十亿美元的公司。

高级研究计划局的另一项比赛是“机器人挑战”。该挑战从2012年12月开始，参赛队比赛开发能穿过战区和灾难地区的各种废墟，在危险的条件下救援受伤和被困人员的机器人。

另一项竞赛是在2013年1月开始的“FANG挑战”。目标是制造一个新型两栖的车，把军队运送到偏远海岸。（FANG是“新一代快速调整车辆的简称”。）

在2009年，高级研究计划局做了另一个有趣的实验。它在全国10个不同的地点藏了10个红色的气球，然后宣布能够找到这些气球地址的个人或团队将获得4万美元的奖励。理所当然，这个竞赛叫做“红气球挑战”。全世界58个团队参与了比赛。一些团队利用卫星信息，另一些使用苹果手机和社会网络，还有一些使用垃圾技术给竞争对手错误的信息以获得更多的搜寻时间。

高级研究计划局预期够胜出者需要几天时间才能找到气球。美国国土广袤，即使气球是红色的，气球也可能飘在几英尺的低空并随时可能飘走。最好的情况可能是气球飘在几百英尺的空中。

那么胜出团队花了多久找到10个气球？一个来自麻省理工学院的团队只用了7个小时就找到了所有的气球。他们利用了不同的社交媒体和十分简单的技术。他们给任何找到一个气球的人高达2 000美元的奖金，还宣布剩下的奖金将被捐赠给慈善机构。

虽然麻省理工学院的策略听上去很简单，但是它基于所谓的“查询动机网络”。这个网络由康奈尔大学的乔恩·克莱因伯格和谷歌副总工程师及斯坦福教授普拉巴卡尔·拉加万开发。这个模型利用动机来预测行为，为国防部高级研究计划局上了一堂关于社交网络（例如领英网或脸谱网）是如何动员大众的课。

高级研究计划局最有名的挑战竞赛要属2007年的“城市挑战”。它要求团队制造出可以在“城市道路”中导航的无人驾驶车辆。“城市道路”位于长达60英里的被遗弃的飞机跑道上。这个道路充满了交通、阻碍、有人驾驶和无人驾驶的车辆。这个挑战包括大的汽车公司、科技销售商和零件制造商。许多参赛者与工程学校有联系。200万美元的奖金最后被卡内基·梅隆大学获得。

想一想高级研究计划局的力量。谷歌、通用、福特、尼桑、丰田和多数的车辆公司在争相制造无人驾驶车辆。无人驾驶车辆的市场被认为将是巨大的，包括轿车、巴士、出租车和长途运输车以及道路推土机、挖土机和其他类型的设施。这些车辆都由全球定位系统、雷达、机关和人工视觉以及其他类型的感应和定位科技导航。这些科技至少有一部分将被高级研究计划局开发。

无人驾驶车辆将比有人驾驶车辆更加安全，因为它们能比人更快地对改变条件做出反应。因为传感器的精确和速度，这种车辆可以近距离地一起行驶，减少交通的堵塞和提高燃料的效率。在加利福尼亚和内华达，只要在无人驾驶车辆中有一位能够控制车辆的司机，无人驾驶车辆在道路上行驶就是合法的。

可以想象无人驾驶车辆在军事运用上的情景，尤其是在运输供给和疏散伤员方面，但商业市场却是它真正的市场。“高级研究计划局并不收取任何的专利费。”施尼策尔说。他的评价的潜台词是虽然高级研究计划局主要的任务是军事应用，如果它能够对国家经济的发展有利，这也是高级研究计划局的工作之一。

小预算，大结果

更令人震惊的是国防部高级研究计划局用了很少的投入获得了巨大的成就。它的预算只有32亿美元，大约是美国所有国防预算的1/215。更有趣的是，“高级研究计划局只有120个项目经理，他们都是他们所在领域的天才”，施尼策尔说。比这更有意思的是“这些项目主管只有四年的任期”。施尼策尔自己的项目任期在2013年结束。他说高级研究计划局的人才流动是“让文化保持新鲜”的方法之一。

施尼策尔还说了更有趣的事：“对我的评估基于我失败的次数。太多的成功说明我并没有在做最前沿的研究。”高级研究计划局并不需要解决简单的问题或者是公司可以自己解决的问题。高级研究计划局的存在是为了解决没有人能解决的问题。

高级研究计划局是典型的美国机构，因为它依靠竞争。虽然因为各种原因，一些研究者可能不愿意为国防项目工作，但他们接到高级研究计划局的电话时并不吃惊。如爱默生所提倡的，美国学者应该接受商业世界和实践，而不是害怕和拒绝。这样做的结果是，在高级研究计划局，各小组为了赢得某个奖励你争我夺。这意味着美国有解决某个问题的多个方法。

美国的公司也是如此。为了在科技方面获得稍微的领先，它们互相激烈竞争。在过去几十年里，美国的电脑和操作系统的战争是说明美国如何运行的最好例子。在战争初期，只有寥寥数个公司，如苹果、无线电器材公司、奥斯本和微软（它为IBM开发了一个操作系统），以及一大群已经不存在的公司，每个公司都利用不同的科技、芯片和操作系统。

在19世纪80年代，我曾用过一台美国无线电器材公司的TRS-80电脑。该电脑使用不能与其他系统兼容的TRS-DOS系统。这个老掉牙的系统使用由齐格洛（Zilog）公司制造的Z80芯片。另外一个竞争者是康懋达（Commodore）64，它使用了MOS科技制造的芯片。激烈的竞争随之而来。当微软和苹果的两个标准统一后，这两个公司都失败了。竞争是惨烈的，但是也带来了充满活力、高度竞争的产业。

尽管如此，苹果和微软的长期统治地位还远未确定。谷歌和一批手机服务提供者正在蚕食苹果和微软的生意。屏蔽其他公司与微软和苹果的竞争会带来科技的停滞，因为没有竞争就没有创新。

熊彼特经济学主张让具有创造性的破坏来淘汰公司。实际上，这种典型的资本主义方式是残忍的、混乱的和杂乱的。破产的公司就如在高级研究计划局竞赛中失败的团队。每次一个公司失败或者濒临破产，我们都从中学到了一些东西，就像高级研究计划局从竞赛中失败的每个团队身上学到了许多经验。成功是甜蜜的，但失败是不能被忽略的强大老师。

虽然我们接受创造性破坏，但是在社会保障、医疗和其他安全网方面很健全，包括奥巴马平价医疗改革法案。而与之相反，其他大部分国家的制度允许落后的公司落后和生存。在印度甚至欧洲的某些地区，政府所有的公司或控股的公司都不会破产。

在印度，在各个领域的许多公司，包括资源、物流、能源和通信、人寿保险、汽车制造、钢铁制造、船只制造和铁路铺设都部分或全部地属于政府。

法国和其他欧洲国家也有数个庞大的政府所有或控股的企业。一些时候，政府只拥有一股，但是这一股拥有多数和接近多数的投票。

我的观点是美国招牌式的资本主义并不总是那么容易，但是它产生了能够在困难和剧变中生存的公司。当公司不能在竞争中生存而破产之后，其他拥有新想法的公司又出现了。这是高级研究计划局运作的方式，也是施尼策尔被评估的方法。

当然，没有一个系统是纯粹的。在2008年的危机中，财政部和联邦储备系统拯救了通用、克莱斯勒、我们的许多银行以及大型保险公司——美国国际集团。

国防部高级研究计划局的120个项目官员和支持人员与世界各地的人紧密联系。他们被最新的学术研究影响，还被科幻、音乐、艺术、文学，甚至电影影响（国防部高级研究计划局和麻省理工的机构相似，有常驻全职艺术家）。

更加重要的是，国防部高级研究计划局并不是一些人希望能够做一生的轻松又容易赚钱的政府工作，因为国防部高级研究计划局的科技雇员的最长雇用期是四年。四年以后，雇员必须寻找另一个工作或者回到原来工作的大学、智库或者公司。国防部高级研究计划局人才的流进和流出与公司中人才流动的方式没有太大的差别。人们被雇用，然后被解雇或者因为各种原因去其他地方工作。人们学到了东西，然后把自己学到的东西运用到其他地方。美国公司的雇员经常性地换工作，在所到之处传播自己的想法。

美国非常擅长于国防部高级研究计划局的这种思维方式，部分原因是因为我们的体制允许不够好的思想和过时的机构消失。许多人认为我们的资本主义是冷漠的。毕竟，公司总是在失败，而这导致失业。虽然没有人喜欢失业，但是需要保持警惕。就像18世纪英国批评家塞缪尔·约翰逊所说的："没有什么比绞刑更让精神保持专注。"或者我们也许应加上，被开除和丢失市场份额同样会让精神保持专注。

我并不是因为解雇能够让人们更坚强，更关注自己的工作，或让人们更加灵活，就说被解雇是好的。有许多擅长自己工作的人最后还是失去了工作。没有人喜欢这样。在美国，工作流动性不仅仅只是被解雇这么简单。

美国人与众不同的一点是，与欧洲人不同，我们愿意为了一个工作收拾好行李开着车搬到另外一个城市。在27个欧盟国家中，只有0.5%的劳动力会为了工作搬到自己国家的另一个地方，只有0.25%的人为了工作搬到另一个欧盟国家。在美国，每年有2.5%的劳动力决定把家当放上货车去寻找一份新工作。[5]值得注意的是，欧盟的劳动力不愿搬家，即使许多国家，如西班牙，年轻人的失业率已经高达50%。

欧洲人原地不动的原因不是因为劳工法。如果你是个欧洲公民，你可以在欧洲的任何地方工作。欧洲人不愿意搬家是出于对家庭的依恋、文化以及语言原因。

美国人也有家庭，但他们更愿意离家去寻找更能实现人生抱负的工作。由于欧洲地域狭小，一个意大利人可以搬到德国或者法国去，周末开车回米兰。而搬到西雅图或是芝加哥工作的纽约人却不能做到这些，但是我们还是会为了工作搬家。

我在上文提到丹·扬克洛维奇曾谈及自我完善，我称之为终身学习。我没有说我们之所以对自我完善如此感兴趣是因为我们更容易失业。简单的事实是如果美国人不搬家，就会在当地劳动力市场长时间找不到工作，只能拿到微不足道的失业津贴。在欧洲，由于劳工法，失业保险金不仅要慷慨得多而且也不容易失业，虽然每个国家的情况不同。

依照我们现在的优势，似乎其他国家不会在短时期超过我们。举个例子，在最近的一个有关替代能源的会议上，我的一个从事风险投资的同事说他最近从欧洲和日本参观公司和参加会议。在这些地方，“人们在非常焦急地等待美国出现的新思想，这样他们就可以实践这些新想法。他们认为美国是世界创新的中心”。这个投资者做了一个公允的评价。世界上有如此多的创新引擎位于美国，许多公司只是简单地偷窃美国的创新成果。如果他们有一些职业道德，他们也许会简单地根据情况改进我们的成果；如果他们是正直的，那么他们应支付使用我们科技的费用。无论他们如何选择，他们正在利用我们的科技赚钱。

创新力

虽然艾默生是一个哲学家和牧师，但他在布道中说："不要走别人走过的路，走没有人走过的路。"这句话以及关于"做一个更好的捕鼠器"的建议都是关于创新与实践的。它们不全是我们所说的创新。

在我眼中，创新已经成为了一个空洞的词汇。如今很多人用这个词表达他们在努力使用新想法提高利润，或表达努力最大化地提高从新产品中获得的收入和利润，或表达关于创新最差的定义——"连续基础上的渐进改变"。

这些对创新一词的使用都很有道理。创新难道不就是公司应该做的吗？难道公司的工作不就是创造新的产品，提高账本底线以及做出连续的提高吗？如果是这样，那么为什么我们称其为创新呢？听上去像是个稀松平常的词汇。英特尔每年出一款更加强大的芯片，苹果每几个月就推出一款炫目的新玩意儿，难道不是很普通的事吗？难道通用、福特、克莱斯勒和其他汽车制造商不应该提出一些新概念，推出新产品？难道它们不应该每年给我们更新的、更好的、更安全的和更酷的科技？这些所谓的创新只是一个切入点。如果公司不经常把新想法投入市场以追求收入和利润，它们就将失败。创新是切入点而不是目的。

真正的创新比这个内涵更广。我更喜欢称之为"创新力"。游戏正在变化。第一个公司芯片、第一个大盒子店和第一版的微软办公软件是最早的创新突破。几年以后，这些公司把更多的三极管放在芯片中，或找到更好的组织家得宝货架的方法，或为电子表格和文字处理软件加上更多的功能还是在创新吗？很难说这是创新。美国之所以成功是不仅因为它改变世界——也是施尼策尔所说的国防部高级研究计划局的主要工作——还因为它经常震惊世界。

什么是真正的创新？我将给你几个例子。

真正的创新是微软创建像谷歌一样的公司。由于微软以及拥有创造谷歌所需要的技术科技，它本来可创造与谷歌同水平的创新。微软反而把焦点放在对其操作系统渐进的更新上。它回避了承担过大的风险。当微软开发了搜索引擎——微软必应，作为谷歌的竞争对手时，已经为时已晚。同样，在智能手机领域，苹果和谷歌同时走在了前面。创新需要快速。这是微软以前具有的品质。

真正的创新是索尼音乐创造iTunes卖音乐，或者其他类似的事。毕竟，它购买音乐和电影制作公司。索尼没有找到像苹果那样把iPod、iPad和iPhone与其在线的内容商店放在一起、把这些资产与其硬件结合的方式。拥有自己的电影制片厂、录音公司和世界上最大的电子产品业务，人们当时认为索尼而不是苹果将会走在最前面。相反，索尼放松了它的创新肌肉。这家创造了随身听的公司本来能够创造iPod以及相关后续产品。

真正的创新应该是福特或是通用汽车公司向市场引介特斯拉。特斯拉不仅是一辆新车，而且是包括充电站和电池更换站的一个新系统。特斯拉与汽车就如iTunes、iPod、iPad和iPhone与音乐和电影。这是一种崭新的和高度整合的销售和控制产品的方式。在这种方式下，产品永远在消费者周围。福特和通用汽车公司无法摆脱以往的成功经验，不断改善混合动力科技而不是做出科技上的飞跃。

真正的创新应该是Lockheed公司秘密创建SpaceX公司。SpaceX公司运用与Lockheed公司类似的科技，但它的科技更可靠、便宜和先进。结果是，Lockheed公司落后了。

真正的创新应该是巴诺书店创造亚马逊。这在当时是可能的。巴诺书店本来能够成为亚马逊的仓库，它的雇员本来可以以较低的价格快速地履行网络订单。如果巴诺书店第一个建立网络商店，它可能成为第一家创造电子阅读器的公司，现在还是一流的公司而不是不断地衰落。

真正的创新不应该是渐进式的。创新应该是具有变革力的。好消息是在我的每个例子中，每个竞争者丢失自己的竞争优势后都被或者正在被新的美国公司所代替。这不是说微软会在明天就消失，但是它的领导地位和耀眼光芒已经不再。创新不是给没有胆量的人，而是给想要变革某个产业和做事方式的冒险者。

创新一词所包含的激进的、变革的方面已经被淡化了。这也就是为什么我喜欢“创新力”一词。拥有我所说的创新力的公司将来会互相竞争，不能够创新的公司将被替代。

金属猎豹

在2012年的10月，我帮助组织了一场关于在生物科技领域创新的活动。杰·施尼策尔做了一个主旨发言，展示了一些视频。其中有一段视频是关于“金属猎豹”的。这种“金属猎豹”有一只大狗那样大。像真的猎豹一样，它有四条腿，每条都有两片金属做的关节和一套类似头部的传感器。它具有一个装满电脑、发动机、连接线和压缩空气管路的身体。这个奇妙的装置在行走、爬行和跑动时具有和猎豹一样的身体动作，非常地了不起。

视频刚开始时，这只机械猎豹在跑步机上逐渐地加快自己的速度。猎豹的步幅变长、步调变快了。一两分钟以后，猎豹开始以每小时28英里的速度奔跑。施尼策尔告诉观众在完成该视频的制作之后，这只猎豹的跑步速度又被提高到了35英里每小时。

这个与狗一样大小的设备的计算能力让人惊愕，但是这并不是全部。这个设备被创建用来感应跑步机的速度，调整它各部分的速度并矫正它的平衡。它还必须感觉到它每只机械腿落在移动带上的位置。它还要保持直线奔跑。

这些要求初看似乎简单，实际上非常地复杂。这是因为猎豹的自动化程度与国防部高级研究计划局的机器人车一样。电脑被设计成像真实的动物一样对环境做出反应。没有任何人给这些机械猎豹发送调整速度的信息，以防止它摔下跑步机。这种类型的实时感应和移动需要复杂的编程和机械。

国防部高级研究计划局没有雇用庞大的设计师和研究人员以及眼睁睁地看着他们的知识和技巧过时。国防部高级研究计划局反而更像是一个管理者。研究计划局没有设计机器人，而是列出希望机器人做的具体事项。研究计划局接着到不同的公司，询问是否有公司愿意建造一个猎豹或任何新的项目。波士顿动力（Boston Dynamics）是一个从麻省理工机器人实验室中剥离的公司，位于马萨诸塞州的沃尔瑟姆。沃尔瑟姆是一个离波士顿几英里远的制作钟表的古老小镇。波士顿动力抓住了“猎豹项目”的机会。换句话说，波士顿动力是像索尼和微软以前一样的创新型公司。

波士顿动力也在波士顿周边制造其他东西。该公司位于波士顿周边被许多极客称作“机器人簇”的区域。这是因为全部的关于机器人的创业和成熟的公司都聚集在附近。

波士顿动力还为国防部高级研究计划局制造更大的，但是速度较慢的四腿机器人。这种机器人就像是从乔治·卢卡斯的《星球大战》电影中走出来的。这种机器人被称为“大狗”，但是我认为它应该叫做“大骡”或是“大驴”，因为它看上去更像骡或驴。大狗能够运载400磅重的物品。它有四条腿，每条具有三个关节，每只脚看上去像驴的蹄。它加一次燃料（它拥有一个汽油发动机）可以跑20英里，它就如猎豹一样健壮。在世界上没有其他公司能够制造一个类似大狗的机器人（见图3-1）。

图3-1 波士顿动力开发的两个大狗机器人。这些机器人能在任何地形以最快每小时4英里的速度跟踪一个人。它们以汽油驱动

大狗拥有一个包括激光测距仪、雷达、机械视觉和各种类型传感器的大脑。令人称奇的是，它能和战士在不同地形中跋涉，如拥有浓密灌木和丛林的森林、沙漠、泥浆和雪。轮子和轮胎比腿脚更适合在这些环境中行进。

看到视频中的“大狗”在森林中，尾随一群人并背负假装是供给的重物，我意识到这个机器展现美国机器人研究有了多大的进步。最有趣的是当技术人员试图从一边把“大狗”用力推倒，“大狗”仍能够自己导航穿过停车场。当“大狗”被推时，它立即做出和四脚动物一样的步法，重新调整平衡。当“大狗”小心翼翼地穿过布满冰的停车场时，技术人员同样推不倒“大狗”。在冰上，机器人努力保持方向，继续它的旅程。当“大狗”努力继续行走时，它看上去就像是一头正在挣扎的动物。尽管它只是一台机器，但当它努力重获平衡并成功时，你感觉它就像一个动物。

波士顿动力也制造了一个叫做佩特曼（Petman）的机器人。它看上去像人类并能像人类一样行走。它有两只胳膊、两条腿和人类的身体比例。佩特曼能够堆起成捆的圆木和自己导航行走。与猎豹不同，佩特曼并没有头（这公司到底是怎么想的?）。另外一种机器人叫做阿特拉斯（Atlas）。虽然看着古怪，但它能爬楼梯，甚至跳跃。

波士顿动力还能制造其他类型的机器人，但真正让这家公司从世界其他机器人公司中脱颖而出的并不是机器人的自动性，也不是在任何地形下跟随士兵或工人的能力，而是它的机器人能够自我平衡。

使“大狗”重获平衡的科技在世界上独一无二。这种科技让“大狗”能在冰上保持平衡，让佩特曼或阿特拉斯跨过圆木堆或跳跃。没有其他的机器人公司能够做到这个壮举。不用多久，这些衍生品就可以投入商用。利用感应技术——GPS和它的衍生品，这些机器人将真正地实现自动化。

美国的机器人正在向全自动化迈进。当这些机器人完全自动化，机器人能够做各种各样的事，从帮你把包拎到旅店房间到当你野营的时候帮你搬运用品。这些机器人可以替人们做危险的工作，像挖矿和海底作业。机器人也许会成为新一代的消防员。更高级的佩特曼和其他类型的自动机器人将在我们之前踏上火星。

这些设备非常不同寻常。虽然机器人产业还在发展初期，但有迹象表明它将成为一个巨大的产业。毕竟，这些机器人被设计出来代替人类，而人类无处不在。这不是说人类将找不到事情做或机器人会取代人类。永远会有需要人类从事的工作。毕竟，机器人也是人类设计的。然而，这也暗示未来工作性质将改变，更多的制造程序和服务工作将由机器人来做。具有熟练技巧和接受过良好教育的人无须为此担忧，社会会永远需要他们，但对许多人来说，未来与他们竞争的将不再是那些其他国家的没有技巧、低工资的工人而是机器人。

“集群”是一个经济学词汇，指发展出某项专门技术的地理区域，例如高科技产业在硅谷得到发展。这些集群有利于鼓励创新，主要因为人们在一个集群中不断更换工作和公司。在不同工作岗位和公司流动的人容易带来新的思考方式以及在新公司有所作为。他们经常挑战现有经营模式并在工作中传播新思想。这使集群里的不同公司成为令人兴奋的工作地点。

波士顿动力只是波士顿周边众多机器人公司中的一家。(还有很多机器人公司位于美国的其他地方，但是波士顿周围是这类公司的最大集聚区。)这家公司由马克·伦伯特（Marc Raibert）创建，他是麻省理工的工程和机器人科学教授。在此之前，他在卡内基·梅隆大学工作。伦伯特是美国国家工程学院的成员，是具有工程学最高荣誉的人之一。他离开学术界进入了商界。

乍一看，我似乎在为麻省理工学院感到惋惜，因为我提到的那么多人都与这所大学有联系。这并不是因为其他国家缺少好的研究型大学。美国一流大学的学术文化并不惩罚、排斥或是看低离开学术界创建自己公司的教授。这一点是独一无二的。我猜他如果打电话给麻省理工学院，要求回到原来的系工作，他将受到麻省理工学院的欢迎。

然而，或许在其他国家并没有很多希望创建自己公司的教授。他们的文化中并没有这种特征。在其他国家，一个博士生毕业后通常获得一个学术职位，他或她会留在学术界。教授进入商业世界的概率几乎为零。

我并不是说所有科技领域的美国教授都创建了一家公司。我想澄清的是，这种说法极大地夸大了事实。不是每所大学都是麻省理工、斯坦福或是伯克利。许多美国教授对学术研究的兴趣远远超过了对商业应用的兴趣。我想表达的观点是在许多国家，学术界和商业世界之间被深渊隔离，而美国的情况并非如此。在许多国家，人们认为这些教授被污染或是背叛了学术，但美国人并不这么认为。商业和学术之间的思想交流是我们在竞争中胜出的简单方法之一。

这种进出学术界的思维方式极大地影响了美国和它的崛起。作为世界上最古老的理工科学校，麻省理工学院具有世界上最古老的传统之一。我们的其他一流大学也都如麻省理工学院一样具有商业头脑。

其他国家很难效仿美国学术界和商业公司的意气相投的关系。[6]英国或德国或法国学校也许颁布了允许教授离开学校锻炼他们企业家的肌肉的政策，但必要条件是教授必须要有这些肌肉。这意味着教授们一定要有创建公司、把想法付之于实践和改善这个世界的欲望。在其他国家，情况则不同，至少还未具备条件。因此，美国不仅独一无二，而且具有其他国家无法企及的创造力。这种创造力结合了学术活力、承担风险的功能和商业原则。

不要误解。这些不同之处并不与遗传相关。毕竟，美国是一个多元化的国家。事实是，来美国工作的学者一旦适应了我们的文化就改变了。无论他们的国籍是中国、印度、德国、法国还是俄罗斯。真正重要的是我们的文化改变了他们。一个研究者告诉我美国把这些“实验室老鼠”转变成了“雄心勃勃”的企业家。一些学校甚至具有培养这种改变的项目。这就是为什么在波士顿动力公司不远的地方有一家名为iRobot的公司。这家公司制造拆除爆炸装置（IEDs）的军用机器人以及吸尘器机器人。这也是为什么附近还有一家制造水下机器人的名为海德罗伊德（Hydroid）的公司。在一小时车程之外，还有一家制造能做外科手术机器人的公司——医疗机器人（Medrobotics）公司。而在伯克利、卡内基·梅隆、斯坦福和其他学校也有与麻省理工周围类似的集群。

机器人国度

Rethink Robotics公司位于在麻省理工周围大波士顿区，制造了机器人“Baxter”。这个长相奇特的机器人改变了机器人产业。“Baxter”的躯干有真人大小，具有施瓦辛格一样结实的双臂。如果展开双臂，双臂可长达9英尺。“Baxter”的手臂装满了发动机和传感器，并被漆成了红色。你可以买各种机械抓手放入它手臂的末端。当“Baxter”被放入青铜色的基座销售时，它的大小看上去与普通人无异。

最酷的事是“Baxter”除了拥有摄像头和传感器之外，还有一双具有表现力的双眼。这些眼睛一部分是为了摆设，但“Baxter”的目视提示可以告诉与它一起在流水线工作的人它在做什么以及它什么时候会动。

“Baxter”是制造公司和家庭经营商店都可以使用的机器人。它不是那种喷漆汽车或点焊卡车的大型强大机器人。那些机器人需要工程师为它们编程，而新奇的是“Baxter”能通过实践来学习。你通过把智能机器人的手移到在某个步骤中需要放的位置，当它需要抓住物体的时候，挤压机器人的钳子一样的手指。人工操作是“Baxter”学习的方式。

“Baxter”被设计得如此精妙，它可以与1952年经典电视剧《我爱露西》里的在巧克力包装流水线上的露西和埃塞尔一起工作。她们非常努力，但还是不能够跟上把巧克力送出厨房的传送带的速度。一个穿着白色制服和戴着尖帽子的粗暴女工头告诉她俩，如果有一个没有被包装好的巧克力被送进了装箱间，她们两个人都要被解雇。为了保住工作，露西和埃塞尔把没有包装的巧克力放进她们的嘴巴直到塞不下为止。

保证全部巧克力都被包装和打包好正是“Baxter”可以帮忙的任务。“Baxter”可以被在流水线旁和它一同工作的人编程。

对于一个机器人来说，“Baxter”的价格便宜。拆箱可用的“Baxter”机器人的价格是22 000美元。这个价格是苹果在中国的装配厂富士康工人工资的三倍。与富士康工人不同，你只要付“Baxter”一次工资。即使“Baxter”还需要一系列的其他额外的设备——特殊的抓器、可动的支架和一盒子的软件，它还比身兼数职的工人更便宜和更可靠，并且“Baxter”是在美国被生产制造的。

人们第一个可能想到的就是，如果“Baxter”这么便宜，特别是如果它们很便宜而且很容易就被编程，那么“Baxter”一类的机器人会使得许多人失去工作。确实如此。但问题是，哪些工人会被替代？如果很多的“Baxter”在美国被使用，这将导致制造业又回到了我们的海岸，“Baxter”所替代的工人不在我们的国家而是在其他国家。

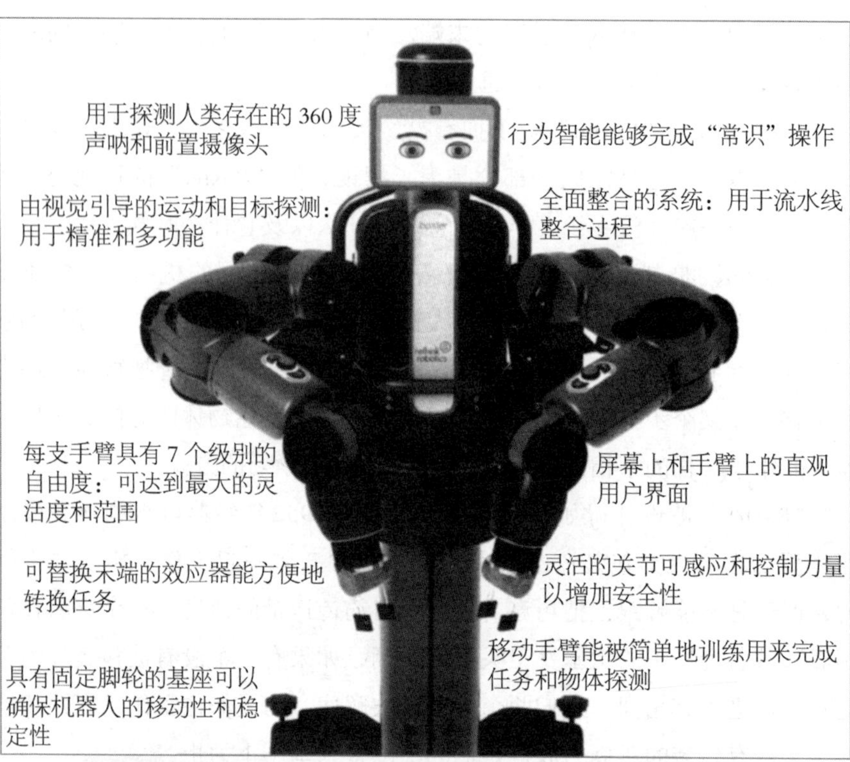

图 3-2 Rethink Robotics公司的“Baxter”机器人和中国富士康工人的对比

注：“Baxter”的价格是22 000美元，容易编程并能够连续工作三班不需要休息。每个富士康工人一年的工资是8 280美元，这意味着它每三班的花费是24 840美元。即使没有“Baxter”，美国的工厂也比中国工厂的生产率高。“Baxter”的照片由Rethink Robotics公司提供。富士康工厂照片由Jurvetson提供（flickr）。

这不是最好的，但至少失业并不是在美国。“Baxter”的确会迫使一些美国工人去做打包的工作。然而，如果美国工厂使用更多的机器人，工厂回到美国，那么这些工厂将需要人们建造、维护设备和做其他相关的工作。显而易见，这是一个具有创造性的破坏。

即使如此，人们使用机器人并不是为了给卡车司机和保险工人创造工作，而是为了通过自动化复杂的任务来提高工厂的生产效率。如果许多小“Baxter”机器人在流水线上把巧克力装进盒子，公司将赚到更多的钱，而这些钱将促进经济的发展。

我并不是在说美国的未来不会遇到任何问题。许多经济上的变革和重要的创新是破坏性的。诚实地说，“破坏性”意味着一些人会赢而另一些人会输。赢者将会拥有更好的工作，而输家失业了以后将更难找到工作。当然，人们足智多谋而美国又是一个富裕的国家。因此，我认为美国将比中国更容易应对这种破坏。

我这样说是因为美国和中国的不同。在美国，大约96%的人口住在城市或是郊区，而且大部分人已经被吸收到经济中去了。我们是个中产阶级国家，具有较高的平均工资。

然而，中国和其他国家正在另一个发展周期。中国一半的人口都在农村，另外一半在城市。平均来说，中国城市居民的收入是农村居民的4倍。[7]这也是为什么城市居民比他们在农村的亲戚多挣这么多钱——是因为他们在富士康这样的公司工作——为苹果制造产品。

中国的目标是把更多的工人吸引入城市参与制造业的工作。这能让农村人口有更多的收入，促进经济发展。如果购买中国产品的国家加大对机器人的使用导致中国的制造业增长率下降会怎样？如果美国的汽车零件公司在装配线和打包间使用“Baxter”类似的机器人会怎样？到最后，在这个相互联系的世界，这个趋势将缩小中国劳动力市场，减缓中国的城市化速度。

更加重要的是如果中国要保持竞争力，也需要使用机器人。富士康在2012年曾说在三年之内将购买100万只便宜的机器人来代替在工厂中工作的100万人。[8]时至今日，富士康仅仅购买了10 000只机器人，所以这个项目落后于预定计划。这个公告体现了机器人将给那些基于廉价劳动力参与竞争的新兴市场带来毁灭性影响。发展中国家的装配工人也许便宜，但是机器人永远更加便宜，而且不要求任何的福利。

不要误解我的意思。在装配线上的机器人意味着会有更少的人在制造摩托车框架和剪草机。在美国也是这样。我的观点是我们的经济远远比中国的经济发达。一大部分人在服务业工作，这意味着机器人进入劳动力市场时，美国会比以制造业为主的新兴市场国家的情况好。

机器人产业还十分小，在2012年整个行业只有85亿美元的收入。这比通用公司绝大多数的业务单元的收入都要少，但是它的成长十分迅速。虽然机器人在欧洲和日本制造，它们的机器人产业结构与美国的结构不同。这给了我们优势。

德国制造机器人的是大公司，像西门子。在日本也一样。我们也有制造机器人的大公司。通用公司现在就在这个行业，但我们国家的机器人产业还在起步阶段，每年只有数百家小公司进入这个行业。这些创业公司是创新力的来源，而并非是大公司。这些大公司为汽车业制造、更新用于焊接和喷漆的机器人。这些制造业的大公司是机器人制造业最大的客户。为汽车产业制造的机器人巨大、强壮、简单和迟钝。它们就像是刺猬，用改述的希腊诗歌来描述就是：它们知晓一件事，只做这一件事，做得特别好。新一代的机器人则更像是狐狸，因为它们知晓许多事情。

说了这么多，我的意思是市场永远需要油漆汽车的机器人。然而新出现的需要要求机器人做到自动化。自动化机器人使用各种类型的传感器、GPS和其他类型的导航服务、人工智能和所谓的模糊逻辑来自主行动，如佩特曼和大狗。它们甚至能够做出选择。

给这些机器人一个目的地，然后挡住它们的路，这些新型机器人能够找到通往目的地的路径。但给汽车喷漆的机器人可能只会做它被编程的事。

大部分在美国的机器人创业公司正在制造或试图制造某种类型的自动机器人，而大公司还停留在制造“刺猬”的阶段。因此，美国比其他国家，例如日本，有更多的机器人种类。不仅如此，美国的机器人公司比世界其他国家的都多。截至2012年11月，美国有373家机器人公司，日本有81家，德国有67家，加拿大有41家，法国有40家。[9]世界上其他国家并没有制造多少机器人。

一些机器人制造公司是美国最具有创新力的公司。在快速公司（Fast Company）评出的世界上十个最具有创新力的公司中，八个公司是美国公司。除了一个公司以外，其他的公司都是年轻的小公司。[10]

这些数字说明机器人产业的未来有可能在美国。美国的麻省理工学院、斯坦福大学、卡内基·梅隆大学、宾夕法尼亚大学等有一系列强大的研究项目。Rethink Robotics的例子能解释为什么机器人产业的未来在美国。这家公司由罗德尼·布鲁克斯（Rodney Brooks）创建。[11]他研究人工智能，在麻省理工学院教了26年的书并领导麻省理工的机器人研究项目。当还是教授时，他研究的领域之一是设计机器人编程软件。他设计的软件可以通过让人移动机器人的抓手来给机器人编程。这就是Baxter学习的方式，而不是通过坐在电脑前写编码。这是大学和产品开发的深入联系的最好例子。

更有趣的是，布鲁克斯是只能在美国存在的繁荣生态系统中的部分。他也是iRobot的创始人。这家公司做了吸尘器机器人和军用机器人如PackBot。PackBot可以自己进入建筑物并传输视频，是第一个进入日本福岛查看毁坏情况的机器人。它重达35磅，但装上手臂的时候，被军方用来拆卸炸弹。PackBot有多种型号。

当布鲁克斯创建Rethink Robotics的时候，可以想到他之前创办的iRobot公司本来可以阻碍布鲁克斯的发展。毕竟，他曾经是iRobot的创始人、首席科技官以及董事会成员。布鲁克斯可能带走了iRobot最棒的创意和保护得最好的秘密，但是iRobot并没有给布鲁克斯设置障碍，而是给了布鲁克斯祝福。iRobot公司的领导人意识到与其阻碍布鲁克斯的发展，不如让他创建一个与自己公司竞争的公司。他意识到在如今的新产业发展的舞台上，创建一个包括设计师、工程师、制造者、企业家和投资人的生态系统的重要性。

iRobot很可能与Rethink Robotics激烈竞争。更重要的是iRobot的管理者知道只有公司为了生存相互竞争，甚至雇用对方最有才华的员工，整个机器人产业才会发展和成长。这样的一个生态系统创造生机勃勃和思想自由流动的幸存者。美国有373家机器人公司，在这些公司之间可能存在着思想的交流和经常性的人员流动。在这个过程中，一些公司发展壮大，一些失败了，一些新公司诞生了。

与汽车行业比较，在美国国内只有三家公司互相竞争（由于菲亚特收购了克莱斯勒，现在只有两家）。此外，还有几家来自其他国家的汽车公司在美国运营。随着时间流逝，三大公司逐渐僵化。大多数关于汽车业的新想法来自底特律之外。实际上，在大多数时候，汽车业对新思想保持敌意，对创新反应缓慢。除非法律强制规定，否则底特律拒绝改变。

不愿意改变杀死了底特律。福特并没有像通用和克莱斯勒一样受罪，这是因为福特富有远见地在2008年金融危机前储备资本。通用和克莱斯勒失败了，必须依靠政府的救助。

这两家公司陷入危机的一部分原因是因为视野褊狭。甚至在汽油的价格达到每桶145美元时，它们的大部分收入仍来自制造大型耗油的越野车。这是因为被一个汽车公司雇用的人很少到另外的汽车公司工作，人们缺少对竞争对手的了解。

汽车产业是大家都熟悉的例子，但它说明了竞争的缺失加上视野褊狭会导致产业收缩而不是发展。表现最好的公司是那些能够向变化中的世界敞开窗户的公司。

这就是为什么我相信iRobot和Rethink Robotics为我们提供了极佳的例子。我不是小说家安·兰德的书迷，但我相信竞争能够给每个人带来好处，尤其在劳动力和思想自由流动的环境下。

重新定义我们的想法

所谓的“实践创新”，或大多数人所说的“创造”或是爱默生所说的制造更好的捕鼠器和走不熟悉的道路其实有不同的类型。哈佛商学院卡莱顿·克里斯坦森（Clayton Christensen）教授认为有两种不同类型的创新。

一种创新使人们能够运用新的产品和享受新服务；另一种用更好，更高效率的产品和服务代替旧的产品和服务。第一种创新来自于突破性进展，第二种来自于累积的改变。

亨利·福特的T型发动机小汽车属于第一种类型的创新。它使人们能够使用新的交通工具——大规模生产的、简单、廉价、高效和耐用的小汽车。福特不仅创造了汽车，而且创造了一个产业。在T型发动机小汽车诞生之前的交通工具都是价格昂贵、由手工制作和非批量生产的。

当福特引进T型发动机小汽车，这属于第二种创新。它用更好的产品代替了比较贵的T型发动机小汽车。A型车是封闭车厢的汽车，具有现代的、易使用的变速器、功率大的发动机和可以挡雨的窗。

戴尔公司的例子是关于效率的好例子，属于第二种创新。戴尔没有发明或者制造自己的芯片、软件、电线、连接器、电路板或是存储卡。它甚至不生产储存机器的盒子。

戴尔做得最棒的事是创造了组装现成零件的流程。然而，在没有接到订单前，它甚至连这个也不做。这家公司只是创新了组装已经卖出去的电脑的方式。一旦客户下了订单，机器就会被组装好，放进盒子中，交给物流公司递送给客户。戴尔曾经极端高效。它的效率使得它比竞争对手更具有价格优势。戴尔的创新集中在它的商业模式上。

第一种实践创新创造新产品。这种创新是极少的和困难的，只有为数不多的国家擅长于这种类型的创新。发明T型发动机汽车，第一架飞机，首次把人类送上月球，创建亚马逊、第一家iTunes商店和脸谱网都是全新的事物。这些新活动创造了新的市场或是已存在市场中的新的细分市场。然而，经过100多年，美国已经在这种类型中的创新中远远领先。中国和印度在未来会跟着学习，欧洲也许会重新迎头赶上，但现在美国是第一种创新领域中的唯一超级大国。

这种类型的创新十分困难。国防部高级研究计划局在这类创新中扮演了重要的角色。这也解释了为什么施尼策尔说对他的评估基于他失败的次数。太多的成功意味着国防部高级研究计划局没有冒足够的险。

除了国防部高级研究计划局，还有许多组织、企业、公司、私人实验室和各种类型的创业公司在推动第一种类型的创新。一些组织是金融机构，例如风险投资公司。另外一些是咨询类的公司，包括被雇来做研究的咨询公司。例如MBI，它是一家位于密歇根的非营利组织，帮助无经验的工业生物科技公司商业化产品和开发商业规模。此外，还有想要投资于创业企业的天使投资人。他们拥有资产，通常以团体形式投资。

但为了了解美国不断提高的创新水平，来想一想罗伯特·兰格（Robert Langer）——一个麻省理工学院的化学工程师和教授。他拥有一个实验室，其研究人员由60个博士后和研究生组成。他的实验室基于他的想法和创新获得了811项专利。[12]北极星创投（Polaris Ventures）是一家总部在马萨诸塞州剑桥的风险投资企业。这家企业向兰格的18个开发分子和医用设备的公司投资了2.2亿美元。一些设备能自动地向人体组织注射规定的药物来治疗脑癌。另外一些设备通过极少的血液测量血糖指数。每家公司都拥有尖端科技。其中的任何一家公司如果成功了，都将创造新的产业或已经存在产业中的新的细分产业。

获取信息的重要性

我通过数学家和发明家里查德·巴克明斯特·富勒（R. Buckminster Fuller）的视角看待创新。他在1983年之前去世，享年87岁，我有幸在他去世之前认识他。富勒大概5.6英尺高，戴着有厚镜片的大黑框眼镜，讲话带有新英格兰地区的节奏。他从来没有读完大学。事实上，他曾经被哈佛给退学了。然而，他后来写了好几本书，接着发明和取得了许多令人着迷的创造，包括网格状球顶、移动式房屋、三个轮子的汽车和复杂的建筑结构。他还开发了不需要pi的几何结构，写哲学和诗歌，虽然他的诗需要有品位的人来欣赏。

富勒曾说了一些令我仍在思考的话。他引起我对飞机上的轻重量紧固件的注意。他解释说这些紧固件是严格按照特殊合金的标准设计的。它们需要能够承受飓风五倍或是六倍造成的压力，这样在恶劣的天气和风暴中，紧固件在飞机起飞和降落的时候才能保持不解体。

他说看待这些普通紧固件的一个视角是意识到它们经过了至少5 000年的不断发展完善。我们的祖先在防止木筏和帆船在开阔海面分离时就开始使用紧固件。后来，紧固件在火车、远航船时代不断发展，随后又被不断完善以在飞机上使用。

富勒认为工程师并不是在某天忽然醒来，凭空设计出一个配件。在大多数的情况下，他们的设计基于已经被开发的、被测试的以及被他人不断完善的成果。在富勒的眼中，这需要世界各国的人们和不同时代的人的集体努力。

工程师或发明家是在石头上画设计草图，还是用纸和铅笔，或用电脑设计程序并不重要。发明是一个集体的过程。英国的De Havilland Comet——世界上最早的民用喷气飞机（1949年飞上天空），曾经是一架后掠式飞机。问题是，这些在机翼中藏着四个喷气式发动机的飞机会在起飞的时候坠毁或是在空中解体。一个原因是因为窗口的设计。另一个原因是金属疲劳，金属部件在极短的时间内就变得脆弱。

金属疲劳和窗口的设计成为全世界航空设计师、工程师、冶金专家和维护专家讨论和研究的重要问题。有关这些问题的文章、学术论文和书籍纷纷出版。在美国、加拿大、欧洲和亚洲的不同的设计、研究团队和测试机构共享想法。在短短的一年时间后，这些问题就被解决了。在改良了Comet飞机后，一个新飞机被设计出来了。世界上的飞机制造商都从Comet的失败中获得了制造自己飞机的启发。

我想说明的是，当涉及发明创造时，新想法在世界各地的传播是多么地迅速，而且这种传播速度已经变得更加迅速。在公元前3500年，青铜炼铸技术需要几个世纪才能从苏美尔传到现在的中国。如今，在联邦航空局如果需要重新设计一个部件，例如波音787需要重新设计一个部件或改变一个维护步骤，这些指令会被放在联邦航空局的网站上直到它们被新指令取代或取消。通过这个方法，工程师能够知道他们所处产业最新的发展。

世界各国的人都能够同时进入这个世界科技信息数据库。不用通过间谍行为，只要通过网络和查看会议论文集，俄罗斯的航天工程师可以发现美国或是加拿大的同行在做什么。说到这点，波士顿动力的大狗正开始出现在网络上，GPS的复杂科技也已公开。

所以现在的问题是，如果每个人都能够使用一样的数据库、信息和工具，为什么美国做得如此好而其他国家却在挣扎？换句话说，如果大狗背后的科技可以在网络上找到，为什么它诞生在波士顿周边地区而不是在上海？

我相信这是因为我们都是十分好奇的人，愿意快速地接受、适应、借鉴和完善从任何地方来的新想法。为什么我们能够长时间地提醒自己关注自己公司和美国以外的新思想？

美国是一个包容的国家，拥有不同工作背景的人能够共享风俗习惯和新想法。但美国也是一个包容不同想法的国家。我们对新思想保持开放的心态，因此我们的思想和方法经常改变。在我眼中，这是一件非常好的事。[13]

创新地适应

让我给你讲讲我所说的适应。在20世纪80年代，日本的制造流程成为世界最先进的流程，数以百计的文章和书籍在探讨如何应对日本的挑战。许多集中在准时化生产上。准时化指当零件被需要的时候，把零件递送到工厂。这样可以减少维护大型、昂贵的存货和仓库的需要。

准时化生产首先在日本出现并不难理解。日本的土地稀少，房地产价格昂贵。东京是准时化生产的发源地。如果它不需要储存挡风玻璃、车轮和齿轮，建造昂贵的仓库不能给这个城市带来任何好处。东京整合供给商与生产过程。这样挡风玻璃和其他的零件可以及时地到达工厂，被安装在装配线的汽车上。

然而，在不到十年的时间里，这个典型的日本生产方式成为了典型的美国生产方式。在美国这个比日本大许多的国家，标准化生产比在发源国发展得更好。到20世纪90年代，货车运输、交通和货运公司，例如Yellow、联邦包裹服务、联邦快递和其他的公司都创建了它们自己的大型区域性分配中心。货物在这些中心待上一两个小时之后，被运到需要它们的工厂。在很短的时间内，这些日本的流程成为美国化的流程。货运公司和运输公司完成了从货物运营公司到为准时化生产服务的物流公司的转变。一个在日本孵化出的想法在美国得到了完善。

让我再给你一个关于我们如何利用准时化运营的例子。以下来自一个运营额达到450亿美元的连锁超市的副总裁的描述：

如果你走进一个我们超市的后门，你会发现它是空的。我们没有在这个地方存储任何东西。整个商店都是为了销售服务。我们也再不设置仓库了。相反，在北加州，我们有两个分配中心为北加州服务。每个设施都有两个建筑物，每一个都约有100万平方英尺大。这些建筑又长又窄。其中的一个用于存放冷藏食物，另一个用于存放一般食物。

每个又长又窄的建筑物的一侧有40个蓝色的门。这些门是交货的卸货区。从早到晚，大型的牵引式货车开进我们的停车场，登记后开到其中的一个蓝色门。一旦货车做好了这些，叉式升降车就开始从货车上卸货。几分钟以内，叉式升降车操作员就卸空了卡车，把货物放在分配中心的不同区域以装货。

在这个狭长的建筑物的另外一侧有40个红色的门。这些门给我们的牵引式货车使用。我们的货车倒车到红门门口，从货车门开启的那一刻起，叉式升降车就开始给货车装上商店订购的货物。但这些货车装好货的时候，我们其中的一辆油罐车在卸货区穿梭，给我们的货车加柴油。如果你在分配中心，你会惊异于满载货物的叉式升降车的快速移动。令人称奇的是，它们从来不会相撞。

只需要几分钟的时间，供应商的货车就会被卸完。货物被分类，然后装入货车。有些时候司机甚至不用关发动机。我们称之为“热位驾驶”，因为只要司机一完成轮班就跳出货车，另外一个司机在座位还是热的时候跳进货车继续工作。

运输货车卸货，我们的货车装货、加油然后回到道路上。货车就像是日夜不停工作的工蜂。我们就是这样卖掉几百亿美元的食物，却不用存放和支付存货的。直到现在，我还是对我所见的感到吃惊。

在美国，我们使用了日本人的想法并为它注入了新的活力。

美国改变甚至完美化别处出现的思想。这是美国做生意的根本方式之一。我们不恰当地斥责自己改变得不够快，但事实是没有任何的国家比我们改变得更快，也没有任何国家比我们更向新思想开放。

这些当然都是一般化的总结，但还是说出了一部分的真相。准时化生产只是我们在现实生活中开放地接受新思想的例子。我还可以举出其他例子。

美国的开放性还有另一个更重要方面，但常常被忽视。我们对新思想有着开放的心态当然很好。更重要的是我们对社区中的新居民和他们的新思想也保持开放的心态。

这是真正让美国变强大的力量，它比准时化交货概念重要得多。

毫无疑问，美国并不是完美的。偏见当然十分难改变，但没有一个国家像美国一样欢迎和接受新到美国的人或是从这种接纳中获利了。这已经给了我们巨大的优势。根据Vivek Wadhwa——既是硅谷企业家，也是纽约大学教授的研究，硅谷24%的创业公司都是由在外国出生的企业家，主要是印度人和中国人，还有以色列、俄罗斯、法国和其他国家的人创建的。例如，世界上最重要的芯片制造商英特尔由安迪·葛洛夫（Andrew Grove）创建。他是二战匈牙利难民。谷歌的创始人之一谢尔盖·布林（Sergey Brin）在俄罗斯出生。在印度出生的维诺德·科斯拉（Vinod Khosla）是太阳微系统公司的创始人之一。PayPal的四个创始人中有两个人出生于其他地方。马克思·列弗琴（Max Levchin）生于乌克兰，伊隆·马斯克（Elon Musk）出生于南非。易趣的创始人皮埃尔·奥米戴尔（Pierre Omidyar）在法国出生，他的父母来自伊朗。闪存处理器的领导者美国晟碟公司由在以色列出生的伊莱·哈拉里（Eli Harari）创办。

如图3-3显示的，在美国以外出生的企业家的名单很长。然而，仅在高科技领域，[14]由在国外出生的企业家在1995—2005年创立的公司在2005年的收入为520亿美元，雇用了45万人。

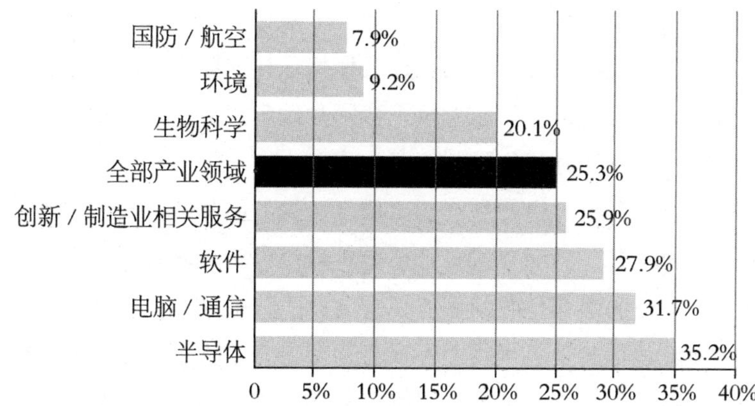

图3-3 不同产业中移民创建公司所占的百分比

除了以色列以外，这些企业家所出生的国家并不是创业型国家。印度的商业被几个古老的商业家族支配，一些家族从古代就存在。这些商业家族的几代人默默地掌控着印度的经济。

只在美国有——激进的包容

爱德华·博伊登（Edward Boyden）可不是一个33岁的普通人。他长着络腮胡，戴眼镜，身材极小，是一位大脑研究专家。他在达拉斯长大，在麻省理工学院获得了本科、研究生和博士学位，分别学习乍一看毫无关系的学科——物理、工程和生物。他在麻省理工学院的硕士论文写的是如何建造一台台式量子计算机。

量子计算机在亚原子的层面工作。实际上，应该说“可能”在亚原子层面运作，因为第一台量子计算机还未诞生。一家加拿大公司D-Wave制造了可能在亚原子水平工作的机器。我说“可能”是因为对D-Wave的制造机器是否真能在量子水平下工作存有争论。一些人认为这些机器只是一台快速计算机（谷歌和洛克希德·马丁公司购买了D-Wave的机器。这两家美国公司认为这些机器能在量子水平上运行）。

在亚原子的世界中，物体遵循量子力学法则。所有的事物都非常小，非常奇怪和非常快速。粒子运动看上去是根据统计概率而不是逻辑。在这个奇特的领域，粒子和亚微粒子一旦结合，就会一起运转如同两者从未分离。甚至当它们被再次分开后，也还会保持这样的状态。对一个粒子做些什么，另一个曾与之结合的亚微粒子会同时做出反应。这就像粒子之间能够不受距离、速度和时间的限制相互沟通。

制造量子计算机的目的是制造比依靠芯片的晶体管的机器在数量级上更快更强大的机器。然而，这些都不是重点。因为台式量子计算机是博伊登还是一个年轻的研究生时的职业兴趣。后来，他转读生物学博士。他现在的工作领域是合成神经生物学。这个领域集合了大脑生物学和工程。博伊登发明了画图和控制大脑神经回路的方法步骤。他所感兴趣的神经回路是控制癫痫的回路。博伊登想发明关闭这些产生癫痫病的回路的工具，这样癫痫就再也不会发生了。

博伊登在麻省理工学院的麦戈文大脑研究所和媒体实验室都有实验室。除了获得许多著名的给40岁以下学者的奖项以外，他的成就还包括麻省理工在他30岁以前给了他第一个实验室，这是前所未有的。除了在实验室工作，博伊登还忙着创建公司。

他的优势不仅来自于他的专注和高智商，还来自于他开放的视野。博伊登能把不同技术背景的人放在同一团队。他常能发现某一领域的研究如何能解决另一个完全不同领域的问题，他把这种能力看做自己的一个优势，做出这些联系需要对科技问题的异于常人的渊博认知。在这个例子中，包括让有不同技术背景的人一起在他们不熟悉的领域用不同的方式工作的能力。

博伊登的项目研究如何在癫痫发作之前停止癫痫，涉及对老鼠的研究。他先从一种对光敏感的海藻中分离出某种基因，把这些基因植入改良过的病毒。这些病毒比人类头发的宽度小几万倍。接着，这种病毒被植入容易发生癫痫的老鼠。

一旦进入老鼠的小小身躯，病毒通过血液来到被称为“血液大脑分界线”的地方，接着寄宿在老鼠产生癫痫的大脑区域。

感染老鼠的病毒带着海藻的感光基因，记住这点十分重要。因为这个光源被植入了老鼠的脑壳中，与产生癫痫的大脑回路相连接。当传感器察觉到癫痫将要发作，光源会在老鼠的大脑中发光。光刺激海藻的基因，海藻生成一种能够关闭引发癫痫回路的物质。

结合大脑神经生物学、海藻基因以及对开关光源的设计，博伊登创造了一种大自然从未存在的事物。一个新的、人类设计的大脑反馈回路。

我在这里在重复一遍：这位老兄才33岁。

通过基因工程改良病毒，利用病毒把基因赋予给其他动物是最前沿的研究。博伊登的方式之所以引人注意，之所以是典型的美国方式，是因为他愿意冒险。同样特质让麻省理工成为一个如此具有创造力的组织。

博伊登做了一件在其他地方不可能发生的事：他挑选了一个为汽车设计自动雪橇架的工程师。自动雪橇架可以自己捡起和放置雪橇。在其他大多数国家的大多数大学，选择这样一个人进入研究团队不仅是很奇怪的，而且是不被不允许的。雇用这样一个人或是建立这样一个奇怪的团队在世界上其他地方根本是不能够想象的。

这个受人质疑的工程师不仅没有生物医学工程的背景，也不是一个物理学家。他成为了团队的一员，是因为博伊登认为他可以做出特殊的贡献。他告诉我："我试着弄清楚把光源嵌入老鼠体内的必备动作。我听说了这个工程师，意识到这些动作与雪橇架的运动相似，就把他带到了实验室。一切非常顺利。团队里的每个人都喜欢他并与他合作得很好。"

说实话，没有人知道博伊登对癫痫的相关工作是否能取得成功。很多事情还不可知。博伊登对已有的学术规范的漠视在美国之外的任何地方都是不同寻常的。在大多数国家，博伊登需要获得批准才能引进一个没有生物医学工作经验的工程师，而这几乎不可能获得批准。

这就是为什么麻省理工能够成功。是的，它拥有在实验室和研究中心忙碌的几百个博士，做着各种不可思议的事情，但也有只有极少传统证书的工作人员。一些人连一个专业证书都没有。麻省理工学院称这些极端有才华的人为"指导员"。麻省理工学院雇用他们在大学授课。在一些情况下，麻省理工让他们成立他们自己的项目和研究所。这是又一个离经叛道的做法。

然而，麻省理工意识到这个世界已经不是它原来的模样了。许多才华横溢的打破常规的人可以为世界做出很多贡献。实际上，博伊登的老板伊藤穰一（Joichi Ito）甚至没有大学的学历。他是麻省理工媒体实验室的主管。技术的、生物的和其他类型的研究都在这个实验室中进行。想一想世界上最好的大学之一雇用一个从大学辍学的人来管理世界上最重要的最引人注目的实验室。这是多么不同寻常。伊藤穰一在日本和美国创办网络公司，出版关于科技的书籍，还是日本和美国一些夜店的DJ。他还带领一拨人玩魔兽世界。然而，他没有学士学位，更不用说学术界的硬通货——博士学位。雇用这样像伊藤穰一的人甚至在美国也是不同寻常的，但这在其他地方是绝对不可能的。你能想象牛津大学的教授大学辍学、没有学士学位吗？或是法国巴黎综合理工学院，或日本东京大学的教授从来没有读完大学吗？我也不能想象。

在被学术机构和固定传统主导的世界里，有着固定的协议和繁琐的步骤，在哪里工作决定个人的社会地位（和你的职位）。在美国，仍有愿意给有许多想法的聪明孩子机会的地方。这样做需要勇气和智慧。如果伊藤穰一能够成功地推动媒体实验的创新，能够肯定其他国家的机构将做同样的尝试。

这个非常重要。在其他国家高端的研究机构很少会让有才华的年轻研究者如爱德华·博伊登，创建由具有非传统智慧的人组成的团队。更值得注意的是，世界其他地方著名的研究大学几乎不可能让一个没有大学学历的人管理最受瞩目的最重要的研究中心。在其他国家，那些建立研究团队的人用更传统的方式处理问题，非常敬畏传统。（伊藤穰一也没有真正的管理经历。实际上，当被问及是否管理过团队时，他说他从带领人们玩魔兽争霸中学到他的大部分管理知识。）

这种激进的想法让麻省理工成为世界上最重要和最具有创新能力的科技机构之一。它在校园周边和世界各地孵化出成百上千的创业公司。

麻省理工并不是唯一一所这样的学校。美国有许多机构都在追求它们自己的道路。它们这样做是尊重传统但不敬畏传统的。

深度创新

安德鲁·埃塞尔（Andrew Hessel）说自己是一位黑客，但不是闯入公司信息系统或是五角大楼电脑以偷取发射码的黑客。他闯入了生活。他是一个瘦瘦高高的加拿大人。他搬到美国读研究生的时候就被我们创新文化所熏陶。埃塞尔在乌尔班纳的伊利诺伊大学获得硕士学位，接着进入了博士项目。

然而，他从来没有拿到他的博士学位。这位严肃认真、具有独创精神的思考者被招入了安进（Amgen）公司。安进是基因工程领域的先驱之一，是世界上最大的生物科技公司。安进自己开发了阿法依泊汀。它能刺激红细胞的再生，被用来治疗贫血症。在研发阿法依泊汀之后，安进又开发了一系列的生物工程产品。

在为安进开发科技信息能力的时候，埃赛尔有了一个想法。为什么不利用把墨喷到纸张上的喷墨打印机创造一个新型的转基因病毒？

长话短说，他想利用打印机把蛋白质微滴喷到玻璃片上。这些病毒可以被用作载体，携带额外的基因进入细胞，用新基因“感染”细胞的方式治愈由基因引发的疾病。

埃塞尔说安进对他的想法并不感兴趣。因此，他公布了这个想法并开始了名为“开源遗传学”的运动。开源遗传学与开源软件运动有些相似。后者造就了免费的电脑操作系统Linux以及创造了火狐浏览器的Mozilla。“开源遗传学”还与免费的百科全书维基百科有些共同之处。埃塞尔没有称他的项目为“开源软件”，而是称它为“开源湿件”。他没有使用APL、CL、JavaScript或是其他成百上千的编程语言，而使用DNA作为编程语言。

埃塞尔是一位合成生物学家。他是以设计构造或改变已有生命形式为目的的合成生物学家（是的，也可以说是黑客）中的一员。希望这些科学家能坚持为人类的利益着想以及为社会贡献公共产品。

这听上去也许非常可怕，但它绝对是最尖端的研究。由于许多合成生物学家实际上是自由职业者，埃塞尔创建了一个把他们都聚集在一起的合作小组。这个小组被称为“粉红军团”，现在约有600位忙着破解基因密码的黑客成员。“粉红”一词来自于对乳腺癌的关注，因为合作小组希望能够治愈乳腺癌。

破解基因密码的材料很容易获得，只要你不做任何破坏性的事，就能从互联网上买到用来破解DNA的化学制品。

合成生物学家做的很多事情与爱德华·博伊登在麻省理工学院把感光基因植入老鼠的大脑类似。遗传学家要制造对光子有反应的病毒的原因很多。光子是能量，主要来自于太阳。生态系统十分擅长转化这些能量。绿色植物把阳光、二氧化碳、水以及其他的化学物质转化为食物。如果绿色植物能够通过消耗阳光生存，为什么我们不能？这也许在未来能够实现。

事实上，在这些合成生物学行家中，有很大一部分人的目标是做有益于人类的事，如创造把二氧化碳从大气层中分离的方法以应对气候变化。

埃塞尔向我展示了几个合成生物学实验室。一些操作在令人敬畏的实验室和公司进行，但其他实验室看上去像是在大学的宿舍里搭建的。一些更糟糕的实验室像是你在电视上看到的毒品实验室。这个技术可能会造成问题。

至少我认为一些活动有点令人害怕。我们真的希望一个19岁的天才秘密改变我们的DNA吗？我们真的想让几个恐怖分子掌握这种技术吗？我们真的想在没有投票的情况下就让别人破解我们基因吗？或者我们至少应有效管理这种技术？这种破解可能比某人在软件中植入病毒更加危险。埃塞尔的手下正在讨论把真正的病毒植入我们的基因，我们却不知道这种改变的后果是什么。

埃塞尔说问题是现在采取行动已经有点晚了。虽然人们才刚刚开始知道合成生物学和基因黑客，但这个领域一直在不断发展。在没有充分的安全措施下，很多事情已经被实现，而能阻止它们的方法极少。

美国当然处于这个令人不安的新研究的前沿。这个研究领域实际上十几年前就已经开始。不仅自由科学家在探索这个领域，而且一些顶尖的大学的研究实验室也在研究。为了测试基因在细胞中的表达，加州理工大学的研究者迈克尔·埃勒威兹（Michael Elowitz）创造了由来自各种生物的化学物质组成的人造基因回路，并把这个回路植入了细胞。问题是，被植入人造基因回路的细胞是大肠杆菌。大肠杆菌存在于我们的肠道，对消化十分重要。他还把基因植入了对食物和药物生产十分重要的酵母之中。

我并没有判断我们的尖端研究是否危险的资格。我也非常确定埃勒威兹和他的同事以及其他人研究人员在尽最大的努力维护道德准则和研究规范。然而，那些在自己寝室中玩弄基因的孩子们能做到吗？这点我不敢肯定。

我提出这些问题并不是为了恐吓任何人，而是为了说明我们在大多数人都一无所知的领域中已经做出多大的成就，有了多么多的创新。如许多科学家所说，这段时间是历史上科学界最多产的时期之一，尤其在美国。虽然科学的发展会造成对技术的滥用，但也创造了机会来拯救生命，增加粮食的供给，减少海洋污染和减少空气中的二氧化碳。

制度化爱默生思想

国防部高级研究计划局、博伊登和埃塞尔，麻省理工学院和波士顿区域的机器人“集群”只是爱默生推动科学、学术与实践连接的思想的最近体现。这种连接早已成为美国的传统。爱默生的想法很早就已经生根，例如亚伯拉罕·林肯在担任总统时，接受了爱默生学术与实践联姻的思想。在南北战争打得正凶时，林肯依据爱默生在《美国学者》中提到的构想创建了一些研究机构。[15]在1862年，他建立了赠地大学系统。这个系统创造了十几所由政府支持的，专注于教育和研究的大学。它们把资源集中投入于农业、工程和与军事相关的研究。麻省理工学院是赠地大学。其他的赠地大学还包括康奈尔大学、罗格斯大学、堪萨斯州立大学、加州伯克利大学和密歇根大学等。总而言之，在林肯制度化这些想法后，76家学院和大学由此成立。没有人估计过这些学校所创造的价值，但单单麻省理工、伯克利和康奈尔就创造了几万亿美元的价值，这么说绝不为过。

在同一年，同样基于爱默生的精神，虽然在内阁还没有相关的职位设置，林肯提高了刚成立的农业部的地位。农业部下有一个负责研究的分支机构。该机构专注于研究，并提供教育农民最新播种技术、种植技术和科学的扩展服务（这个扩展项目与赠地大学挂钩）。林肯在农业科技和扩展项目的投资是美国主导世界农业近一个世纪的原因。

接着在1863年，林肯建立了国家科学院。提名和学院成员投票是进入这个久负盛名团体的唯一方式。这个方式确保了院士的素质，排除了政治因素对成员任命的影响。虽然这个学院一直维持着极少的人数（现有约2 200个成员），但多年以来它的成员获得了约200项诺贝尔奖。获得如此多的诺贝尔奖只是美国领先世界的一个方面。即使如此，国家科学院的成员也只获得美国338项诺贝尔奖的2/3（1901—2012年）。[16]（相比之下，英国是获得诺贝尔奖第二多的国家，共获得了119个诺贝尔奖。）

150年前，林肯让科学成为我们文化中的重要元素，为美国卓越的科学成就做出了贡献。根据爱默生的实践思想，林肯把国家科学院建设成为政策建议机构而不是纯粹的研究机构。

这种实践思想在国家科学院使命的拓展中得以体现。这始于伍德罗·威尔逊总统要求科学院帮助美国在加入二战之前做好军事准备。工程和医学项目进一步地拓展了科学院的实践使命。

在1863年，美国建国还未到一百年，但已经创造了另一种思考方式和一系列推动科学发展的机构。这些机构的使命不仅是深化知识，还要获得现实的成就。

从爱默生时代开始，我们的大学已经逐渐发展成为世界上最好的大学。虽然大学排名随着不同的排名机构变化，美国的大学一直名列前茅。美国还有17个重要的国家实验室和研究中心，如洛斯阿拉莫斯、桑迪亚实验室、布鲁克海文、阿贡、阿姆斯、劳伦斯·伯克利、劳伦斯·利弗莫尔国家实验室和其他实验室。这些实验室做非常高端的实验。这些实验室做的高端研究大多集中在物理、核能和国防相关领域。了解了这些后，你才能理解为什么美国能遥遥领先并在可见的未来仍保持领先。这些实验室由万尼瓦尔·布什在二战时创立，是当时专为军方服务的设施。然而，经过一段时间后，它们开始从事与民用相关的工作。一些时候，实验室承接合同，通过商业化项目被公司雇用。有时候，风险投资公司被邀请在实验室内设立一个工作室。这些工作室存在的时间长短不一，帮助这些科学中心商业化它们的工作。

此外，美国很多公司与大学合作，从事世界上最顶尖的研究。例如，本华·曼德博（Benoit Mandelbrot）是数学家。他在IBM工作了35年，也曾经在加州理工学院工作。曼德博的工作改善了数据映像成像的方法和了解物体物理结构形成的新方法，如水晶（来自雪花和硅片的任何东西）。相似地，阿尔诺·彭齐亚思（Arno Penzias）是发现了大爆炸后残余微波的诺贝尔物理学家。他的职业生涯大部分在AT&T的贝尔实验室度过。

我想说的是虽然有公民和议员在反驳进化论或是对气候变化和干细胞研究半信半疑，美国仍是世界上最重视科学的国家。一个衡量方法就是看美国在科技上花了多少钱。

比较国家在科学研究和发展的经费是不够精确的，也不容易做。例如，对私人公司的研究经费和公共机构的经费的计算方式应该一样吗？私人公司经常对此争论不休。欧洲宇航防务集团是空中巴士的母公司，是波音的重要对手。这两家公司经常为了谁接受了所在国家政府的不公平的研究补贴而争吵。

此外，还有经费的效率问题。苹果花在研究上的1美元似乎比联想或微软花费1美元获得的成果多。在研究经费回报率的问题上，一家公司相对另一家公司或一个国家相对于另一个国家的优势是有波动的。微软或联想在明年可能都会有突破，而苹果可能就没有。

基于所提到的问题和测量的困难，在2012年，美国花费了约4 360亿美元[17]在科研上，是花费最多的国家；中国花费了约1 980亿美元；日本花费了约1 570亿美元。这些数字根据各国购买力调整。

我认为美国的研究在经费利用回报率上已经十分有效率。从美国获得的成果上判断，美国也许比其他国家都有效率。然而，没有什么实际的方法可以证实我的观点。因此，我们不得不依靠巨额的科研经费来衡量。在科研花费上，美国显然是赢家，比第二名多了1~2倍。这是因为利用科学解决问题是美国人深刻持久的信仰。实际上，我们的这个信仰已经延续了至少175年。

[第4章]

充足、廉价的能源

2011年，IMF发布了一份令人震惊的预测。IMF认为到2016年，中国有望取代美国成为世界上最大的经济体。[1]牛津大学毕业的经济学家、彼得森国际经济研究所的高级研究员、IMF研究部门的前主管阿文德·萨博拉曼尼亚（Arvind Subramanian），在同一年也得出了一个更加具有警示性的结论。在他的著作《月食：生活在中国经济统治的阴影下》（*Eclipse: Living in the Shadow of China's Economic Dominance*）中写到2016年要提前到来了，即中国已经在经济上取代美国。[2]并不是所有人都同意萨博拉曼尼亚对中国取代美国的时间的预测，但是其他人确实同意这个观点的总体意思，即中国正在逐渐超越美国。吉姆·奥尼尔（Jim O'Neill），这位英国经济学家是高盛资产管理公司前主席，创造了新词"BRIC"来代表那些发展迅速的国家——巴西、俄罗斯、印度和中国，他认为中国到2027年将成为世界第一。[3]并且在2012年底，美国情报界的智库国家情报委员会（NIC）称中国在2030年将成为世界第一。[4] NIC的报告得打上一个星号，我在下文会加以解释。

IMF、萨博拉曼尼亚、奥尼尔和NIC都是用不同的度量和分析方法得出他们的结论的，但是他们的预测在本质上是相同。美国在世界经济中马上就要放弃它的领导地位了。

但是不要打赌美国会输。

这些预测并不全错。它们都包含着对世界局势的敏锐观察，但是并没有包含所有事实。我认为，美国正处在有可能持续十年的巨大转型中的早期阶段。美国正在实现能源独立，但这对于中国和印度来说都还不可能。中国的能源储备主要是煤炭，而美国则拥有丰富且更加清洁的天然气。虽然中国也有天然气，但是其主要位于干旱地区，而水则是开发天然气的关键要素。此外，我在NIC的报告中提到的星号是指美国实现能源独立的倾向会成为改变游戏规则的关键因素。

美国巨大天然气储备的重要性——以及最近可获得的石油——被低估了，而低估该重要性的人们不仅仅包括那些“美国将要消逝”派的经济学家。几乎所有人都低估了它的重要性。

这并不是说地下的能源比我们想象的还要多。地理学家知道美国的页岩、含油砂和枯井底部有巨大的且未被开发的天然气和石油储备。美国的能源技术，尤其是高压水力压裂岩石法——或者“水力压裂”——已经达到这种水平，即那些曾经不可得的能源储备现在可以更快、更容易且更有益地提取了。美国惊人的创造力又一次取得了胜利。我们的能源储备是如此巨大以至于美国很有可能再次成为能源净出口国，尽管哈里·杜鲁门入主白宫以后美国就再也不是能源净出口国了。但如图4-1所示，美国比其他任何国家，包括沙特阿拉伯和俄罗斯，都具备更多的可开采的能源储备。

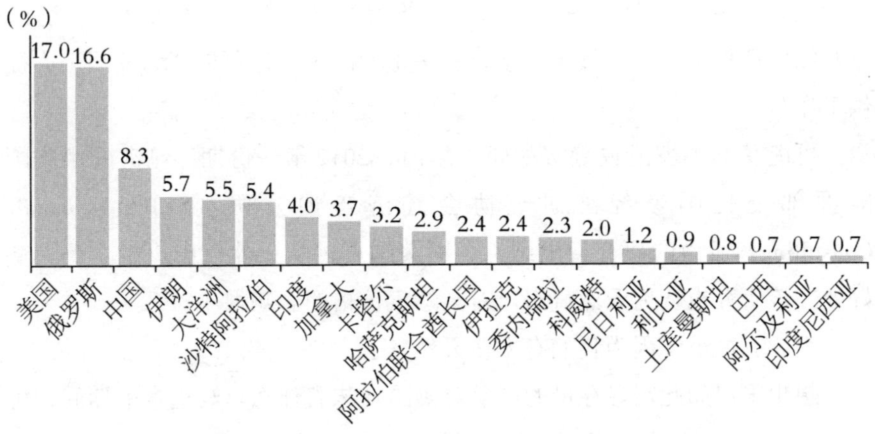

图4-1　全部化石燃料存量占世界存量的百分比

在典型的年份里，美国大约进口3 350亿美元的石油。而我们半数的贸易赤字都是因为石油进口。那么现在想象一下，如果我们不再进口石油，而相反这3 350亿美元留在国内投资国内经济，那将会发生什么？然后再想一下，不再进口能源，我们反而出口能源呢。即使美国只出口适量的能源——比如每年500亿美元或者1 000亿美元——这都会改变我们的经济。

美国不会一夜之间就变成能源净出口国，但会比大多数人想象的要快。而出口天然气的一个障碍是反对该观点的化学药品制造商。天然气是塑料加工成肥料过程中的原料，因此这些人并不想出口天然气，担心这会导致价格上涨。就跟其他经济领域的主要企业一样，化学药品制造商也追求自身利益。他们认为较高的天然气价格会减少其利润。相对于将天然气液化并装入特制轮船，然后运送到德国或者其他欧洲国家，取代俄罗斯的天然气（更不用说俄罗斯的影响力了），化学制品公司更愿意出口化学制成品。

2012年夏天我曾在华盛顿特区由乔治城大学和梅肯研究院共同举办的小组座谈会上讲话。座谈会的目的是向国会工作人员介绍美国能源的未来。另外一位小组成员是彼得·A.莫利纳罗，他是陶氏化学负责联邦和各州政府事务的副总裁。他说，因为由天然气制成的化学制成品要经过复杂的制造工艺，因此这些制成品“具备天然气原料8倍的价值”。此外，莫利纳罗还指出用天然气生产塑料和杀虫剂的工厂还可以“为美国工人提供工作”。

可能莫利纳罗所说确实如此。然而，2012年一份期待已久的由美国能源部委托国家经济研究协会经济咨询公司（NERA Economic Consulting）所做的研究得出结论，即美国可以从天然气出口中获得大量好处。该研究也认为天然气出口对天然气价格的影响很小。[5]

为什么很小？因为我们有太多天然气了。

想想出口如此富足存量的产品对美国意味着什么。写这本书期间，生产每百万BTUs天然气的成本在3~4美元，BTUs是一个比较老的衡量燃料热值的单位（BTUs代表英国热量单位）。在欧洲，同样数量的天然气成本是14美元，而亚洲则要达到16美元。[6]

天然气是如此之丰富，价格是如此之低廉，以至于这位传奇的85岁德州能源投资商布恩·皮肯斯向我解释道："现在投入使用的钻探设备的数量已经从2008年的1 600台减少到现在的400台。"减少天然气钻探的原因是什么？"天然气太便宜了，如果继续挖下去会更便宜的，"皮肯斯说，"人们都等着价格上涨以后再钻孔。"

这种窘况真是太奇妙了。由于价格低，天然气生产商已经撤掉1 200台钻探设备，它们期望一旦供应减少，价格会再次上涨。但是一旦价格真的上涨了，这些公司就会重新投入生产，然后价格会再次滑落。

皮肯斯认为，问题不在于供应而在于需求。我们需要开发取暖和制作肥料之外的对天然气的需求。"我对天然气出口没有什么意见。我认为你不能指挥公司到底应该怎样处理它们自己的天然气，"皮肯斯说。

幸运的是，天然气有很多用处，可以对国家产生引人注目且积极的效果。天然气是制作塑料、化妆品和某些药品的原料。天然气也可以转化成酒精，用于汽车、柴油机和喷气机等。天然气也可以用于燃料电池，为商店、超市和大商场提供大规模电力支持。当然，也可以压缩用于汽车燃料，或者液化用作长途卡车的燃料。

天然气的影响

如上所述，陶氏化学的彼得·莫利纳罗和我都参加了在国会山的会议，向国会成员以及其工作人员就能源问题做简要汇报。我在离圆形大厅稍微几尺远的地方主持会议，房间里有大约40个国会工作人员。

在我们讨论美国能源的未来，探讨这意味着什么以及——更重要地——需要采取什么类型政策的时候，莫利纳罗拿出了一张纸。

这是一份电子数据表，上边列着89个新的制造业项目，由于受到丰富的天然气的影响，这些项目都已经或者打算破土动工（见表4-1）。其中大多数都与化学制药有关，但是公司的范围还是很广的。其中许多都是机器制造，例如履带式牵引机和挖掘机工厂。这些工厂原本是要建在墨西哥的，但是现在都落户到了佐治亚州。4个公司是制造轮胎的，2个声称将在路易斯安那州制造钢铁，另外一个则声称它将建造一个玻璃工厂，其他两个公司声称会建造将天然气转化为柴油的工厂。

表4-1　　在制造业复兴中投资650亿美元的行业

公司	地址	时间	项目类型
化工和化肥行业			
1　Dow	St.Charles,LA	2012	Ethylene Restart
2　Dow	Freeport,TX	2017	New Ethylene
3　Westlake	Lake Charles,TX , LA	2012	Ethylene Expansion
4　Williams Olefins	Geismar,LA	2013	Ethylene Expansion
5　INEOS	Chocolste Bayou	2013	Ethylene Debottleneck
6　LyondellBasell	Laporte,TX	2014	Ethylene Expansion
7　Westlake	Lake Charles,LA	2014	Ethylene Expansion
8　Williams Olefins	Geismar,LA	2014	Ethylene Expansion
9　Aither Chemicals	WV or PA or OH	2016	New Ethylene
10　Exxon Mobil	Baytown,TX	2016	New Ethylene
11　Chevron Phillips	Baytown,TX	2017	New Ethylene
12　Formosa	Point Comfort,TX	2017	New Ethylene
13　Braskem	WV	2017	New Ethylene
14　Sasol	Lake Charles,LA	2018	New Ethylene
15　Shell	PA	2018	New Ethylene
16　Eastman	Longview,TX	2012	Ethylene Polypropylene
17　Indorama	Under consideration	2018	New Ethylene
18　LyondellBasell	Channleview,TX	NA	Ethylene Expansion
19　Sabic	Under consideration	NA	New Ethylene
20　Occidental	Ingleside,TX	NA	New Ethylene
21　Renewable Manufacturing	Northeast	2016	New Ethylene
22　PTT Global Chemical	Under consideration	NA	New Ethylene

续表

公司	地址	时间	项目类型
23 Orascom Construction	Beaumont,TX	2011	Ammonia Restart
24 Orascom Construction	Beaumont,TX	2012	Methanol Restart
25 Potash Corp	Geismar,LA	2013	Ammonia Restart
26 Potash Corp	Augusta,GA	2013	Ammonia Expansion
27 Rentech Nltrogen	East Dubuque,IL	2013	Ammonia Expansion
28 Austin Powder	Mosheim,TN	2014	Ammonia Expansion
29 LyondellBasell	Channelview,TX	2014	Methanol Restart
30 Methanex	Geismar,LA	2015	Methanol Migration
31 CF Industries	Donaldsonville,LA	NA	Ammonia Expansion
32 Incitec Pivot	Under consideration	NA	Ammonia Migration
33 Koch Fertilizer	Various	NA	Ammonia Expansion
34 LSB Industries	Pryor,OK	NA	Ammonia Restart
35 Dyno Nobel	Waggaman,LA	2015	New Ammonia
36 Dow	Freeport,TX	2015	New Propylene
37 Dow	Freeport,TX	2018	New Propylene
38 Eastman	Under consideration	2015	New Propylene
39 Formosa	Polnt Comfort,LA	2016	New Propylene
40 LyondellBasell	Channelview,TX	2014	New Propylene
41 Mitsui	OH	2012	Propylene Expansion
42 Enterprise	Mont Belvieu,TX	2013	Propylene Expansion
43 Exxon Mobil	Baytown,TX	2016	2 New Polyethylenes
44 Chevron Phillips	Old Ocean,TX	2017	2 New Polyethylenes
45 Eastman	Longview,TX	2012	EthylHexanol Expansion
46 Chevron Phillips	Baytown,TX	2014	New Hexene
47 Huntsman Chemical	Mclntosh,AL	NA	Epoxy Expansion

续表

公司	地址	时间	项目类型
48 INEOS	Gulf Coast	NA	Ethylene oxide
49 Kuraray	Pasadena,CA	2014	EVOH Expansion
50 LANXNESS	Orange,TX	NA	Nd-PBR
51 Lubrizol	Calvert Clty,KY	NA	Specialty Chemicals Expansion
52 Honeywell Specialty Materials	Mobile,AL	2012	Adsorbents:Catalysts
53 Westlake	Geismar,LA	2013	New Chlor-Alkali
54 Dow-Mitsui JV	Freeport,TX	2013	New Chlor-Alkali
55 Molycorp	Mountain Pass,CA	NA	New Chlor-Alkali and rare earh metals mining
56 Formosa	Point Comfort, TX	2012	Chlorine/Caustic Soda
57 Formosa	Point Comfort, TX	2012	Ethylene Dichloride
58 Shintech	Plaquemine,LA	2012	VCM
59 Shintech	Plaquemine,LA	2012	Chlorine/Caustic Soda
60 Shintech	Plaquemine,LA	2012	PVC
61 Occidental	Jacksonville,TN	2013	Chlorine and Caustic Soda
62 Dow Agrosciences	Freeport,TX	NA	Herbicide
钢铁行业			
63 ArcelorMittal	Cleveland,OH	2012	Expansion
64 CarpenterTechnology	Reading,PA	NA	New
65 Carpenter Technology	Limestone County,AL	2013	New
66 Coilplus	NC	2014	Expansion
67 Essar Steel	Nashwauk,MN	2015	New
68 Gerdau	St.Paul,MN	2014	New
69 Gerdau	Navasota,TX	2011	Expansion
70 Nucor	Blytheville,AR	2014	Expansion
71 Timken	Canton,OH	2014	Expansion

续表

公司	地址	时间	项目类型
72 United States Steel	Leipsic and Lorain,OH	2012	Expansion
73 Metal-Matic	Middleton,OH	2012	Expansion
74 Vallourec and Mannesmann	Youngstown,OH	NA	New
75 Welspun	Little Rock,AR	NA	Expansion
76 Nucor Phase 1	St.James Parish,LA	2013	New plant
77 Nucor Phase 2	St.James Parish,LA	2017	Expansion
轮胎行业			
78 Bridgestone	Aiken,SC	2014	New off-road radial tire/expansion passenger/lighttrucktire
79 Continental	Sumter,SC	2013start/ 2021full capac.	Passenger and light truck tires
80 Michelin	Anderson,SC	2015	Earthmover tires(OTR)
81 Bridgestone	Bloomington.IL	2013	OTR Tires
塑料制品行业			
82 Huntington Foam	Greenville,MI	NA	Expansion
83 JM Eagle	Sunnyside,WA,and Meadville,PA	NA	Polyethylene expansion
84 Springheld Plastics	Auburn,IL	2012	Polyethylene expansion
85 Kyowa America	Portand,TN	NA	Plastic Injection Molding
天然气行业			
86 Shell	LA or TX	NA	Gas-to-liqulds
87 Saslo	LA	NA	Gas-to-liqulds
玻璃行业			
88 Sage	Fairbaul,MN	2013	Dynamic:Electrochromic Glass
机器设备行业			
89 Caterpillar	Athens,GA	NA	Tractors;exoavators

来源："America's Onshore Energy Resources:Creating Jobs,Securing America,and Lowering Prices," Testimony of Paul N.Cicio.

陶氏化学马上要在天然气丰富的德州和路易斯安那州建造新的工厂。这些已经计划好或者正在计划着的厂房本来一开始肯定是要建在世界上其他地区——特别是中东。但是现在，由于发现了大量廉价的天然气，这些投资现在都将留在国内而非投资海外。更好的消息是，由于这些工厂改在美国建立，更多的新厂房将由此破土动工。如表4-1指出的那样，这些已经计划好或者正在进行的项目令人印象深刻，并且反映出一些非常大的公司也对其投资。

投资的数字是非常可观的。莫利纳罗这个数据表上那些工厂的投资价值达650亿美元。而随着人们对美国富足的能源认识的增加，2012年夏天的这张数据表上的内容也在不断增加。

了解天然气影响的最好方法就是观察一下北美自由贸易协定（NAFTA）签订国所对应的市场规模。美国、加拿大和墨西哥组成了世界上最富有的市场。这个市场内有4.5亿人口，按人口算的话是世界上第四大市场，紧跟中国、印度和有27个国家的欧盟。全世界的公司，包括我们自己的公司，都想打进NAFTA市场。

欧洲使用的来自俄罗斯的天然气价格是美国人支付价格的3.5倍。如果一个欧洲公司想要把更多在欧洲工厂里生产的汽车卖到北美市场，就需要把这些汽车装上烧着100美元一桶油的轮船上。然后，这些产品到达美国本土后，欧洲公司还得使用卡车或者火车运送货物。这对于那些想在NAFTA国家销售产品的亚洲公司也是如此。然而，如果欧洲和亚洲的公司在现有厂房的基础上在美国建设更多工厂，那么就可以利用美国廉价的天然气了。它们也将不用支付远洋货轮的燃油费。

此外，布恩·皮肯斯有一个计划，他认为这个计划会使美国变得更加有吸引力，即改装美国多达200万辆的长途卡车——18个轮子的，这样它们就可以使用天然气而非柴油作为燃料。“现在柴油大概是4美元一加仑，而在同样的基础上，天然气大概2美元一加仑。”平均一辆双轮拖车每年耗费10 000加仑的燃料，那么对于一个卡车司机而言省下来的钱是相当可观的。

将美国的卡车队伍改装成使用天然气燃料还有另外一个影响。如果我们这800万量中型卡车由天然气发动机代替柴油发动机，那么美国将减少1/3以上的石油进口。那是因为中型卡车每天要消费250万桶石油。[7]只是将长途卡车变成天然气驱动就可以大大地减少石油进口。这还是没有考虑将运货卡车和客车转变成天然气驱动的效果。

但是还有更多的好消息：企业看到了这个机会并且正在努力好好利用这次机会。Cummins是一个制造用于卡车、挖土机和有其他类型工业用途发动机的大型美国公司，其中大多数是柴油发动机，在2013年初发布了两种使用天然气的新式发动机。这些发动机是该公司与一个加拿大公司Westport Innovations创办的合资企业生产的一部分，是第一批为18轮和其他类型的长途卡车设计的发动机。尽管其他制造商也制造天然气发动机，但是Cummins Westport 发动机是不一样的。因为对发动机的新设计可以最优化地使用天然气。(只要花1 250美元，你就可以在易趣网上买一个工具箱将八缸汽油驱动的汽车或者卡车改造成天然气驱动的了。你也可以在易趣网上买工具箱来改造四缸或者六缸的汽车，只需花费395美元。出租车和巴士是最先使用转换成套工具将其改装成天然气驱动的)。

由市场驱动的创新在动力装置领域能够充分利用储量丰富的天然气当然很好。但是如果没有天然气加油站网络，即使最好的、最强大的、最耐用的发动机也走不远。而现在又有好消息了。一大批公司正在沿着美国最常用的长途路线建设它们的天然气加油网络——其中就包括皮肯斯创立的一个公司。尽管在国会为载货汽车停车场设置天然气气泵申请补贴之前就已经有相关议案提出，但是这些加油站建设的时候是没有任何补贴的。

将大型钻探设备改装成液态或者压缩天然气驱动非常昂贵——一个大型卡车的全新的天然气发动机花费大约60 000美元。但是如果天然气持续保持柴油价格的一半，那么只需三年就可以通过节约燃料购买一台新的发动机了。服务站也将需升级，这也将会增加整体成本。

虽然看起来给卡车安装一个新的发动机比较困难，但是一直以来这种改装都能被成功完成。通常所有的发动机磨损后都需要修理或者直接替换掉。我认为，如果发动机无论如何都得换掉的话，那么换成天然气发动机也就没那么困难了。相对来说，我上边提到的可以将汽油发动机转换成天然气发动机的转换工具包只有少量部件——易趣网上卖的1 250美元的工具包只有10个零部件。当然，你还需要将柴油或者汽油油箱换成天然气箱，然后再增加几英尺长的高压管。但是事实上，任何一项都不难。

制造发动机也不难。虽然天然气和柴油发动机有所不同，但是不至于不同到现存的发动机工厂会被替代。大多数工具机床可以被保留，而且一些发动机甚至可以直接改装成天然气驱动。再次强调，这些都不是难以克服的挑战。不需要新技术的创新，也不需要工厂工人或者技工学习新技能。

实现这种转变需要花费很多资金，但想想这项开销产生的效果。如果我们对此进行投资，那么在通往能源独立的道路上我们只需要获得原来1/3的能源。

▼▼▼▼

当然，因为这是美国，所以总会还有另外一种方式实现这种转变。其中一种方式就是直接将天然气转化成柴油燃料用于现有的卡车。听起来似乎很简单——事实也确实很简单。在卡塔尔，从2011年起一个大型商业冶炼厂就开始将天然气转化成柴油燃料了。2012年，世界上最大的能源公司荷兰皇家壳牌（Royal Dutch Shell）声称其将在路易斯安那州或者德州建设一个厂房将天然气转化为柴油。Sasol，一个大型南非能源和化学制品公司也声称将在路易斯安那州建厂开展相同工作。

俄亥俄州哥伦布市的一家非营利性研发组织Battelle在2013年衍生出一个新公司，利用新技术将天然气转化为柴油。这个衍生公司Velocys将要生产将天然气转化为柴油的小规模系统，这样像FedEX，UPS或者Yellow这样的运输公司就可以自己将天然气转化为柴油了。将天然气转化为柴油不仅节省开支减少进口石油，并且转化速度很快。此外，由于卡车司机和物流公司不用改装车辆了，这样也省了它们的开支。

如果天然气转化为柴油，那么建设厂房将天然气转化为液体的公司将会获得最大的回报。它们可以以2美元的价格购买天然气，然后以4美元一加仑的价格出售柴油。如何转化天然气或是用天然气代替石油有赖于哪个团体率先行动，以及谁投资最多。

我认为中国成为世界上最大的经济体需要比人们估计的时间更长。这个观点背后的原因也许开始变得清晰了一些。

无独有偶

美国能源部当局的能源情报署估计美国现在的天然气可以供美国使用100年——具体来讲，应该是可以供美国使用92年。如果技术得到提高，那么每口井就可以提取更多的天然气，就能发现更多的天然气产地，每年的收入也会增加。然而，很难精确地预测技术的未来。直到最近，还有分析家认为美国马上就会用完其天然气，而且因此各种类型的公司也建设了13个设施进口液化的天然气。根据其规模大小，每个运输枢纽站都要花费10亿美元甚至更多。现在的计划是将其中一些设备进行转化然后用于出口。[8]

有意思的是，就在最近的2004年，分析家还在警告称美国马上就会耗尽天然气，并且需要建设更多的进口枢纽站。然而几乎就在一夜之间，技术改变了，美国就恢复成为天然气和石油生产国（从页岩中提取天然气和石油的方法是相似的）。原因就是水力压裂法。水力压裂法是如此强大以至于天然气产量从2007年到现在增长了50%。这是能源生产历史上前所未有的增长。

然而美国的石油和天然气提取技术的进步并不是偶然发生的。这是技术进步的结果。水力压裂法是很复杂的技术，但是可以安全地操作。事实上，2013年5月[9]，由美国国家科学基金会资助的一项研究报告得出结论，虽然仍然需要进一步研究，但是现在没有证据证明水力压裂法会污染地下水。此外，虽然出现了一些问题且有可能产生污染，例如密封装置不能防止天然气从井里泄露。相对来讲，这种事件很少发生，油井发生这种问题的概率不超过1%~3%。

关于水力压裂法是如何以及在何处开发出来有不同的说法——水力压裂法的试验在很多国家都尝试过，包括俄罗斯——但是关于是谁将其过程大规模商业化这个问题却毫无疑问是乔治·米切尔，Mitchell Energy的创始人。

米切尔于2013年去世，享年94岁，曾是一位迷人的绅士。他出生于德州的加尔维斯顿，父母是希腊移民，他在很久以前告诉我，他的父母在加尔维斯顿海湾以捕虾为生。像很多移民的孩子一样，米切尔学习非常努力。他后来去了德州农机大学，成为了一名石油工程师。

在20世纪70年代初，米切尔曾资助了一个团体，其正在建立一个电脑模型用来显示世界各国是如何使用资源的。这项研究的领导者是一对夫妇，丹尼斯·米道斯和多内拉·米道斯，他们在MIT任教。他们是一个叫做罗马俱乐部的组织的成员，这个俱乐部由100名对“人类的困境”感兴趣的学者和商业领袖组成。罗马俱乐部资助了无数关于地球未来的研究。

米道斯的研究令人产生恐惧之感——而且他们的研究大错特错。这项研究描述了一个污染不断升级的世界——NASA的科学家才刚刚探测到世界二氧化碳水平的提高——以及不断加剧的能源缺乏。这个模型暗示1983年世界上的黄金会耗尽，2003年石油会耗尽，而且食物供应也很快会出现短缺。这项令人恐惧的研究发表在一本叫做《增长的极限》的书上，这本书在全球引起了巨大轰动。[10]一些政府，包括我们自己的政府，开始采取措施应对这本书中列出的资源短缺情况。但是这本书却令米切尔开始思考。

我是1978年在他于伍德兰兹组织的一次会议上遇到米切尔的，当时我还是一名研究生，伍德兰兹是他在休斯敦外围开发的一个社区。他秃顶，但是穿戴整齐，很有学识而且非常聪明。正如为世人所知的那样，伍德兰兹会议聚焦于环境以及与我们的长远未来有关的议题。米切尔邀请米道斯夫妇以及罗马俱乐部的其他成员参加此次会议并且讨论他们的研究和人类的困境。凭借他的智慧，米切尔还邀请了赫曼·科恩，这位未来学家、数学家、防务战略家以及电脑模型制作者。科恩是兰德公司的一位创始人，兰德是一个非营利性智库，其最初的目标是帮助政府的军事及其他部门在冷战期间制定战略。随着时间的推移，兰德公司开始拓展其研究领域，除了保留原有的军事研究，现在还囊括了教育、医疗政策、经济、能源和环境。

米道斯和科恩之间的对比太显著了。科恩是一个说话像发射炮弹一样语速飞快的人，像米切尔一样也是秃头，但是体重可能是他的好几倍。他说他去那里就是为了争辩一下米道斯的研究结果，而且他完全不相信他们的结果。

虽然罗马俱乐部认为世界正在耗尽所有资源，但是科恩认为市场力量会防止这种事情发生的。他认为米道斯忘记了经济中一个非常重要的原则——替代品概念。他说如果非常重要的东西缺乏了，只要价格合适，人们会找到方法用其他物品代替它们的。例如，由于像牛粪这种自然的肥料缺乏了，科学家就发现怎样从石油中提取替代物。如果房屋用品中的铜价格太高，工程师们就会用铝生产电线。汽车内部是用塑料做的，而不是用木材，孩子们上学穿的是用回收的塑料苏打瓶做的牛仔裤，而不是用羊毛。

关于未来的两种不同观点的辩论是如此刺耳。米道斯的观点是线性的，即他认为现在正在发生的事情会以标准的增长速度在未来继续发生。如果人们现在每年以1.8%的速度增加铁的使用量，那么他们永远会以同样的速度使用铁。但是科恩说，市场并不是线性的。价格决定数量。一旦价格升高了，一些人会寻求新的供应源，而其他人则会寻求更加便宜的替代品。

我认为科恩赢了这场辩论，而且后来米切尔的例子也证明了他的观点是正确的。在20世纪80年代石油和天然气价格上涨的时候，米切尔就将他自己的数百万美元投入到水力压裂法的研究中。我相信他这么做并不只是为了赚钱，也是因为他担心美国能源的未来。

水力压裂如何运作

水力压裂法并不是新事物。实际上，这个想法年代已比较久远，在20世纪40年代首次用在商业上，尽管按照今天的标准，这个方法在那个时候并不是非常有效、高效或者安全的。布恩·皮肯斯告诉我，他曾经在

20世纪50年代亲眼目睹了水力压裂在德州的实施。现代水力压裂技术是在20世纪90年代末投入使用的，而且自那时起已经至少有100万的井使用了水力压裂。

为了压裂天然气，企业要挖一口井，一般是大约6 000英尺深。井的垂直部分可能要穿过饮用水或灌溉用水的蓄水层，该蓄水层一般距离地表大约几百英尺。为了保护蓄水层，这个直径4英尺的洞会镶有一个或者多个铁壳以及10英寸（1英寸=2.54厘米）厚的水泥。如果铁壳以及水泥正确覆盖，它们就可以保护蓄水层不受泄露的天然气或者石油的污染。

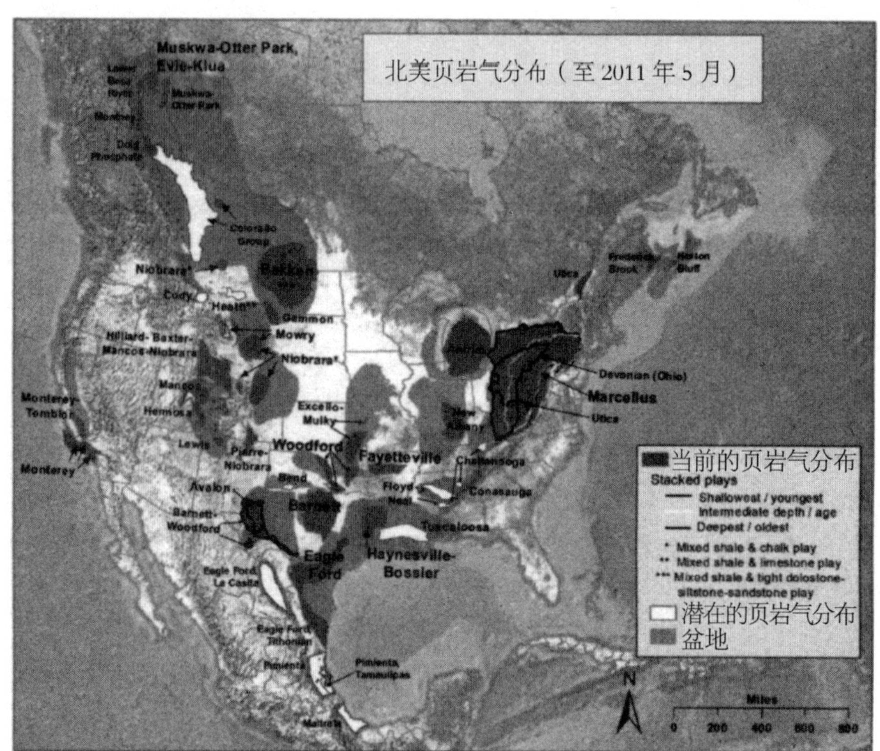

图4-2　北美天然气和页岩气分布

来源：根据美国能源信息管理局的已发布研究：加拿大和墨西哥的分布资料来自航空航天研究公司（更新至2011年9月5日）

注：美国、加拿大和墨西哥的可开采的能源总量比世界其他国家的都多。美国能源信息管理局（2011年5月）

初步垂直钻探之后，钻头和装置就要更换掉，然后进行横向钻孔。这么做的理由很简单。如果挑一个数字来举例的话，含天然气的岩石可能只有50~100英尺厚，但是却有几英里长或几英里宽。随着横向钻孔，油井可以进入数英里长、含天然气的岩石。经过大约10 000英尺的横向钻探后，油井的横向部分就铺满了管道和水泥。然后铁壳包裹之下的洞穴就挖好了，水、沙子、化学药品以及各种溶剂在极强的压力下用泵送入油井——每平方英寸有10 000磅（海平面上每平方英寸的普通气压是14磅）。高度受压的流体压裂岩层并使压开的裂缝处于张开状态，这样岩石里的天然气就会被释放出来。

如果只是在页岩上钻一口井而没有进行压裂，这口井是不会迸出任何天然气的。但即便如此，水力压裂法还是备受争议的。化学制品没有标准化，所以人们担心这些化学制品里都包含些什么。人们还担心，尽管有数10英寸的混凝土和铁壳，但是甲烷——二氧化碳的来源和天然气的主要成分——会渗入到水源当中。

在水力压裂法还是新事物的时候这些担心要比现在多，尤其是前面提到的国家科学基金会的研究之后——尽管这项研究没有发现水力压裂法破坏污染地下水的证据。Chevron， ExxonMobil和Chesapeake这些大公司现在已经取代了那些不太可靠的小公司。当它们使用这项技术的时候，这些大公司要么自己做这项工作要么就雇用有钻探经验的承包商，例如Halliburton或者Schlumberger，来钻探或者压裂油井。探测能源总是非常危险和困难的——谁能忘记2010年英国石油公司（BP）在墨西哥湾发生的钻探平台的灾难？但是，如果认真执行步骤，不抄近路，水力压裂法就会是安全的（见图4-3）。

如果一口油井的寿命是20年，当然这是粗略估计，水力压裂的过程就只是其生命中一个微小的部分。只需要花上少数几个月就可以完成准备、钻探以及油井内壁包裹的整个过程。但是尽管这个过程很复杂，每一次水力压裂（可以在一口井的寿命期间内分几次完成）只需要几天时间。如果水力压裂后一切顺利，那么页岩就会连续好几年释放天然气。

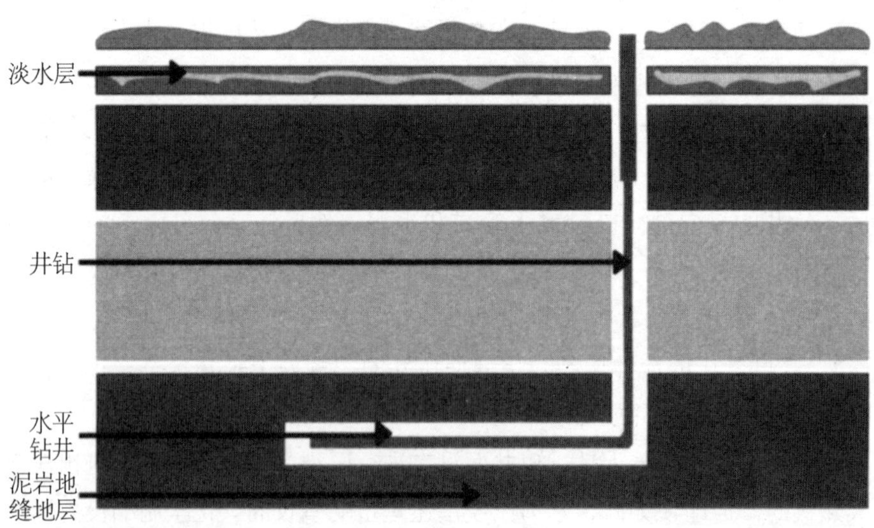

图4-3 水力液压大部分由更大、更有经验的公司承担，包括雪佛龙公司和油田服务公司如斯伦贝谢公司。这些有经验的公司的参与减少了意外释放甲烷的概率

看着这些油井很难理解这些事实，但是似乎只要大公司进行水力压裂，这个过程就会变得更加安全，在环保方面也更加可靠。其中一些公司甚至会回收它们用过的水。当这些公司被迫公开其水力压裂液的成分时，这些数据进一步驱散了人们的担心。有许多非常可疑的小故事，例如人们打开水龙头会有甲烷喷出来，有时甚至会有火。但是仔细研究之后就会发现大多数恐怖故事都是具有误导性的。这些报告的事件经常都不是水力压裂的结果。很遗憾，美国一些地区的蓄水层的确已经受到了污染。在某些地区，蓄水层受到年代久远的油井的污染，而不是附近的比较新的而且更加安全的油井的污染。然而，人们对此感到担忧和想知道液体的成分都无可厚非，要求进行循环利用也是正确的。

水力压裂石油

到目前为止，水力压裂已经广泛应用于天然气，但是这种方法也可以用于从页岩中压裂石油。由于近些年来油价一直很高而且有望继续攀升，石油探测公司也发觉可以通过水力压裂石油发笔横财。这种方式生产的石油正在大规模地进入市场。2005年美国使用石油的60%是通过进口。而2012年这个数字降到42%。而且这个比例有可能会比人们想象的更大幅度及更快地下降。

当然，在美国德州仍然拥有最大的石油储备也是最大石油生产地，但是现在美国第二大石油生产州北达科他州正在通过水力压裂法获取石油。此外，由于技术进步，加利福尼亚位置更深但是更加丰富的蒙特利页岩石油现在也可以开采了。尽管蒙特利的页岩石油深达16 000英尺，但是现在也可以恢复生产了。

但还有更多的好消息。现在可以恢复一口井里的天然气或石油20%产能的水力压裂技术仍在提高。NIC的《全球趋势2030》报告："服务公司正在开发新的'超级水力压裂'技术，能大大提高开采比例。"作为这些开发的结果，这个报告称："美国在10~20年内实现能源独立并非是不切实际的。不断提高的石油产能和页岩气革命会促进这种独立。"NIC进一步报告："2007年至2011年，美国页岩气产能已经以接近50%年增长率激增，而且美国的天然气价格已经崩溃。美国拥有充足的天然气来满足接下来数十年内的国内需求以及潜在的大量全球出口。"一些分析家预估，由于超级水力压裂的发展，每口井的恢复比例可达到70%以上，提高3.5倍。如果上述情况发生了，那么美国就不将只有92年的能源供应了，而是322年甚至更多。[11]

美国最大的国有能源公司ExxonMobil的能源分析家们认为，所有这些都将得出一个有趣的结论。在2013年的一份报告中，Exxon的分析家写道，如果目前的趋势继续保持，那么美国将在2025年变成一个能源净出口国。这个时间表与EIA、NIC以及其他组织做的预测相似（见图4-4）。[12]

但这并不是全部。Exxon分析家称，到2025年，全球能源需求与现在相比会增加35%，[13]而由于能源效率的提高，美国和加拿大的能源需求会降低。情况非常明朗：美国注定会成为世界上最大的能源生产国和出口国。

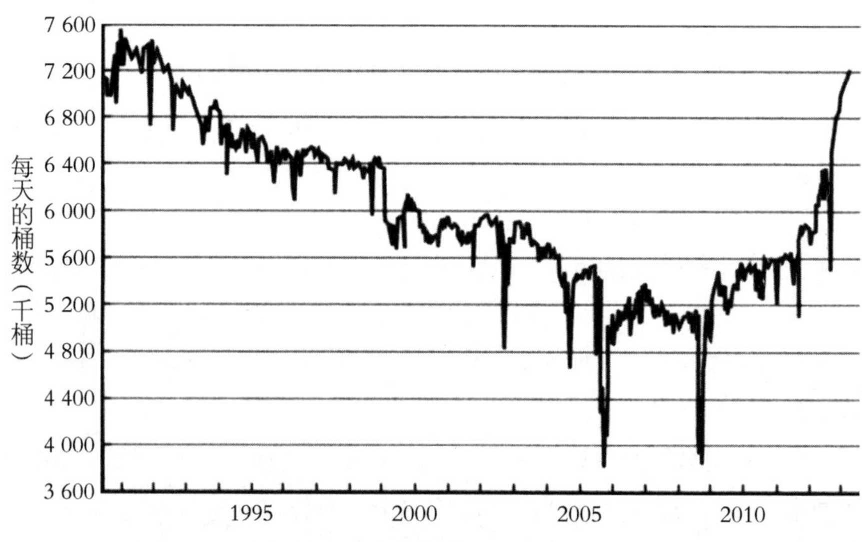

图4-4 美国石油的周产量(1992年1月至2013年4月)

来源：马克·佩里的经济学博客——及时行乐，2013年4月

再用另一个角度来看这件事。虽然我很怀疑这会发生，但是让我们假设，比如中国的GDP在2030年确实超过了美国。我认为这不会发生，但是我们假设它发生了。由于中国和亚洲其他国家能源储备有限，它们就不得不从俄罗斯、中东、非洲、委内瑞拉以及美国不断地进口石油和天然气。中国经济体可能会变大，但是就算中国变大了，美国只会变得更富有。

而且如果这种情况发生了，资金流有可能会逆流。美国将不再花钱到中国购买在中国生产的产品，而是中国把钱给美国以购买能源、食品和制造产品。这将扭转长达十年的趋势。

思考一下这些趋势的巨大转变以及它们的意义。大约从1900年到1960年，美国都是世界上最大的债权国。然后日本接任了领导地位，之后就是中国。在其作为债权国的霸权期，美国建立起了其资本基础，并且开始向国外放贷。美国之所以可以这样是因为它出口能源——煤炭和石油——以及出口粮食和制造用品。美国是世界产粮区，是能源来源，也是制造用品的最大来源。因此，资金会涌向我们国家。而这些条件似乎要再现了。正如约吉·贝拉曾经说过的："一切都似曾相识。"

根据华盛顿特区的智库新美国基金所言，整体而言，页岩气开发的资本支出会从2010年的330亿美元增加到2035年的1.9万亿美元。因此，从2010年到2035年这25年间，这个产业将会创造160万就业岗位以及为联邦政府、州政府以及地方税收增加1.5万亿美元，而且会为缺乏资金的政府增加特许使用费。[14]

毫无疑问，预测里的数据是引人注目的，但是考虑一下这项预测的渊源。新美国基金是一个年轻独立且高度可信的智库，其理事会里有能源和经济专家。Google的执行主席埃里克·施密特是理事会主席。有这样一个可靠的组织做出这样一份预测是非常重要的。通常，在考察未来走势时会偏向消极方面的主要原因是，大多数预测人员会忽视我们获取能源的新能力以及这种能力促进增长的潜力。而在新美国基金的研究中，能源并没有受忽视。相反，能源被视作美国“回归”篇章中一个重要的组成部分——一个很少有分析家考虑的因素。因此，这份报告被称为《美国新兴增长篇章中的希望（和障碍）》。这个报告主要把即将到来的增长归功于我们新发现的可以获得大量天然气的渠道。然而，一如往常，这项研究发表的时候却没有收到任何反响。

能源独立

我们假设ExxonMobil、美国国家情报委员会和新美国基金的推论都是正确的，而且美国会在接下来的十几年内实现能源独立（或者基本实现能源独立）。这些含义都是极具变革性的。首先，美国已经是世界上最具经济竞争力的国家之一。在竞争力方面，我的意思是我们国家可以在一个相对透明、对商业及投资相对友好的且不受政治动荡制约的环境里非常高效地生产大量非常抢手的产品和服务。如果这些组织的推论是正确的，那么我们就能够利用几乎毫无限制的廉价能源来实现这个目标。

图4-5阐释的是在多大程度上商业依赖天然气生产塑料、化学制品和其他产品，以及加热冷却工厂及发电。商业市场上的车辆也越来越多地使用天然气，例如运货卡车。美国企业是大量天然气的消费者，间接或者直

接地大约消费了这个国家生产的天然气总量的84%。图4-5的柱状图也表明美国的天然气跟其他国家相比是多么便宜。日本商人支付的天然气价格是美国商人的3.5倍，而英国商人是我们的两倍。

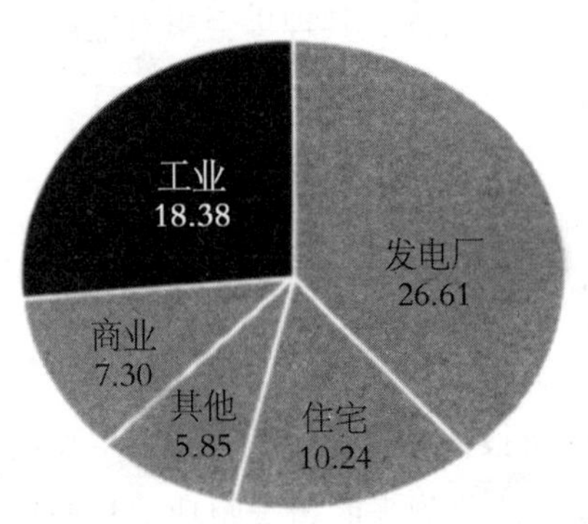

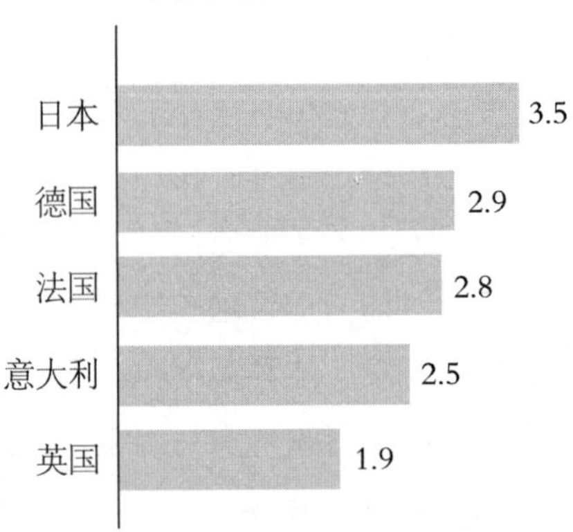

图 4-5 改编自 2012 年 10 月 24 日的《华尔街日报》

天然气之所以重要有两个方面的原因。首先是价格，价格重要是因为能源是我们日常生活里非常大的组成部分。价格更高的天然气意味着更加昂贵的商品、服务甚至日用品，例如小麦。但是由于消费者利用能源来取暖、烧菜以及驱动汽车，那么能源价格越高，他们口袋里的可支配收入就越少。这就是为什么高额油价对经济具有如此迅速且毁灭性的影响。如果加满油箱的成本从50美元增加到75美元，而且购买所有东西的成本也会增加，比如增加8%，那么能源价格攀升对经济的影响跟突然且大规模增加赋税的效果一样。

但是这就是美国很幸运的地方。天然气是一种比任何其他燃料都便宜的能源。它要比石油、煤炭、核能甚至可再生能源如太阳能、风能及生物燃料都便宜。这就为美国经济提供了重要的竞争优势，也是为什么这么多制造产能打算投资美国的原因。

天然气如此重要的第二个原因是由于它与国家安全的成本有关。

罗杰·J. 斯特恩在普林斯顿大学教书并且从事研究工作。2010年，他发表了一篇重要的论文，但是受到的关注度却不足。其实我用“不足”这个词已经很大方了，因为这篇研究论文根本没有受到任何关注，这很可惜。斯特恩的学术论文有一个合适的学术题目——“1976—2007年美国在波斯湾军事力量上花费的成本”。这篇论文可能是第一篇对美国在波斯湾长达十年的军事部署成本的量化分析。[15]

军事部署的目的是战略性的——保卫波斯湾以使中东的石油流向美国。跟大部分石油都来自这个地区的欧洲和日本相比，尽管相对来说我们使用的石油只有很小一部分来自中东，可是我们还是这么做了。然而，即使我们大部分的石油来自其他地区，保护这个地区石油运输的责任还是落到了我们的肩膀上。

波斯湾的地形决定了其防卫较难。几乎所有的石油都是由伊朗、伊拉克、沙特阿拉伯、阿拉伯联合酋长国、科威特、巴林岛、阿曼和卡塔尔——40%都要海洋运输石油——穿过霍尔木兹海峡。只有一小部分中东石油是通过管道出口到其他地区。

霍尔木兹海峡是世界上最重要的水道之一。最窄处只有21英里宽，一边是伊朗，直接对应的另外一边是阿曼、沙特阿拉伯和阿拉伯联合酋长国。

从1990年起，美国就一直在海峡附近维持至少一艘核能航空母舰巡航，从伊拉克战争开始变成两艘。这些航母就是巨大的野兽——大概1 400英尺长，装载大约120艘军事喷气式飞机、不计其数的巡航导弹以及其他类型的导弹，还有其他武器系统。这些核能航空母舰还可以携带核武器。

一艘航母建造成本大约是45亿美元，但是一旦一艘航母部署完毕，美国海军还需要8艘以上作为后援。目前，海军拥有15艘核能航母。每一艘周围都会跟随一个其他船只的小型舰队——多达13艘提供额外保护。还有说法称美国航母还有一些机密的潜水艇对其提供支持。除了那些在核能航母上的人员外，充分配备好保护航母的舰队还需要6 000名水手和其他人员。还需要来自全球各个基地的上千名海军人员来支援航母和舰队。此外，还有后援海员，更多休假中的人们或者正在训练的人。换句话说，需要上千支部队在霍尔木兹海峡巡逻以投放足够力量保证海峡始终畅通。但即便如此，威胁也没有消失。

美国承担了所有保证霍尔木兹海峡畅通以及保护中东油田和航线安全的成本。但即使我们为世界提供了这种服务的好处，这个地区的酋长、贵族、总统、王子以及国王并没有在价格上给我们喘息的机会。我们要支付这个地区的防务，还要以市场价格购买这个地区的石油。2003年，价格是33美元一桶，当时价格还在徘徊，而写作之时，已经变成大约100美元一桶了。

这真是场糟糕的交易——如果这项交易以这种形式一下子呈现在眼前，那么凡是有理智的人都不会参与。然而，它并没有以这种形式呈现在我们面前。我们的参与随着时间的推移在加深。结果，中国、印度、法国和英国，以及所有中东石油那些大的消费者都轻松通过霍尔木兹海峡，因为我们支付了为保证石油顺利运输而使海峡通畅的全部成本。

确实，沙特阿拉伯有空军，阿拉伯酋长国、卡塔尔和这个地区的其他国家也有空军，但是美国在保障海湾畅通的成本中仍然支付了最大的份额。

人们可能会认为美国的这个单方面交易有其战略原因。作为海湾的守卫者，美国可以随意决定世界的命运。至少在理论上，假设如果印度或者巴基斯坦威胁了我们的国家，那么将自己置于世界上最重要航线的中心就意味着我们可以切断它们的石油供应。或者，如果伊朗真的发动战争，那么我们就可以将它与世界其他地区切断联系。

确实如此。但是我们在海湾的军事存在并没有成功阻止萨达姆·侯赛因入侵科威特；也没有防止伊朗威胁以色列，或是试图建造核武器；我们在海湾的存在也没有阻止伊朗威胁在海峡沉掉一些船只以及在航线里埋设地雷以阻止石油流向世界其他地区。每次伊朗人放话要阻止石油流出海湾的时候，美国都要向该地区派遣更多的扫雷舰、打捞船和海底回收舰——这样成本就会相应增加。

没有人讨论我们这些慷慨支出的数量。这主要是因为没有人直接支付这笔开销。比较合理的做法就是每个人都在加油站支付一定的费用以抵消维持海湾舰队和军队的成本，但这是不可能发生的。在给油箱加油的时候每加仑天然气要多付40或者50美分可能就会提醒人们中东这个全球都依赖着的石油生命线所在地是多么不稳定以及反复无常。

因此，我们利用税收和借贷为维持在该地区大规模持续的军事存在、舰队的顺利运行和海峡的畅通买单。现在这个标价已经远远超过“巨大”这个数量级了。根据斯特恩的研究，从1976年到2007年，美国共花费了7.3万亿美元来保卫海湾——几乎是现在国家债务的一半。这里的7.3万亿美元还不包括2007起在伊拉克战争中花费的数十亿美元，以及在这个地区武装及训练伊拉克的费用，以及将潘兴导弹运到以色列的成本。在斯特恩撰写这份报告的时候，海湾的总开销就可能已经增加到8万亿美元以上了——这大概是中国的经济总量。

安全的能源

依靠国内天然气和石油，美国实现能源独立会赋予我们改善与中东关系的自由。我们可能会为了战略目的，想要做好现在正在做的事——保护世界石油生命线并且继续花费巨大的代价。抑或是，如果实现了能源独立，我们可能应该综合回顾一下我们的海湾政策。通过这次回顾，这个国家可能会产生一个在战略和经济上不同的长期结论。但是至少能源独立可使我们拥有选择的自由。我们不必因为客观条件或者自身的脆弱选择我们的道路，而是从长期的战略利益以及更大影响力的角度来考虑问题。

石油是一种全球贸易的商品，这意味着如果石油在一个市场的价格升降，那么其他市场的价格也会随着升降。但是如果对自己诚实点，我们就必须承认石油并不是在一个真实的市场里进行贸易的。我们在OPEC的“朋友们”为了让石油的价格维持在能让整个石油供应链获得最大利润的水平，为成员国设置了生产配额。OPEC在宪章中明确陈述了这一目标。以这种方式，OPEC的拇指就可以永久地按住天平的一端，扭曲价格并且愚弄各种市场力量。当出口委员会的成员控制产品的销售数量以获得所期望的价格时，冰冷的经济学供需规则就不起作用了。

思考一下能源独立意味着什么。世界上最重要的商品，即石油的价格并不是由市场力量设定的，而是由OPEC成员国通过持续操纵来设定的。因此，由于石油的重要性，世界经济中很大一部分都被扭曲了。而这些情况也使得美国陷入奇怪的困境之中。美国的部队服役人员甚至愿意牺牲生命来捍卫其航线和油田。然而，如果他们认为自己捍卫的是由消费需求决定价格的市场体系的话，他们还是最好重新思考一下。为了捍卫一个价格被人为操纵的市场体系，他们正在使自己陷于险境。

这有点儿让你觉得自己非常愚蠢。

但是还有更糟糕的。除了OPEC通过对石油供应进行操纵而对油价产生影响外，世界普遍流行的焦虑也对油价产生影响。一旦中东的怒火定期爆发时，全世界的消费者就会惶恐不安，担心石油产量会受影响或者石油运输会减缓或者停止。交易人员就会仓促地寻找新的供应方，推高价格。中东的紧张局势会直接影响价格。

当伊朗派遣一艘成本大约50 000美元的橡胶快艇到达霍尔木兹海峡附近水域骚扰价值45亿美元的航母时，全世界都对此感到紧张。当满天飞的谣言称伊朗的共和国卫队成员操作这个舰队，可能携带法国飞鱼导弹，并且可能计划击沉一到两艘航母，然后接近海峡时，油价也会迅速飞涨。

在石油禁运之前，伊朗每天大约出口220万桶石油。如果伊朗廉价的快艇在石油进口国造成了足够的恐慌，足以使每桶油价上涨10%——这还是一般的涨势——伊朗每天就会额外多赚2 200万美元。急需金钱的石油出口国具有强大的动力让世界时刻处于紧张状态。

▼▼▼▼

大多数人不知道或者不关心油价是否被操纵或至少被“管理”。但是如果你不相信上述观点，那么请思考以下问题。

美国是世界上最大的石油消费国。2005年，美国每天进口略多于1 200万桶的石油。2012年，随着压裂石油的增加，进口缓慢回落到每天800万桶。美国在这么短的时间内改变了其石油进口情况，这就相当于世界石油生产商每天需要额外再销售400万桶石油。每天400万桶石油大约相当于日本进口石油总量的90%。日本是世界上第三大经济体。

我提到这种对等关系是出于一个原因。如果石油是一种以市场为导向的商品，如果日本突然停止进口了，那么供需规则就暗示着油价会剧烈下降。每天400万桶石油可是非常巨大的数量，而日本又是一个非常富有的国家。如果日本停止进口小麦或者大米或者牛肉，就会给这些商品的价格造成巨大的下行压力。然而，从2005年到2012年，除去价格暴涨暴跌和通货膨胀，石油价格相对来说保持稳定。尽管美国购买石油减少的总量相当于日本石油消费总量，每桶的价格一直徘徊在100美元左右。

哪个人还能相信石油是由市场机制决定的呢？

未来好事连连

美国趋向能源独立的行动将带来许多好处。这不仅会给我们时间重新考虑我们是否还想再投入7.3万亿美元的军用及民用开支向波斯湾地区投射美国军力，而且让我们有机会不再在国外花这么多钱购买石油。由于跟2005年相比每天已经少进口4万桶石油，现在每天向我们的主要能源供应商——加拿大、墨西哥、沙特阿拉伯、委内瑞拉、尼日利亚、安哥拉和伊拉克——也少支付大约4亿美元。

其实我并不怎么介意从加拿大或者墨西哥购买石油。它们都是友好的国家，是NAFTA的签署国，而且它们的经济，更别提文化了，与我们紧密相联。同时也是我们最大的贸易伙伴，既进口又出口。你甚至可以说我们是“三剑客”——用加拿大法语说就是“三个好哥们”——三个忙碌的但高度整合的国家一起合作，其中墨西哥是发展最快的，美国和加拿大是最富有的。

但是如果牵涉到沙特阿拉伯就是另外一种景象了。沙特阿拉伯是一个宗教国家，而且作为君主政体，在未来有可能会解体。而且在这里女性基本上没有权利（撰写该文期间，该国出现了一种类似于调侃的说法，即如果女性穿戴正确并且在男性的陪同下，可以骑自行车）。以上这些都是在回避问题的实质。我们到底和谁才会成为伙伴呢？是女性拥有平等权利的加拿大和墨西哥，还是像沙特阿拉伯这样的国家呢？

答案似乎很明确。

但似乎还不够，委内瑞拉在上届总统乌戈·查韦斯的领导下成为了伊朗的军事同盟，目标是联合生产武器。但即使是在新总统尼古拉斯·马杜罗领导下的委内瑞拉也仍公然对美国及其利益充满敌意。如果我们不再从委内瑞拉购买石油，那么我就不会再为此烦恼了。

我也丝毫不介意我们停止向这个世界上最腐败的国家之一尼日利亚购买石油。在十几年内石油收入涌入尼日利亚（其中最大的份额来自美国），但是大多数人并没有比有石油收入之前过得更好。甚至即使有这笔钱，尼日利亚的预期寿命也只是停留在51岁。

尼日利亚，这个非洲人口最多的国家，在许多方面都是一个被经济学家称之为"资源诅咒"或者"石油诅咒"的受害者。在太多的产油国，大多数石油收入都被顶层的少数人群给攫取了。沙特阿拉伯以及海湾国家最富有的人群都是或基本上都是皇室人员。俄罗斯和尼日利亚也是如此，石油收入的最大份额都握在与政府有最紧密关系的人员手中。

在被石油诅咒的国家，一个小群体向全国其他部分发放少量资金。一些国家的领导人很慷慨，他们会提供充足的资源，所有公民都可以过上中产阶级的生活。他们这么做的一个原因是他们认为自己有责任保护其公民和国民的福利。而另外一个原因是他们意识到他们可以利用金钱收买可能形成的反对派，从而防止动乱。但是还有另外一个原因，即他们希望能够因此使国民温顺，从而精英阶层就可以攫取最大份额的利润。

但是在尼日利亚，精英阶层并不是这么慷慨的。对于一些人来说这是个富裕的国家，而对于大多数人来说却是一个极度贫穷的国家。

许多石油丰富的国家都很腐败，往往位列透明国际组织的"清廉影响指数"排名中的末尾。[16]除了尼日利亚，俄罗斯、沙特阿拉伯、伊拉克、委内瑞拉、伊朗以及拥有丰富石油的墨西哥都被认为是腐败的。（通过对比，加拿大、挪威、美国、阿拉伯联合酋长国、卡塔尔以及其他一些石油丰富的国家则被认为是相对清廉的。）

根据世界银行的数据，虽然尼日利亚的经济处于增长状态，但是它的人均GDP只有1 555美元，根据这个尺度衡量，这个数字只能使其在190

个国家中排143名。尽管它是世界上第12大石油生产国，但是它的排名却是如此之低。尽管有丰富的石油，但是尼日利亚有高达24%的失业率，半数人口生活在农村地区。考虑到这些因素，我们可以以一种全新的角度来看我们的石油进口。如果我们可以走出自己的一条能源独立之路，我们难道真的还想依赖像尼日利亚这样的国家吗？

▼▼▼▼

如果实现能源独立，我们不仅可以抛弃与那些不稳定、危险腐败的且与我们的利益作对的国家的长期经济关系，而且可以让美国人的钱包鼓起。

这种情况马上就要发生了。由于与2005年相比，美国现在每天少进口400万桶石油，以现在的价格来算，这意味着与2005年相比，现在每天会多有4亿美元留在美国本土。能源独立意味着美国将有能力每年将3 000亿至4 000亿美元留在美国国内，而这笔钱现在却在不断流向海外购买石油。能源独立会极大地减少我们的贸易赤字。

如果贸易赤字能够减少一半或者更多，那么产生的效果则是巨大的。首先，一大批已经流向海外的金钱会留在我们的银行体系中。如果银行每年有3 000亿到4 000亿美元额外的资金，那么银行系统将得到强化。如果银行有这么多存款，利率很可能就会比较低，那么银行也就有动力放贷了。

我现在说的是将这么一大笔贸易赤字转化为低成本的贷款——抵押贷款、消费债务以及公司债务。如果这些贷款被好好利用，将会用来复兴美国经济中的大产业，例如房地产、建筑产业。同时，这对保持依赖信贷的产业的持续强大也有重要作用，如汽车、卡车和飞机制造。额外的3 000亿到4 000亿美元相当于有200万名员工的沃尔玛的总规模。

除了实现能源独立，如果美国可以如ExxonMobile预测的那样成为净出口国，那么美国很有可能扭转世界的走势。日本和德国这样的国家如果购买我们的能源产品和制造产品，那么大量资金又会涌入美国。一旦这种情况发生，美国可能会开始这种转变，即从世界上最大的债务国转变成债权国。这可是第一次世界大战结束后直到20世纪60年代美国保持的地位。

美国之所以在那个时期成为世界上最大的债权国有三个原因。跟任何其他国家相比，那时美国生产和销售的制造产品都要更多，出口的石油和能源产品也更多，而且它还出口食品。尽管我们不太可能成为世界上最大的能源出口国，但是美国会成为一个能源出口国。同时，尽管我们可能不会向中国或者德国那样出口那么多的制造产品，但是我们生产的产品几乎肯定会比美国国内及世界其他地区的工厂生产的产品多。有这两大趋势，历史也许重演，美国会再次成为债权国。

不仅仅是石油

到2020年美国成为世界上最大的石油生产国或者前三大天然气生产国的可能性并不是我要讲的全部内容。[17]

美国已经是世界上最大的生物燃料生产国，大多数是乙醇。虽然巴西已经取得信贷计划，将其车辆都从燃烧汽油转化为燃烧清洁乙醇、汽油混合燃料甚至是天然气，但是美国生产的乙醇是巴西的两倍——巴西是65亿加仑，而美国是130亿加仑。[18]

美国开始生产乙醇之初，美国农业部给予乙醇生产商极大的补贴。联邦补贴马上就要结束了。但即便如此，该工业部门已经非常善于将白玉米转化为乙醇，它们也不再需要补贴了。“我们可以站稳脚跟，”杰夫·布鲁万在我主持的该议题的一个座谈会上这样说到，布鲁万是世界上最大的乙醇生产商POET的创立者和主席。“我们不需要补贴。”然而，将POET从一个单独的家庭式提炼厂发展成为一个乙醇巨鳄的布鲁万并不总是持这种观点的。但是现在情况已经改变了。乙醇生产和整个供应链都比过去更加有效率。

POET的提炼技术持续提高，玉米种植技术和所用的种子技术也都持续提高。在艾尔·戈尔于2006年著名的纪录片《难以忽视的真相》中，他对将玉米乙醇作为燃料并没有太高的评价。后来，他说对玉米转化乙醇进行补贴是个错误，因为它生产的能源比消耗的更多。[19]但是自从那时起，美国农民和乙醇蒸馏器都变得更加有效率了。

一位乔治·华盛顿大学博士毕业的农业经济学家罗杰·康韦曾经负责运行农业部能源政策和新用途办公室，他认为，毫无疑问，巴西的甘蔗比美国的玉米更适合制作乙醇。“唯一的问题是美国只有少数地区生产甘蔗，”他说。康韦现在经营一家专门从事农业问题咨询的罗斯林咨询公司。他告诉我，即便如此，用玉米制作乙醇正在变得越来越有效率。“目前，每单位的能源输入，会得到1.7到2个单位的能源输出。这基本上是可行的。玉米虽然不像甘蔗是那么好的燃料，但是情况确实已经变得比以前好，”他说。“过段时间，我想我们就可以实现每单位能源输入得到4个单位能源输出了。而且情况会变得更好。种子和种植技术确实是在提高。提炼厂的产量和种子的产量正在增加。并且，如果使用新技术，那么种植玉米需要的能源会变得更少。”

现在汽车中大约10%的燃料是乙醇。康韦以他那光头和整洁的穿着而著名——三件套的西服、怀表以及明亮的且精确折叠的丝质手绢——认为新车燃烧20%的乙醇毫无问题，尽管他承认并不是所有人都同意他的观点。

现在，美国制造的汽车和卡车的很大一部分都可以燃烧含有85%乙醇的燃料。根据美国能源信息管理的数据，这种车辆大约有1 000万。[20]这些汽车和卡车车后一般都有一个“弹性燃料”的标志。对于那么比较老旧的车，只需花费几百美元购买一些市场销售的简单的零部件就可以将其改造成燃烧含85%乙醇的汽车。

具备燃烧乙醇而不是汽油的能力对政府来说是件好事，因为乙醇释放到空气中的二氧化碳分子跟酒精相比要少得多——事实上少了30%~50%，而且乙醇更便宜。在此写作期间，洛杉矶一加仑的E85（85%的乙醇和15%的汽油）平均花费3.69美元，而普通汽油的成本大约是4.5美元一加仑。虽然不是所有的服务站都售卖E85，但是智能机上有应用程序帮助客户定位售卖E85的服务站。

跟戈尔的分析形成对比的是，食品价格并没有真正强烈受到乙醇生产数量的影响。乙醇的原料是白玉米，正如康韦所说：“这种玉米需要一头牛的四个胃才能消化掉。”除了每个地区会有稍微区别外，人们几乎只吃黄玉米。此外，白玉米和黄玉米生长的土地也不一样。白玉米一般生长在边缘土地上，而黄玉米则长在基本农田上。“如果真要说生产汽车所用的乙醇会影响食品价格的话，那也只是很小的影响”，康韦告诉我。他进一步解释，“2007年墨西哥玉米圆饼大幅涨价，人们说以玉米为原料的乙醇推高了玉米价格，这些玉米本来是用来制作玉米粉薄烙饼的。但是事实是，那年所有产品价格都上涨了——包括一切产品，首先从石油开始。乙醇并不是油价上涨的原因。如果真有影响的话，价格上涨是因为油价突然上涨，从而种植、收获及运输黄玉米的成本提高了。”

美国有能力从其玉米中提取更多的乙醇。但是有一个问题。由于政府的补贴推动了乙醇的大量生产，因此乙醇不能出口。既然这是一种高效率的燃料，那个规定也就不再合理了。一旦补贴下降，国会就应该允许乙醇出口。现在巴西已经表达了购买美国乙醇的兴趣，许多欧洲国家也有可能购买，因为它们都必须满足严苛的二氧化碳排放目标。

既然燃料市场是如此巨大——大约有上万亿美元的市场，那么上面所述都意味着，伴随着传统燃料的出口，乙醇出口会帮助改善贸易赤字情况。美国曾经拥有那个市场。由于其在燃料市场中的地位，德州、俄克拉荷马州、加利福尼亚州和宾夕法尼亚州曾受益巨大。而这种霸主地位将再次成为现实，给这个国家带来大量利益。

现在让我们来看看北达科他州的例子，这曾经是一个毫无活力的农业大州，深受寒冷严冬及萧条经济所困。现在的冬天还是很长也很冷，但是水力压裂法起飞之时，北达科他州也起飞了。它现在是少有的几个失业率为负的地区之一——因为工人太少而工作太多。北达科他州经济增长时，这个州住房短缺，因为所有工人都要加入油页岩富矿的开发中，这就像1849年工人去加利福尼亚州淘金的情况。1849年的许多矿工都合住一个房间，而且还要两人睡一张床——一个人白天睡，另外一个则晚上睡。在北达科他州，那种情况又出现了。

如图4-6所示，北达科他州的富人在急剧增加。但是除了石油以及一些牲畜和小麦，北达科他州还远非发达地区。因此，北达科他州的工人建造房子、购买车辆、取出保险单、购买衣服和电脑、送孩子进入大学或者将钱存入银行的时候，这些钱又回到了这个国家的其他地区。

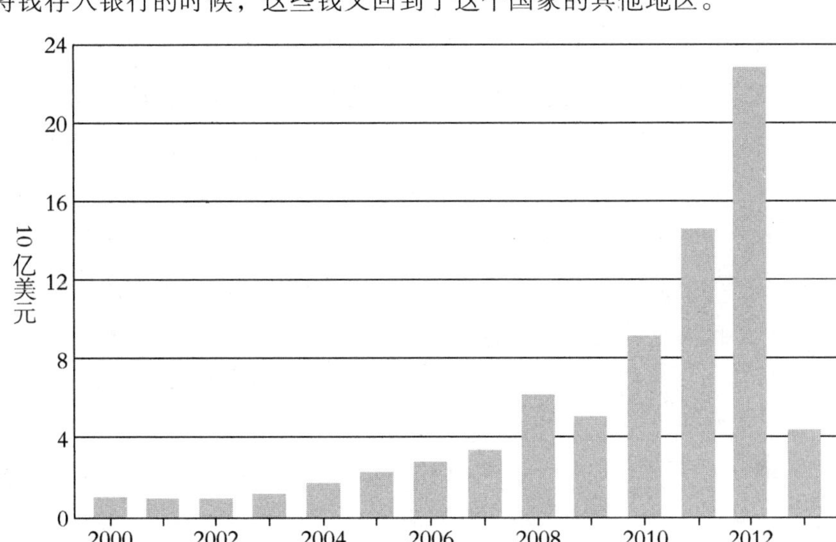

图4-6　北达科他州每年的石油产量

来源：马克·佩里的经济学博客——及时行乐，2013年4月

预测

正在出现的能源蓝图背后的逻辑非常直白。金融和经济危机一开始，其他成熟国家的石油需求就降低了。同时，中国和印度这些新兴国家的需求上升了。油价一直徘徊在大约100美元一桶，上下稍微浮动几美元，但是这个价格太高。

但是随着美国经济恢复势头逐渐强劲，石油需求将会上升。这很有可能促使油价上升。油价会像经济和金融危机之前重新上升到145美元或者更高吗？由于数据有限，我对此不确定——也没有人知道。但是即便如此，《华尔街日报》上一篇文章写到，[21]最近为期一天的油价上涨是“受到世界上最大的石油消费商经济增长迹象的刺激”。当然，世界上最大的石油消费商是美国。根据这篇文章，油价在一天上涨了1.6%是基于经济增长的迹象而非经济增长本身。油价的上涨是基于对美国经济的预期。[22]

假设有这样一个世界。在这个世界里，我们所使用的最重要的产品的价格是由于经济增长的迹象而非真正的增长，以及少数石油供应商的操纵而上涨的。我们真的愿意生活在这样的世界里吗？我认为没有人愿意。

高额油价是我们寻找进口石油代替品的原因。当油价长期保持在每桶60美元以上时，使用许多不同类型的能源资源就变得可行——天然气、国内石油的新开发的非传统来源，甚至风能，有些情况下还有太阳能。高油价使得消费者购买混合燃料以及全电能驱动的车辆变得名正言顺。但是为了开发新的能源资源，价格就要长期保持在基本利率之上。如果人们相信油价会瞬间跌低，没有人会愿意花上几十亿美元的资金去开发天然气或者非传统石油。他们为什么要去开发呢？如果进口石油可以更廉价，那么他们在太阳能领域或者国内石油新原料方面的投资就会马上流失。

不管是何种原因，如果油价不稳定或者强烈浮动，那么了解市场逻辑的新兴能源投资者就不会投资了。他们担心油价下跌时会有损失，并且还无法竞争。但是如果油价很高而且很稳定，那么对代替石油的投资就可以说得通了。基于这个原因，我们对进口石油价格最好的希望就是保持油价在足够刺激人们去寻求其他类型燃料的高度。长远来看，最好是开发我们自己的能源来源，而不是将大量的金钱送到海外。

[第5章]

烧钱

如果可以获得资金，那么就会出现奇迹般的结果。我在梅肯研究院的同事连续十几年并且每年做的资本获得指数（Capital Access Index）[1]研究呈现了这样的一个模式。如资本充足并且谨慎放贷，同时借贷者获得贷款的方式透明且条款是良性的，经济就会增长。根据最新的有效数据《2009年资本获得指数》，作者展示了金融和房地产危机对美国及其他主要经济体的破坏有多大。这个报告表明在全球范围内，通告损失6 850亿美元的银行必须裁掉150 000个工作岗位，而且要举债6 880亿美元来补足资金。作者还发现许多国家的证券市场都已冻结，这使得大公司要借贷它们所需的资金更加困难。

但是该报告也显示并非所有国家和地区遭遇都一样。得益于几十年的妥善经营，加拿大和中国香港都具备充足的资金，位列各个国家和地区之首，紧接着是不太稳定的英国和经营良好的新加坡，而美国位列第五。[2]

尽管世界都陷入危机，但是除了勒紧裤腰带决定奉行紧缩政策（我认为这并不明智）的英国，这些国家的银行仍然都很坚挺。加拿大、中国香港和新加坡的资本仍旧充足，因此公司可以扩大规模，个人也可以购买房产。良好的金融管理的结果便是这些国家避免了一场房地产或是抵押贷款危机。其房价没有猛涨，全球大萧条期间也仍然得以持续繁荣。尽管新加坡的经济在2009年有所缩水，但是仍然以14.7%的增长速度成为2010年度亚洲发展最快的国家。

具备融资渠道的国家通常发展得最快。

但是这并不是说我们就应该回到那种不需要人们证明就业或收入情况就能获得抵押贷款的时代。过去那种方法已经使我们饱受折磨。获得融资渠道仅仅意味着人们可以相对容易、相对安全，且无须贿赂或成为某个特权群体的一员就可以集资开展或者扩大业务。

开展或者拓展业务可以促进经济增长和就业，也可以为国家建设奠定基础。但是其实现必须是以廉洁的方式。经济增长、腐败和融资渠道（还有其他一系列问题）之间的联系导致一个结论：如果一切平等，融资渠道相对容易、法院和法律制度完善以及会计准则可靠的国家要比没有这些特征的国家发展得快。[3]

没有任何国家完全没有腐败。贿赂以及其他形式的腐败到处都是，美国也不例外。每年都会有人因为将城市合同给他们的亲戚或者拿钱贿赂他们的人。但是，美国相对来说还是比较清廉也比较奉公守法的。因此在我的研究结果中，在关于法律制度、规定、融资渠道、会计标准、腐败和经济及强制执行政策议题的排名上，美国几乎排名最高。虽然金融危机期间美国在透明度上的排名稍有滑落，但是目前已经赢回一些阵地。

如果合理的制度再加上其他因素——包括丰富的能源、创造力和知识基础以及我们的制造能力——很明显美国拥有所有能使其恢复高增长率的必要元素。

发展迅速，但不像以前发展那么快的巴西、俄罗斯和印度没有与我们同等水平的制度能力和制度水平。这些国家在腐败、法律制度以及有些情况下会计标准等方面得分很低。法院基本上不起什么作用，腐败猖獗。这些制度性问题对未来经济发展产生了严重的负面影响。虽然巴西、俄罗斯和印度正在摆脱贫困，但是制度上的缺陷——除非得到修复——会降低其增长速度。

2011 年，我曾在莫斯科举办的小型俄罗斯论坛上做过演讲。很多国家的政府高官和商业领袖都参加了此次论坛。经过长达一天的讨论和会面，主办国在克里姆林宫对面的一栋老式的带有苏联革命风格的餐厅里为与会者安排了一场奢侈且正式的晚宴。

我邻座是位富有的俄罗斯商人——明亮的灰色眼睛，留着修剪整齐的灰色胡须。他在开发莫斯科高楼及其他形式的地产方面相当成功。在这位商人的旁边是一位善于言谈、将近七十岁的德国经济学家，他是腐败和透明度方面的专家。饮了多杯伏特加及吃了许多粘满鱼子酱的小薄饼之后，这个德国人就俄罗斯高水平的腐败问了俄罗斯商人一些问题。

“在一个贿赂现象泛滥的国家你是怎么做生意的?”他问道。

这个俄罗斯人看了看德国经济学家，然后调整了一下他那昂贵的法国领带。很明显他被这个德国人的天真给逗乐了。“很简单，”这个俄罗斯人讲，“我们为贿赂买单。”

“你不担心你会因此而遇到麻烦吗?”这个德国人问。

第一个问题引起的愉快这时候开始消逝，他似乎看起来有些恼怒。“不。这就是我们这里做生意的方式。每个人都贿赂。这非常正常。”他说道。

“那你曾经想过它更广泛的影响吗?”这个德国人问。

“没有更广泛的影响，”俄罗斯人说。“这就是做生意的方式。”虽然接下来发生的不能严格地说是第二次世界大战的重演，但是也差不多了，因为我们这个放着丰盛食物的桌子旁的声音越来越大。

是的，贿赂可能是正常的。但是并不是富有成效的。它没有成效是因为只有富人可以支付得起足够的贿赂然后赢得合同。当他们赢得合同建造摩天大楼后，毫无疑问他们也通过贿赂以最便宜的方式来建设，用那些可能根本就无法经得住压力的材料来施工。他们可能还通过贿赂以缩减保险或安全措施。

这些贿赂都是隐性成本，但不管怎样都是成本。尽管公司的财务报表不会显示，但是他们必须支付贿赂支出。如果腐败猖獗，最有能力的人一般不会得到合同。另外，做生意的成本也会比正常的要高。这些隐性成本以及伴随而来的错误决定都会降低经济增长。经济想要增长，必须要有资金，但是也需要有透明度。

幸运的是，这两者美国都有。

充足的资金

2012年4月，我向来自硅谷30个不同公司的财务总监做了一次演讲。一些公司是为通信产业制造交换器的，一些是编写转接电话的软件，一些公司的产品是用来追踪订单的，而还有一些公司的主要业务是将数据从个人或者电脑发送给其他人或电脑。其中最大的公司每年编写和出售软件的收入是100亿美元，而最小的公司出售所谓的“大数据”产品的年收入大约有40 000万美元，这些产品可以分析大型零售商如沃尔玛和山姆会员店消费者购物方式的趋势。

虽然硅谷的那些大公司，例如Apple、Oracle、HP和Intel都可以获得所有贷款，但是硅谷仍是由数百家中小型企业组成的。它们或是为那些大公司的产品制造零部件，或是为工业界制造产品或是编写软件。例如，Autodesk（我之后会继续讨论）生产世界上几乎每个建筑、建设、工程和制造公司都会用到的设计、工程和制造软件。相对来说这个公司有点小，年收入只有22.1亿美元。但是，该公司在1982年成立之时却是当时的先驱者，现在仍处于世界前沿。

还有许多像Autodesk一样专业技术精通且成功的公司。我认为它们都是经济体里的无名英雄。Salesforce.com是另外一个类似的公司。虽然只有30亿美元的年收入，但却是一个强大且稳定的公司，其生产的软件支撑着全世界无数的公司，并且维持着它们与其客户之间的联系。

我演讲的房间里的这些公司都属于无名英雄群体的一员。所有公司都发展迅速且雇用了许多技术人才。并且，尽管经济发展速度缓慢，但是这些财政主管对他们公司，尤其是海外市场的增长前景很乐观。

▼▼▼▼

我们会面于位于加州米尔皮塔斯的KLA-Tencor，一个你从来没有听说过的硅谷制造业重地。但是它是在一个拥有数个大型工业建筑的工业园区里，并且被一大片郁郁葱葱的绿草坪所包围。地面上有一家美食餐厅，还有一套保养很好的排球场。（工程师们需要偶尔宣泄一下他们过剩的精力)。午餐时间，排球场就会全部排满，咖啡厅里也都满座。看着周围这些大口吃着寿司喝着绿茶的技术人员，我有一种很好的直觉，即很确定美国的技术领导力都来自于精英中的精英。我能辨别出这些是来自世界各地拥有不同背景的团队。在这里，种族、性别和家庭背景一点儿都不重要。

我之所以提到KLA-Tencor的名字只是因为它提供了我们会面的场地，但是还有很多类似的公司。KLA-Tencor生产的测试设备用来确保我们电脑、平板、移动设备和几乎所有类似设备里所用的半导体正确生产并且正常工作。尽管美国人口只占世界人口的4%，但是美国公司却制造了世界上1/3的半导体——这再次证明美国是一个经济和技术强国。但更重要的是，美国公司在市场顶端具有统治地位。IBM制造的沃森超级计算机在电视节目Jeopardy中打败了布拉德·拉特和肯·詹宁斯，但这个名副其实的雨人是由IBM的Power7芯片启动的，该研究由美国国防部高级研究计划局资助研究。我做的关于美国经济困境的演讲内容则有悖于硅谷的高科技背景。

结束演讲以后，这些CFO和我进行了讨论并且交流观点。我想更好地了解他们目前最紧迫的问题及听一听到底是什么让他们夜不能寐。这样我好提供一些安慰和解决办法。和他们谈话之前，我必须签署一份保密协议保证不会透露他们的名字和公司。(我们是在KLA-Tencor会面的，但是我没有提及到底有没有KLA-Tencor的人参加。)因此我关掉我的演示文稿，然后开始倾听。当我们坐在这个朴素的会议室里的时候，谈话开始变得很有趣——这些CFO异常坦率。他们主要抱怨的内容跟你想象的不一样。他们并没有抱怨收入或利益或是萧条的经济。他们也没有抗议利率问题。他们的问题是：他们有太多的资金闲置在银行里。这不是一个公司最严重的问题，但是这的确是个问题。事实是，这些公司运作非常好，产品也很好地适应市场。结果就是资金非常充足。

所有的CFO都说销量非常强劲，而经济数据也证明了他们的说法。请记住，这是2012年——尽管受到金融危机和经济低迷的影响，美国高新技术产业相对来说却没受影响。美国及海外企业不断升级自身能力以应对经济增长回归以后的激烈竞争。因此，这个房间里的CFO都同意他们的公司与国内外竞争者相比还是有竞争力的。他们在不担心近期会失去市场份额上观点也一致。他们说至少到目前为止亚洲和欧洲企业还没有能力复制他们的产品或者质量。企业持续繁荣，利润不断累积。但是他们也有一些问题，例如招聘不到足够的拥有公司需要的技术和背景的人员来充实他们的人才库。但是，资金过多的问题还是让他们夜不能寐。

这些CFO说他们的资产负债表上资金太充足，以至于让他们很焦急。他们担心投资者们会认为他们已经江郎才尽或者没有发展机遇了，即尽管有很多的资金，但是没有地方消费。他们也担心投资者会盯着这些现金并且要求一些特别的股息（毕竟这是投资者的钱）。也许一个对手公司会试着也从投资者那里收购公司的股票，甚至可能以低于股票面值的价格购买。一方面，拥有如此多的现金可能会影响他们的股价。另一方面，考虑到利率这么低，他们纠结到底应该将资金投放到哪里。并且，他们担心政府看到他们在银行有这么多钱，会对这些资金征税。这些人担心的实在是太多了，但这些都是我们本来应该面临的问题！

为什么银行里这么多钱？据这些CFO所说，董事会是不会允许他们做没有绝对成功把握的投资的。例如，其中一位抱怨他的董事会为了把钱投入新的办公大楼建设当中而否决每一个CEO和其他人提议的厂房扩大计划。“为什么是办公大楼建设呢？”这个CFO煞有介事地问道。“因为在硅谷建设办公大楼是不会有损失的。”但是他感叹道，办公大楼建设不是我们的业务。“我们的主营业务是高科技。如果能租借我们需要的办公空间并且扩大生产，那么我们会做得更好。”

将资金投在办公大楼建设上就像是在做任何一个拥有良好信用的傻子都能做的事情。所有人都应该会同意这个观点。这些公司挖地基、浇灌混凝土以及升降钢筋大梁。究竟为什么从世界各地招聘这么多工程师的高科技公司——他们都是开发能让数据包漫游在世界各地电信网上的软件专家——想要投身于房地产事业呢？“相对于投身房地产，扩大生产或者开发相关业务难道不是可以更好地利用公司的精力和资金吗？购买房产对我没有任何意义。”一位用手抱着头的CFO这么说道。其他CFO同情地点头。

这群人关于另外一点也都意见一致：董事会丝毫不敢冒险；董事会成

员根本意识不到如果不尝试一下，你是根本无法赚钱的。为了说明这一点，一位CFO说她在银行存有价值一年收入的资金，但是现在没有地方投放。

此外，我只是重申一次：这里大多数的CFO都来自小公司——平均年收入少于100亿美元。但是它们的问题不是独一无二的。大公司也充斥着资金，有的银行存款有上百亿美元，但是没有任何盈利。撰写这本书的时候，[4]Chevron有430亿美元，Google有510亿美元，Conoco Phillips有450亿美元，Ford Motor Company有510亿美元，Microsoft有730亿美元，Apple有1 170亿美元，GE有1 220亿美元，沃伦·巴菲特的公司Berkshire Hathaway有1 620亿美元现金。不管将钱放到货币市场基金、短期债券还是几乎没有任何作用的银行账户里，这都是一大笔钱。

那么我们的企业现在闲置的资金有多少？准确数字很难估算。但即便如此，2009年美国企业至少有5万亿美元现金可以用来投资。其中1.5万亿美元在美国，而其他的3.5万亿美元则在海外。（很可惜2009年的数据已经是最新数据了；似乎现在持有的现金要少一些，因为它们已经开始投资了。美国企业现在很有可能持有4万亿美元的现金。）

美国公司将如此多的资金留在海外的一个原因是如果它们将资金带回国内，政府就会对其征税。即使新加坡的银行账户征收1%的利率，这也比在国内被征税好。

国会内部也在讨论是否为那些公司开设免税期，以吸引它们将资金带回美国国内。这是个好主意。此外，还有一个更好的想法，那就是改革企业税率，这样美国公司（以及海外工作的个人）就不会被征税两次——即在它们办公的国家被征税，然后在美国还要被再次征税。另外，将美国的企业税率降到与其他国家持平也是一个好主意。例如，联邦层面税率是15%~39%，但是如果算上全部，就必须还要加上州层面我们交的税——税率达到12%——再加上城市税率。这里想说的是，大多数国家的企业税率要比美国低。例如，加拿大的联邦税率只有15%，而最高的省税率也只有4.5%。[5]

很明显，美国的企业税率太高了。此外，企业和个人不应该在美国和其他地区两次被征税。

如果企业在此地的税收更少，那么它们就愿意在此地投资更多的人力，也愿意雇用更多的人力。短期内，政府收入可能会减少，但是从长期来看，随着工资和企业收入的增加，税收收入也会增加。现在优先考虑的应该是将美国打造成一个更容易做生意的地方，就像新加坡一样，为了吸引公司落户这里，新加坡一开始的税率低至0%。此外，如果海外收入只在当地征税，而美国不再对其征税，那么毫无疑问这些企业就愿意将资金投资于美国国内（见图5-1）。

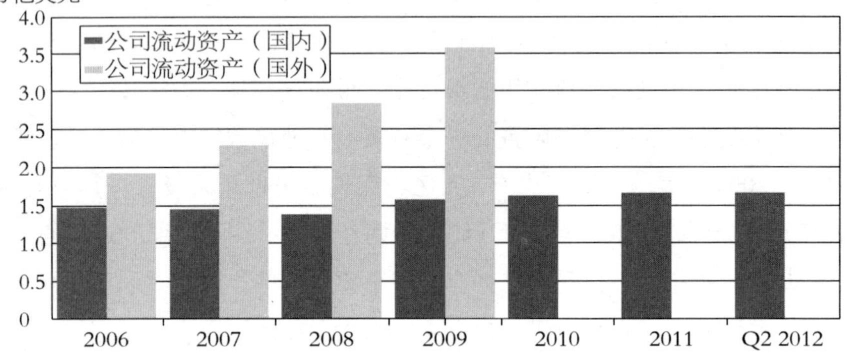

图5-1 美国非金融企业的流动资产

来源：联邦储蓄署，美国国税局，路透社

注：包括可支取存款、储蓄存款、货币市场基金和信用市场工具；2009年国际数据

没有任何国家跟我们有同样的问题。但是，再次强调，没有任何国家有跟我们一样大的商业板块。我们的企业有大约4万亿美元的资金可以用于投资，另外还有大约2.5万亿美元国内持有，另外1.5万亿美元海外持有。对于这些数据的可靠性，我会给个“C”，但是我觉得最低保守估计也有3.5万亿美元。但不管怎样，我们在谈论一大笔资金，其数量位于世界第三大经济体日本和第四大经济体德国的经济规模之间。这一大笔钱不应该闲置不用。

你们可能会好奇我为什么会关心美国大公司账簿上闲置的现金。理由很简单。美国第二个世纪的起飞需要投资。想要创造未来工业，就必须使现在的资金发挥作用。强化生物技术领域，建设机器人产业，研究制造比Power7更快的芯片，设计虚拟现实课堂——这些都需要资金，而且是很多资金。

这意味着什么？这意味着美国公司有着充足的资金用来投资，强化其作为世界上最大和最有活力经济体的领导力。这并不是说其他国家没有资金来投资。它们有。它们只是不像我们的私有公司一样拥有这么多。而且有一些更好的消息。随着我们公司利润的增长，每年其持有的资金也有可能增长得更多。

没有人确切知道建设我们的未来需要多少钱。但是我们确实知道要充分建设美国的天然气钻孔能力——这是一个管道、加油站和所有其他实现国家能源独立甚或能源净出口国所需东西的网络——在2010年到2030年需要花掉1.9万亿美元。[6]美国公司正在寻求一种生产性的方式投资其在银行里的资金，并且马上就可以为那个数字写张支票。

重组债务

2008年世界崩溃的时候，美国公司有一些比较聪明的做法。大公司利用这个机会重组它们的债务。它们决定这么做是非常有远见的——这跟现在它们对如何投资手头的大量资金的不情愿的态度相反。下面是这些公司做的事。

公司发行的用来集资的公司债券，包括所谓的“垃圾债券”，经常伴随着高利率。20世纪90年代到21世纪头十年早期，购买垃圾债券的公司都要求10%、12%或者15%的利率，甚至有时候更高，来抵消将这些资金贷给那些低于投资级别的公司带来的风险。投资级公司——那些比低于投资级别的公司有更好的信用等级——借贷资金的时候要支付债券6%~9%的利率。由于这些债务完全还清之前要闲置长达30年时间，因此这些高利率债务侵蚀了公司利润，并且使得两类公司都很难扩张。

但是2008年发生了一件有意思的事情。世界经济乌云覆盖之时，伴随着经济危机，利率也降低了。同时，银行停止借贷了。

对于大公司而言，这创造了一个机会。反正它们很少向银行借贷。它们利用投资银行、商业银行和商人银行进行交易，并且帮助它们卖掉股票——都是收费的——但是它们并不向银行借钱。为了集资，公司发行债券并且在世界债券市场上出售。

金融危机期间，由于利率下降，公司可以发行新债券，例如以2%的利率，并且利用它们得到的钱买回那些表现良好的债券。2008年到2012年是公司债务重组的最佳时期。在对抵押贷款债务重新融资的过程中，企业融资规模非常巨大，而个人再融资规模则比较适度。其效果就是减少它们支付的利息以及多年以来累积的利息总量。例如，如果一个公司以6%的利率向银行贷款100 000美元，期限10年，那么它每个月的借贷成本就是1 110美元。如果同样的公司以2%的利率再融资，那么每个月的成本就只有920美元。如果利率是2%，那么整个借贷期间所要支付的利息是10 416美元，然而如果利率是6%，那么就要支付33 224美元。

这些存款通过图5-2反映出来，该图展示了由美联储编制的美林银行的数据。对于信誉好的公司，利率从危机前的6%降到2012年中期的1.5%。重组债务的公司在利息支出降低的时候保持警戒，如我上文所说，利息支出降低会增加资本和提升利润，即使这是处在经济萧条期。为此，尽管金融危机引起了许多阵痛，使经营中的许多公司倒闭，但是它确实也使美国公司的财政部门对此很惊讶，使上千家公司能够好好利用它们的未来。

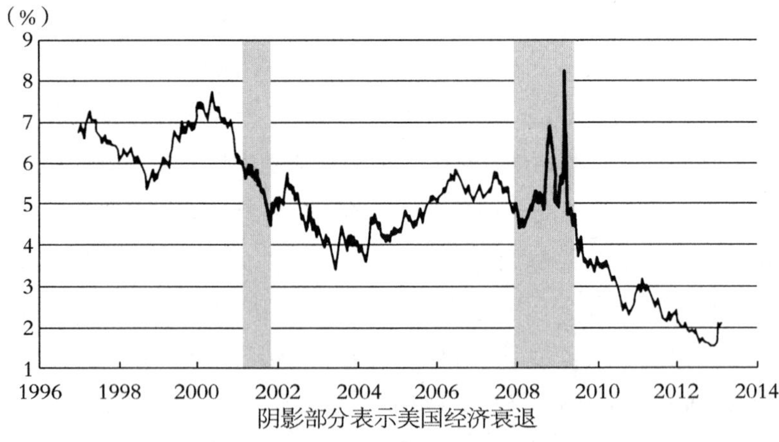

图5-2 经济大衰退导致利率下降了7个百分点

债务占国内生产总值比例

目前美国的境况很奇怪。我之前提到，政府用来结束萧条的一个工具就是将私有债务转嫁到公共资产负债表上——这就是我们已经做过的。而结果是，“富人的萧条”结束了，但是现在我们有一大批公共债务。处于众多争议和辩论中心的这批债务夹杂着感情色彩。因此，人们不是以应有的专业方式来处理这批债务，而是相互指责，表达了很多不满情绪。

债务总是令人头疼的议题，但是没人真正了解其原因。经济体系既不是自然的产物，也不是受到神的点拨产生的。债务是人类亲手创作的作品。但即便如此，在我们的心里，钱、经济和金融是必然会联系在一起的。但是圣经写满了禁令，即不得征收利息以及举债。

我一直困惑为什么情况是这个样子的。恶魔没有发明债务——反而是我们发明了，并且债务成为了我们货币和银行系统的中心，也成为经济体系的中心。

本·伯南克是债务专家——对于他现在一直在做的纠正经济问题的行为很擅长，而且就像一个外科医生一样，受过这个领域相当多的训练。那么我们的钱是从谁那里借的，难道是我们自己？世界经济状况会变好——并且星期天早上的脱口秀也会更加安静——如果我们能将债务和经济作为一个技术性问题，而不是衡量作为人类的我们的能力的标尺。

而事实是，政府接收私人债务是为了防止经济崩溃。其实这就是我们学会了怎样解决经济困境的一些方法。下一步就是以尽可能无疼痛的方式减少那批债务。此外，尽管我同意华尔街上的许多人都是异常贪婪，这个国家的汽车企业也做了一个接一个错误的决定，并且很多银行家其实就是蠢货，但是毫无疑问，我认为如果我们让这些实体自我挣扎自生自灭，那么我们的经济会变得更糟糕。我们真的想让我们的经济停滞吗？真正的停滞，而不是打比方，就是为了来证明一个道德观点？我们真的想看到我们的失业率像大萧条期间那样飙升到20%以上吗？我想不是这样的。

政府的债务问题是我们利用技术方案修复经济的结果。但这也是之前为了两次战争以及建设军队而减税的结果。不管你是否向你自己或者共同生活的人掩盖你在百货公司的消费，或是掩盖两次战争及军队建设中的开销，这种行为的结果终归会出现的。尽管可以利用金融、银行或者财会技巧拖延必然发生的事情，但是在某个时间必然发生的还是会发生。你就必须兑现债务。这虽然只是简单的算术问题，但是必须解决。

美国债务总共有16万亿美元，或者平均每人52 000美元——这只比国家年收入多了那么一点点。16万亿是个比较大的数字。但是那又怎样？世界到处都是比较大的数字。

让我们这样思考一下——允许我用一个非常笨拙的类比。假设你是一个银行家，然后一对富有创造能力的且有进取心的夫妇来拜访你——姑且我们称他们为美国先生和美国女士，每人每年收入52 000美元（我说了这是个很笨拙的类比）。两个美国人都有很好的工作、很多精力、成功的商业履历、胳膊上刻着星条旗文身，非常有活力、有事业心并且很肆无忌惮。如果这对愉快闪亮的夫妇走进你的办公室想要贷款装修房子，你会借给他们多少？会借给他们等同于工资数额的贷款吗？两倍于他们的工资？三倍？还是更多？

你可能至少会借给他们相当于工资数额的贷款吧，因为他们有工作，记录良好，并且看起来未来很有希望。如果你借给他们相当于其工资总额的贷款，即104 000美元，你会很确定他们收入增加的速度要远远快于其债务支付额度增加的速度。此外，他们只是借了一次104 000美元，但是他们通过工作每年都会进账104 000美元。此外，由于这对夫妇相对来说比较年轻（35岁左右），有活力，并且渴望进步，有很多创造性的想法，他们是有未来的。因此，他们的信用分数和前景是足够他们借贷两倍、三倍甚至四倍于他们工资的金额的。并且，由于美国先生和美国女士最近在他们的地盘上发现了大量的天然气和石油，其他商家希望购买他们的燃料并且在附近建设工厂，你可能会借给他们更多的钱——多好多倍。

如果保守估计，我们可以见证这对酷酷的美国夫妇在接下来的几十年很有可能增加收入和债务。但是由于他们前景光明，并且有大量的天然气和石油储备，债务增加的速度很有可能远远低于收入增加的速度。如果将债务作为收入的一部分来计算，那么债务就会缩水。这是银行家愿意看到的趋势。这意味着美国人将有能力偿还他们的贷款。

其实这些之前就发生过。1996年，两个斯坦福的博士生谢尔盖·布林和拉里·佩奇根据信用卡额度借贷了尽可能多的债务，然后开创了一个公司叫“Back Rub”。后来由于信用卡已经最大额度透支，并且他们的债务利率大约是18%，谢尔盖·布林和拉里·佩奇由于超支而必须面见银行的人。毕竟像其他研究生一样，斯坦福的毕业生也几乎没什么收入。但是，尽管毫无疑问他们都是聪明的年轻人，但是两人都没有经商经验，而且“Back Rub”这个名字到底是个什么玩意儿？但是一年后，布林和佩奇的前景好点儿了。他们将公司名字从Back Rub变为Google，然后搬到一个朋友的汽车修理厂里办公，然后接下来发生的就是他们所说的“历史”了。

我现在用Google来解释一个观点。尽管在他们刚起步的时候10 000美元的债务看起来是个巨大的数字，但是一旦布林和佩奇的创造力生根发芽，那点债务就变得不那么重要了。如果你的收入是10 000美元，那么10 000美元确实是一项巨大的信用卡债务。但是如果你开创的公司年收入为500亿美元，而且你持有公司数10亿美元的股票，那么这些债务就不是问题了。这意味着重要的度量尺度不是债务的规模，而是相对于债务的其他因素。

非常重要的一点是，随着时间的推移，如果收入比债务增长的速度快，即使利息一直在累积，那么这个比例也是会下降的。这就是现在美国正在发生的情况。通过对比，日本的总负债偿还比例是2.42——并且在上涨——这意味着对于每1美元的GDP，日本都会有2.42美元的政府债务，这是令人很不安的。

正如我提到的，2008年初美国公司开始大规模重整其债务。但是公司不是唯一抓住该经济时机的。政府也做了债务重组。2008年，十年的短期国库券利率大约是5%。五年以后，财政部发行的债券支付的利率就低于2%。因此，2008年财政部长蒂莫西·盖特纳开始将数千亿美元高利率的债务转换成利率只有1.5%的债务。由于那次举动，即便国家的政府债务在堆积，但每个月支付的利息在减少。更重要的是，每个月政府支付的利息数量在GDP中的比例也在下降，这是非常重要的事实（但是在很大程度上被忽视了）。为什么会忽视了呢？我不确定，但是我猜可能是政治原因。为什么要集中于那些重要的因素呢——即下降的GDP份额需要用来支付债务利息——如果你能因此打倒一个政治对手？

由圣路易斯联邦储备银行制作的图5-3阐释了这个概念，并且显示了为什么美国先生和美国女士会比人们起初期待的境况要好。自理查德·尼克松入主白宫之时，用于支付债务的利息在GDP中所占的份额就已经减少到几乎注意不到。尽管美国现在的债务要比1973年多得多，但是这个度量尺度并不重要。沃伦·巴菲特跟我在万事达信用卡里的金额是一样的，但是如果比较我们在银行里的钱，我敢保证巴菲特肯定比我多。

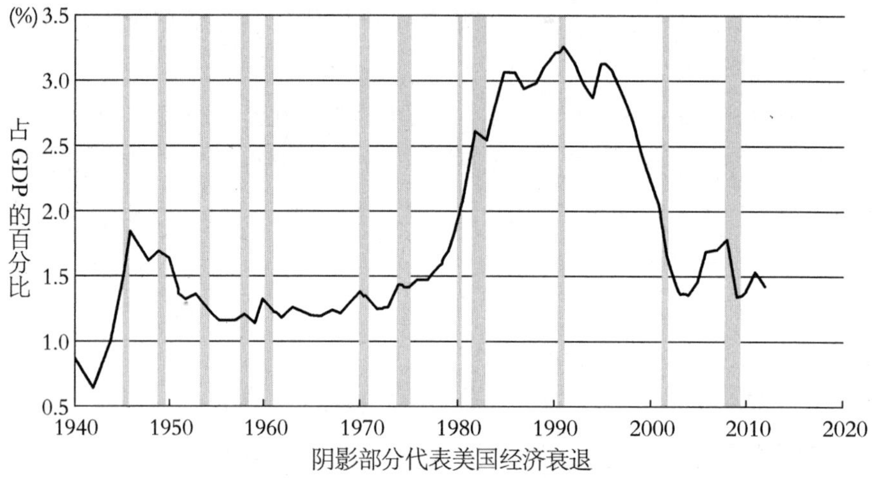

图5-3 联邦支出：利率占国民生产总值的百分比（FYOIGDA1885）

来源：圣路易斯联邦储备银行

我喜欢以这种方式来思考我们的政府债务。如果你去买车，借给你车贷的金融机构希望了解你的收入和债务情况。这也就是我们为什么要填各种表格。出借人并不愚蠢——至少几年前他们促成金融危机爆发的时候还不愚蠢。但是至少现在理解了，如果某人背上过多的债务，他就不太可能归还他所借贷的。其结果如图5-3所示，这个图适用于任何一个国家或者个人。我相信，如果你走进一家当地的雪佛兰汽车经销商，并且出示你的银行图表，表明你的债务如同联邦债务一样以同样令人难以置信的速率降低，那么这辆车就到手了。

经济增长是万灵丹

如果美国经济以比尔·克林顿在位期间3.8%的发展速度持续增长的话，就不会有债务这回事儿了。增长会解决许多问题，也会改变我们的观点。克林顿执政期间，失业率是7.4%，跟我写作之时失业率相同。但是经济增长速度是3.8%，失业率就跌到3.9%，足足降了3.5%，这是巨大的变化。回到20世纪90年代，经济学家惊讶于美国当时的情况，几十年间美国的就业率头一次是100%。任何想工作的人都可以找到一份工作。但是这也意味着一些很重要的事情。如果就业率是100%，也就会有更多的人交税，那么政府就会有更多的财政资源来偿还债务。

克林顿政府期间，国债缓慢增长，但是债务率稳定在60%，这意味着GDP中的每1美元就会有0.6美元的政府债务。相比而言，二战结束时美国的负债率是120%，这对其而言是非常高的。而20世纪70年代末吉米·卡特当政之时该比率降到只有30%。[7]我之所以提到这些利率是想说明国家的债务水平是变化的，有时候还变化得很快，这意味着现在的境况毫无疑问只是暂时的。

而且降低负债率的方法不止一种。可以像赫伯特·胡佛一样减少开支，也可以像乔治·布什一样增加税收，或者像比尔·克林顿一样促进经济增长。

▼▼▼▼

克林顿的方法是最好的也是痛苦最少的。该方法在开支上谨慎执行，减少一定的津贴项目（例如，强调那些通过对有子女家庭补助计划——“福利”的名字更知名——而曾经依赖政府补助的人应该从依赖到实现自主），并且在苏联解体以后减少军费。人们会担心由于军费减少而丢掉工作，但事实上效果恰恰相反。由于防务预算减少以后产生的好处非常大，所以其好处有一个特殊的名字——和平红利。

克林顿卸任不久，9·11袭击发生了，然后我们就卷入了成本高昂的伊拉克和阿富汗战争中。克林顿在任期间，美国每年的国防开支是3 250亿美元，这里不包括CIA和其他情报机构神秘的成本。2011年，防务支出翻倍，飙升到6 450美元以上，又一次不包括情报成本。

这可是一大笔钱。美国的防务支出是世界上第二军费大国的5倍还多，是俄罗斯的10倍，英国的12倍。[8]美国的军费开支加上情报支出，总共可高达1万亿美元，这大约相当于纽约州的GDP总量。好好思考一下。我们花在防务上的费用相当于纽约州2 000万人口每年的生产总值。

将现在的政府恢复到克林顿时代的军事和国内消费水平并不容易。克林顿两任期间，政府开支占到经济的20%，而我写作之时这个数字是24%。4%看起来似乎没有那么多，但是确实很多——6 000亿美元。这个数字处于伊利诺伊州和宾夕法尼亚州的GDP总量之间，而每个州有大约1 300万人口。要砍掉这么多的预算不是一件易事。

我已经说过了，我不是一个在赤字问题上自寻烦恼的人。我知道有一大批反对这种思路的人。有许多学术经济学家、智库专家以及许多经济专业领域的漂亮脸蛋都辩称赤字是诅咒。但是当美国借贷了相当于GDP120%的债务来应对二战时，其实它并没有完全像个人偿还万事达信用卡账单一样偿还其债务。美国经济只是增长到一个点，在这个点上相当于1945年GDP 120%的那个总值随着GDP的增长在GDP中的份额变得越来越小。现在同样的事情发生了。

我说同样的事情发生了是基于以下原因。如果美国实现能源独立，其经济每年可从中受益4 000亿美元，如果出口天然气将受益更多。此外，如果美国恢复“正常”的较快的发展速度——每年在3%~3.5%——GDP又会增加4 000亿~5 000亿美元。单单这两组数字——接近1万亿美元——或者更多，将会添加到每年的GDP中。鉴于此，不用经济学家卖弄文笔，国家的负债率都会开始降低的。此外——这真的是好消息——该粗略计算还没有考虑这样的情况，即美国私人企业税收有所减少以及美国企业开始更多地在美国本土投资。

增长能改变所有的事情

如果经济实现增长，很多事情都会改变，而且经常是以很快的速度。通常来讲，更好的融资渠道是促进改变的动力，并且引发一连串的连锁反应。投资引发就业，就业增加消费和销售，销售产生利润，利润刺激股票市场上涨，股票市场上涨产生“财富效应”，而“财富效应”则使人们感到足够自信然后愿意消费。

一旦美国经济开始起飞，进口就会增加，但这也会被出口所抵消，这些出口商品包括生物工程药品、航空系统、KLA-Tencor的测试设备、喷气式发动机，以及像小麦、天然气、石油和化学制品一样的商品。如果美国进口增多，世界上其他地区也会开始经济增长，这就会加速其他国家的经济起飞进程，反过来又会刺激它们从我们国家购买更多的东西。此外，如果经济增长恢复，负债率会降低，所有关于联邦预算的争吵就会停止。当因为经济增长而负债率降低时，人们在回忆起不久之前的磨难时一定会会心地微笑，Google那两位已经成为亿万富翁的创业者想起他们是如何最大限度地透支他们的信用卡使这个刚起飞的公司实现软着陆时一定也会微笑。经济增长会医治好所有的伤痛——即使这些伤痛是自己造成的。一旦有“巨大的增长”，这将会巩固下个美国世纪到来的基础，经济不仅会愈合，而且会实现转型。

才刚刚开始

美国的工业公司，例如Apple和Microsoft，并不是唯一的充斥着大量现金的商业实体。这本书撰写期间，美国银行和美联储就已经存储了大约超过其银行储备1.83万亿美元的资金。银行必须有必要的存款以防某天比尔·盖茨或者“福布斯五百强”的另外一位成员突然要求提取10亿或者20亿以应对将要到来的这一周。尽管银行借出了大部分存款，存款准备金要求保证它们有足够的流动性以应对每天的存取款。

那么超额准备金呢？如图5-4所示，存放于美联储的超额存款准备金长期平均总值是0。如果是这种情况，那么为什么银行在可以以市场利率将钱贷给客户的情况下要以0.25%的低利率将钱借给美联储呢？

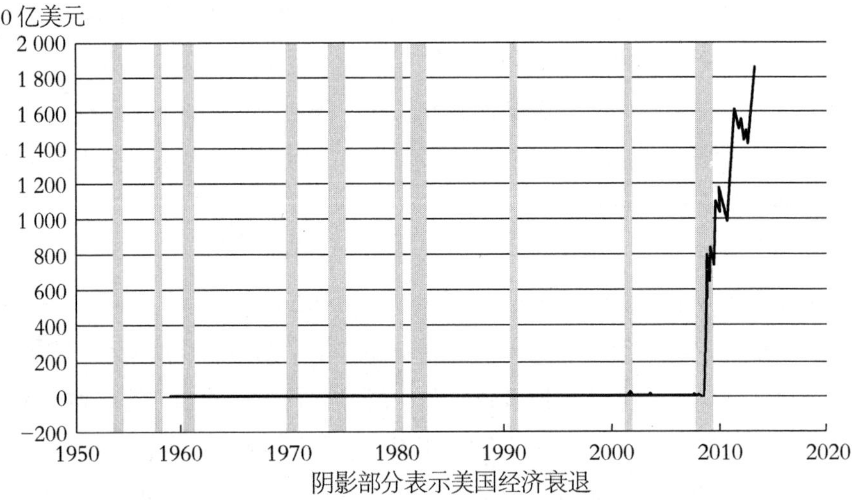

图 5-4 储蓄机构储备金(EXCRESNS)

来源：联邦储备理事会

有很多可能的答案。一个答案就是银行并不像我对未来那样乐观——它们的悲观情绪促使它们抑制贷款。另外一个可能是，以现在的低利率来算，贷款所冒的风险不值得。第三个可能是银行控制贷款以储备资金来预防房地产市场会出现更多的问题。第四个可能是银行要保留额外存款，因为它们必须遵守政府实行的所谓压力测试。第五个可能是贷款需求仍然很低。最后一个可能是银行后知后觉，还没意识到这种选择。

银行为什么有超额准备金的答案非常简单：以上提到的都是原因。

银行家喜欢被认为是相对来说比较和谐的一类人，倾向于保守主义者。但是真实情况是，他们更像是一部道德剧或者是约翰·班扬的《天路历程》里的人物，就在过度鲁莽与极度后悔之间摇摆。鲁莽的时候，他们会做一些愚蠢的事情，就像在次贷危机爆发前所做的那样。

而后悔的时候，就试着从当地的银行家手里撬走一枚镍币。这样做是不对的。

我之前提到过，在拜访雷曼兄弟之后和金融次贷危机爆发之前，我把我的房产都卖了。然后，在金融危机最严重的时候，我认为这是购买一些房产的好时机，这基于我在本书一开始就提到的理论——没有人能从打赌美国衰落中赢得一分钱。因此，我跑到银行，然后要求借贷两笔款购买两栋分别位于东西海岸的房子，充分利用这千载难逢的价格。当我填写文件的时候，我问这位银行工作人员他是否在办理很多贷款。“我们会把你自己的钱借给你，仅此而已。”他说。也就是说，如果你想要购买一栋价值1 000美元的房子——假设你可以买到这么一栋——那么在你贷款的这个银行里你必须有1 000美元的存款。这是非常保守的做法，有点儿像系着安全带穿着吊裤带一样生怕出现意外。抵押贷款中对于贷出的款项，银行可以索赔房子；即如果贷款方无法付清贷款，那么银行就可以得到房子。这就是所谓的安全带。如果为了贷款给你，银行需要索赔你在银行的存款，那么这就是所谓的吊裤带。这是相当保守的，而且也是约束性非常高的。没有那么多人在银行有房子价格那么多的存款。

所以我填完文件时向我的经办人笑了笑，然后自己小声喃喃自语道：“是你们这些人把经济破坏成这样，现在反而让我们来修补。”

“说什么呢？”

“哦，没什么。”我微笑着回答，然后等待着贷款申请通过。

▼▼▼▼

银行存在的一个问题就是，我之前已经提到了，那些大公司需要资金时不再向银行借贷了。取而代之的是，大公司直接将其债券卖给投资者。确实，它们通过投行卖掉债券，但是这同乔治·贝利在1946年经典影片《风云人物》中经营的街道银行中的操作过程是不一样的。贝利的银行主要贷款并且发行债券给99%的所谓的小家伙，而投行主要是捆绑抵押贷款，然后将债券卖给剩余那1%的大公司。一般来说投行并不持有贷款。银行的CEO们可能还是趾高气扬的，但是它们的客户群已经变成中小型公司以及想要贷款买房或买车的零售消费者了。但即便如此，银行仍然控制着大部分资金。

萧条最严重的时期，美国主要创造就业的企业——初创公司、中型公司以及想要扩大规模的公司——非常需要资金。它们敞开大门渴望贷款，但是美国银行的大门还是紧闭着的。有这样自私的银行，国家增长的发动机只好停止运转了。

事情不应该是这样的。银行是根据联邦或者各州宪章而存在的，反过来其操作应该代表社会的利益。那种做生意的手法很早以前就已经消失了。当然，生意人是为了盈利。但是他们的职责是冒谨慎的风险，而不是让钱在美联储里生锈。

我用个人例子来解释一下。我是一个小型的创业型公司董事会的一员，这个公司为高中生提供在线辅导服务并且帮助专科学校的学生准备SAT和ACT考试。它也为学校开发课程并且提供其他教育服务。这个公司的收入大约是2 400万美元，这就意味着该公司和教育界巨头英国培生教育和纽约麦格劳·希尔教育相比是很微小的。但是这里的员工年轻有活力，并且充满热情和大胆的想法。并且他们还有个人的社会使命。你一定会喜欢他们从事的事业的。

这个微型公司雇用了大约100名全职人员和大约500名兼职人员（大部分是辅导员）。跟拥有305 000名员工的GE相比，或者金融危机后死而复生的仍然还有212 000名员工的GE相比，或者跟拥有2 200 000名员工的沃尔玛相比，这个公司小到只能算是这句话句末的句号这么大。但是，这100名全职员工和500名兼职员工以此为生，并且将他们的未来押在该公司的利润增长上。

这些工作保障这些员工能够偿还其抵押贷款或是租金，购买衣服，支付孩子的教育以及支付车款。这100名全职员工和500名兼职员工也是其他一大部分人可以就业的原因。经济之所以能够运转是因为各个部分是相互联系与支撑的。

我提到这些是因为在2009年末和2010年初时，当这个公司需要贷款促进其增长时，没有渠道获得资金。对于这么小的一个公司，银行是不会借款的。私人投资者也不会借款，除非给他们高利贷那么高的利率，并且还要给他们公司的股份。

想想吧。你开了一家公司，然后雇了100个员工。你走进银行说要贷款，然后它把你拒绝了。然后你去找跟你一起骑山地车的小伙伴，或是去找你比较有钱的阿姨或者是在某个鸡尾酒舞会上给你名片的某个家伙，说是想贷款。

当你向在鸡尾酒舞会上认识的熟人提出这个要求时，就会听到类似动画片里的那种咯咯的笑声，然后看到他捋着他那又长又黑的胡须。然后他会告诉你他要收取14%的利息，而且还要这个公司15%的股份——这个公司可是你创立和辛辛苦苦打拼的。这个家伙唯一没有说的事情就是，如果你没法儿还钱，他就把你绑到铁轨上。

这个故事我并不是编的。(好吧，关于胡须和铁轨的部分是编造的。)但是毫无疑问，我可以告诉你这个片段发生在数千个在全国总共雇用了上百万个员工的小公司身上。这种情况给这些企业家们造成了巨大的压力，减缓了公司的增长，并且稀释了那些为了贷款而不得不放弃平等权利的公司的所有权。

这些银行哪里去了？到底在哪里。

如果这家小型教育机构可以以市场价格向银行贷款，那么我相信它一定比现在的发展快得多。如果不是由于缺乏资金，公司在萧条之际裁掉25名员工，它本来应该可以在2009年至2013年再雇用50~75名员工的。它只是没有足够的资金来开发绘图板上一系列项目然后将其推广开来，也没有资金培训新员工来开发并销售其产品。

这不是反常的例子，这就是现状。因此，现在作为就业发动机的中小型企业内部蕴藏着巨大投资需求。一旦投资开始流动，我相信新的就业岗位就会创造出来。

未花完的钱

算上大型公司金库里那些还没投资或者还没用完的4万亿美元和存在美联储的1.6万亿美元，你完全可以这么思考，这可是一大笔钱。事实上，5.6万亿美元（相当于日本经济总量）相对于我们的总量而言只是小零碎，我们的钱都在钱包和口袋里叮当响，即都在我们的投资里、货币市场基金里以及上百万人口的银行账户里。

如果转换成资金——所谓的专业投资者是这样称呼“钱”的——美国人需要清醒一下然后认清事实，即那些博学者都是错的。我们并不是一个没有希望且满身债务的穷国。事实上，我们是世界上人们所知道的最富有的国家。

我有时候惊讶于人们是多么无知，尤其是对于债务问题以及这样一个事实，即克服债务问题的最好方法——我已经说过——就是自行摆脱债务问题，有时候首先要多借一些钱。

但是债务有一些奇怪的内涵。圣经中有禁令不得放款也不得收取利息，而且世界上有过债务人监狱的历史。以前的孩子和成人（现在是偶尔）被卖为奴隶来偿还债务。

我们很多人都有这种根深蒂固的观念，即债务是魔鬼。在古代希伯来人、讲梵语的人、讲阿拉姆语的人以及现代的德国人中，单词“债务”和“罪恶”是一回事。对立面也是正确的。“redeemed”这个词既表示偿还债务，又指精神解脱或者“救赎”。

我想我之所以唠叨这些内容之间的关系，是因为在大部分人类历史上经济并没有增长。人们种植小麦或者大麦，饲养奶牛、小鸡或者是猪，而且土地的生产力也没有改变。在有肥料、拖拉机和杀虫剂之前，1英亩（1英亩=6.0720亩）土地年产量只有少许蒲式耳。

在产出固定的情况下，债务是非常危险的。公元前300年，如果你向邻居借了100谢克尔，如果不缩减用度减少食物量，你如何在第二年还给人家110谢克尔？此外，如果雨水推迟或者有了旱灾，你的邻居可能就会抢走你的土地，使你和家人不得不忍受屈辱与不幸的贫困，甚至饥饿。

我们关于债务的观念——以及该词关于罪恶的特征——是在经济增长之前很长一段时间内固化在我们心理上的。

再考虑一下以下内容。在中世纪的英国，[9]一个典型的农场每英亩的产量大约是5蒲式耳小麦，有些农场的产量还会更少点儿。从1250年到1600年这个数值一直保持不变——有350年的时间。相比之下，根据美国农业部统计，2012年美国每英亩土地小麦产量是46.2蒲式耳（1蒲式耳=27.216千克），有些州——例如威斯康星州——每亩产量高达70蒲式耳。从1948年到2012年，美国工业产量提高了2.5倍，从每亩17.9蒲式耳增加到46.2蒲式耳，而且随着机器替代农民和农场工人，产量增加得更多。

如果一个家庭的农场每英亩只产重300磅的5蒲式耳小麦，你就可以理解为什么这些六口或者八口之家或者更多成员的家庭会尽量避免贷款，甚至害怕贷款了，如果农场每亩产出2 772磅小麦，而且一个农场家庭由4个人甚至1~3个人组成，那么就没有理由担心贷款了。管理债务——是的。害怕债务？不。

我想要说的是，我们关于债务的观念产生于长期匮乏的年代，那时候生产力停滞不前，经济也没有增长。但是现在，我们生活在一个食物充足的年代。

我们的心理必须适应这种改变。

美国雄厚的财力

所有的财力加起来，2013年9月美国在货币市场基金中有2.6万亿美元，[10]2012年底共有基金投资中有13万亿美元，2012年12月退休账户中有19.4万亿美元。[11]到2012年底，ETFs（交易所买卖基金）和交易所交易基金中还有1.3万亿美元。[12]此外，2013年秋天，美国人在银行账户存款有7万亿美元（其中一部分资金已经在货币市场数据中统计过了）。[13]如果加上2012年底我们股票市场上总价值约19万亿美元的股票，这个数字会变得更大，况且股票价值从那个时候起就已经大大提高了。[14]而且，还有我们拥有的非流动性资产——房产、汽车还有其他存在于地下室、车库以及上锁的仓库里的各类小玩意儿。

我不想再算一遍这些数字——这太简单了。所以我寻求更高的权威机构——美联储来算一下这些数字。

根据美联储的图表，如图5-5所示，2012年12月6日美国房产总共有净价值64万亿美元[15]的资产。尽管这个数字比金融危机前68万亿美元的数字小点儿，但是这个图表表明跟2008年的黑暗日子相比，美国经济已经有了明显复苏。

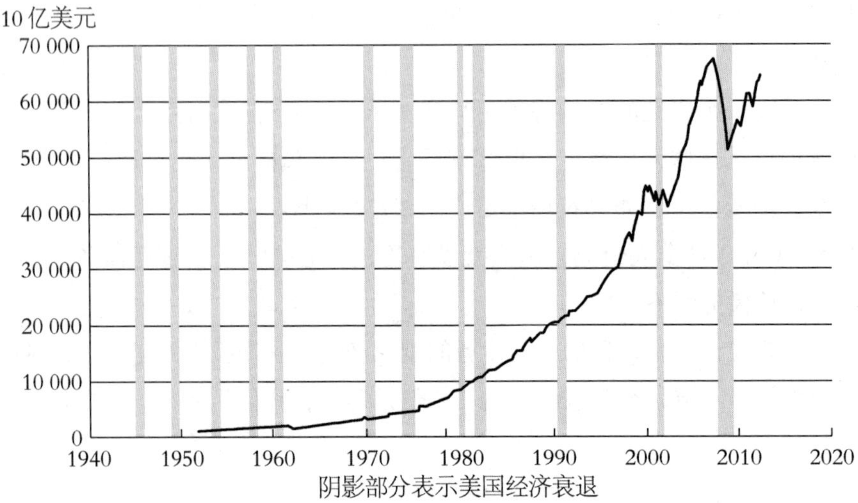

图5-5 净值总额:家庭和非政府组织资产负债表

来源：联邦储备理事会

这64万亿美元的分布情况大概是这样：23万亿美元的现金及其他高度流动性资产和投资，例如存款、货币市场账户、共有基金、股票、债券和ETFs（交易所买卖基金）；大约23万亿美元在退休基金里（根据股票市场交易的地点）；18万亿美元住房。最后一项——住房——非常重要，因为这反映了我们的住宅、房屋、小蜗居和公寓的正股权价值，而抵押债券少些。同样地，如果知道房地产市场并不是消极的污水坑，那么我们就能稍微有些安慰。相反，房地产市场有完全正面的价值，而且还在升值。事实上，虽然房地产市场仍然破烂不堪，但是还是有非常大的正股权价值的。如果加到一起，美国是中国每年生产总值的9倍。

如果美国公司有4万亿美元现金，美国人除了他们的退休储蓄外，还有23万亿美元现金和其他流动性资产，这就意味着美国有足够的钱来投资它的未来。保险箱里有大约20万亿美元退休基金的养老金也用于投资未来。美国最大的养老基金——CalPERS（加州公务员退休基金）管理着大约1 800亿美元。该基金用这笔钱购买股票和债券，但是它也投给那些风投投资商，这些投资商又投资新公司以及那些投资更加成熟公司的私人股本公司。这意味着养老基金比那些躺在银行里的钱用处大多了。它们积极地推动了这个国家增长的发动机。

所以，现在问问你自己。美国真的破产了吗？

投资的缓慢复苏

既然有这么多用于投资的可用资金，那么大家会问为什么美国不能复苏得快一些。一方面，在国家的很多领域，例如清洁能源和天然气领域，美国的投资速度跟金融和经济危机爆发前相比一样或者更快。另一方面，一些领域的投资要么停止了——正如我谈话的那些CFO跟我抱怨的一样——要么很萧条，也就是说投资在缓慢地增长，但是还没达到危机前的水平。

由于人们的信心低迷，所以投资一直不景气。如果人们相信未来会比现在好，那么他们才会去冒险投资。相反，如果认为未来还不如现状，那么就会把钱藏起来不做投资。目前，人们仍然有所担忧。

人们担心的一个原因就是失业率仍然很高，至少跟乔治·布什政府和比尔·克林顿政府时期相比。如果一个家庭成员或者亲密的朋友失业了，害怕以及恐惧的情绪就会散播。但是更严重的是政治领导人无法协同工作解决问题而会对士气造成消极影响。图5-6“消费者情绪”的图表阐述了我的观点。该图显示国民情绪在大萧条期间直线下降。这里不必感到惊讶。人们担心经济复苏是否需要很长时间，也担心他们是否会失去工作、存款和房子。图表显示，人们在金融危机后比9·11后感觉更差。

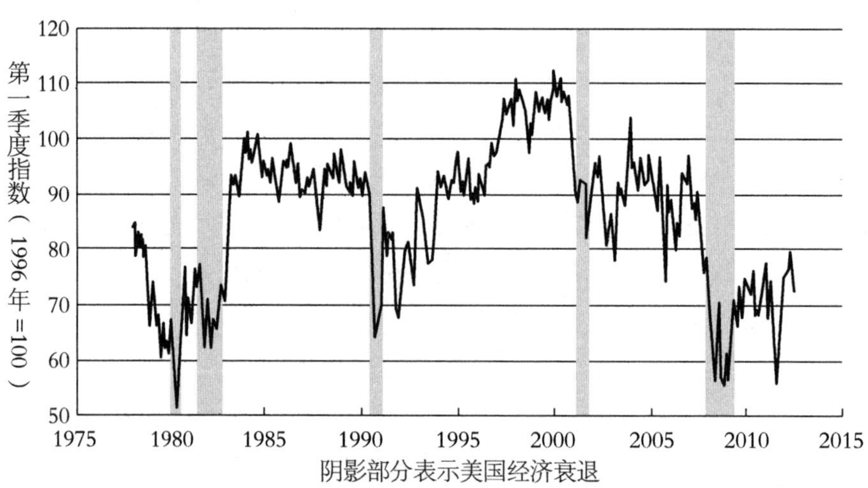

图5-6 密歇根大学:消费者情绪(UMCSENT)

来源：汤姆森路透社、密歇根大学

一旦经济开始复苏，我们的情绪也会变好——至少多少会有点儿变好。没有人感到轻松愉快，但是自2010年起，很多人认为最糟糕的时期已经结束了。但是2010年末和2011年，又有一次大倾斜。毫无疑问是政治原因引发的。美国大选拉开帷幕之时，人们开始感到政治体系崩溃了。那些评论家和博学者又对此煽风点火，使人们更加确信这一点。但是主要还是我们国家的政客自己造成的。如图所示，人们的感受有一个上升趋势，然后又是跌落——这就是我此时写作的时间——在2013年预算削减的助跑阶段。

这表明我们都理解表现糟糕会有成本，例如酒驾，政治家表现糟糕也会有成本。上万亿的美元闲置在银行里，囤积在美联储或者压在每个人的床垫底下。结果是，当我们这些高科技公司的CFO们聚集在硅谷做好测试准备启动的时候，才发现美国经济那巨大的V-8发动机还没挂挡，而主要原因竟然是因为政治。

所以说什么时候我们的人民能再一次将所有的现金从那些边缘地方转移过来然后开始投资？有一些事情可能会促进这种转变。第一，如果对冲基金或者一种新的20世纪80年代类型的公司蓄意收购者认为他们可以足够廉价地收购一家公司，廉价到能够以少于1美元的投资就可以买到该公司银行账户里1美元的股份，那么这种转变就会实现。这样很可能就会促使这些公司赶紧将它们的钱从货币市场中提取出来然后投入运行。第二，如果经济开始增长，拥有很多现金的公司就会通过扩张的方式运转这些资金，例如通过修筑新厂房、投资其他公司或者收购竞争对手。第三，这个多少有些自相矛盾，那就是如果利率提高了他们就会去投资，因为这对于他们来说就像是美联储吹响了“无危险”的哨子声，这意味着那些艰难的岁月已经结束了，这样就会恢复人们对未来的信心。同时，一旦利率上升，银行就会开始借贷，因为利率所带来的更高回报会抵消借贷所带来的风险。一旦这些因素发生作用，那么就做好准备吧，我们的经济就要开始飞速发展了。

[第6章]

美国制造

在2008年那场可怕的经济与金融危机到来之前，一种趋势已经开始逐步显现出来。这就是所谓的美国制造业的回流，美国的工厂正慢慢迁回本土。尽管这个趋势因大萧条而出现暂停的迹象，但却没有离开过既有的轨道。

“回流”是几个书呆子在某个地方想出来的新词，用来描述简单的事情。美国制造业回流的背后当然充满着各种各样的原因，比如天然气产量大增后出现的能源繁荣图景。现在，对于企业而言，在美国本土制造商品比在其他地方生产更有吸引力。但其他的一些问题其实要简单得多，比如工资和生产率。

一个德国汽车工人每小时大约可以赚到67.14美元，当然这取决于欧元在哪里兑换美元。工人的收入中包含福利，其中之一是每年24~35天的带薪休假。美国的汽车工人也并不完全是穷光蛋，虽然他们每小时只能赚到33.77美元[1]，其中也包含福利，这和日本汽车工人的时薪大致相当。一个美国汽车工人每年平均可以享受13天带薪假期。不过美国的汽车制造商除了支付给美国工人的薪水要低于德国工人外，它们如果想把车卖到弗吉尼亚州、加利福尼亚州或者俄亥俄州，并不需要把自己生产的汽车运到大洋彼岸。

你或许会得出这样的结论，考虑到美国惊人的生产率水平，在其他国家的竞争背景下，美国的工资实在太低了[2]。你绝对不会认为这样工资过高。当美国的汽车工业破产之时（福特公司是个例外），它促使政府重新制定劳工政策，从而大幅提高了生产过程的效率，同时在没有过多影响现有工资水准的前提下降低了劳动成本。劳动成本和工资具有相似之处但又不同。比如在通用汽车，由于这家公司和它的工会达成了令人难以置信的合约，部分生产工人即便失去了工作还被保留在支付薪水的名册中。参加这个生产项目的工人就算整天待在家、咖啡馆或是酒吧也能照样领到工资。通用汽车竟然同意和工会签如此可笑的合约必然事出有因，但要找出这些原因显然已经超过了我的能力范围。类似这样的成本让在美国生产汽车变得极其费钱，也让我们计算汽车工人平均能挣多少钱变得十分困难。像这样死脑筋的劳工政策最终导致的结果是汽车工业的破产。但幸运的是，这样的日子已经过去了。现在的局面是，2010年通用汽车、福特、克莱斯勒公司并不是每辆车都亏钱的，三家企业在一辆车上的损失平均在3 000美元左右。底特律现在开始赚钱了，每辆车平均可以赚到2 000美元左右[3]。

美德两国工人工资数额的比较显现出在美国制造商品变得越来越有吸引力，但这些数字并没有说出整个故事。美国（汽车）的品质已经变得更好，这一切很大程度上是在没有大张旗鼓进行宣传的背景下发生的。事实上，根据J. D. Powers公司公布的新车品质满意度调查报告[4]，这份报告调查了新购车的车主，衡量了他们把车拿回家之后遇到的问题。你看了之后或许会以为美国汽车的品质目前是全世界最好的。想想下面这个例子。2013年，曾以生产工艺差、设计沉闷著称的通用汽车公司竟然获得了八项J. D. Powers公司新车品质满意度调查的奖项，超过了任何美国与外国的公司。实际上，2013年的这些奖项绝大多数都被美国的公司获得。

总体而言，美国的工人要比欧洲或日本工人高产得多。让许多人更感惊讶的是，美国工厂的工人依然可以比别人做得更好。

除了小国卢森堡（人口53.1万）和能源富足的挪威（人口500万）之外，美国是迄今为止全世界最多产的国家[5]。比如在2010年，美国工人全年平均生产出来的价值达到了102 903美元，而相比之下，这一年法国工人的平均产出价值只有81 977美元，德国工人的平均产出价值是78 585美元，日本工人的平均产出价值只有68 764美元。而经济合作与发展组织成员国，也就是全球最富有的34个工业国的任何一个，其工人每年平均产出价值也只有76 697美元。显然，在美国而不是德国或法国开办企业更加明智，因为美国的工人要高产得多。

如果你只是观察制造业的情况，国家之间的差异就会给人留下更深刻的印象。2009年美国工人全年生产的附加价值达到了132 449美元，相比之下日本工人是84 097美元，而德国工人是76 240美元（详见图6-1）。经合组织国家制造业工人平均附加值是71 968美元。（匈牙利、墨西哥、拉脱维亚这些国家工人的收入比美国工人少，当然他们产出的价值也要少很多。）

编制这些数据的日本生产率中心在完成高品质工作方面声誉良好，它这项工作的影响非常直截了当。如果美国制造业工人平均要比其他国家的工人多生产62 000美元，这意味着企业如果将它们的生产设施放在美国，制造每件商品的成本将大大减少。按照这样的情理，随便卖什么都能赚到更多钱。仅仅是这个事实本身还不足以阐明美国公司将自己的工厂迁回美国本土的原因，以及非美国企业为何要在美国开厂来服务北美市场，并将产品从美国出口到世界各地。

除此之外，既然美国工人总体要比世界其他地方的工人多产出约30 000美元的价值，那么按道理，非制造业界的企业也会把美国作为有吸引力的落户之地。丰田公司明白这一点，这家公司2012年在美国制造并从美国出口了124 000辆汽车。同样是2012年，宝马公司表现也很不错，它在美国制造并出口了大约210 000辆汽车。底特律的三大汽车生产商，过去很少有汽车出口，2012年竟出口了100多万辆汽车。

成功总是相互孕育的，不难想象回流运动正在日益壮大，尤其是外国公司竞相选择在美国落户。美国的产品不只是看上去很酷，这很大程度上当然要归功于苹果公司，但美国产品同样也是依照高品质标准制造的。所以，我们不难想象各国企业都会把它们的设计和工程运营环节搬到美国。

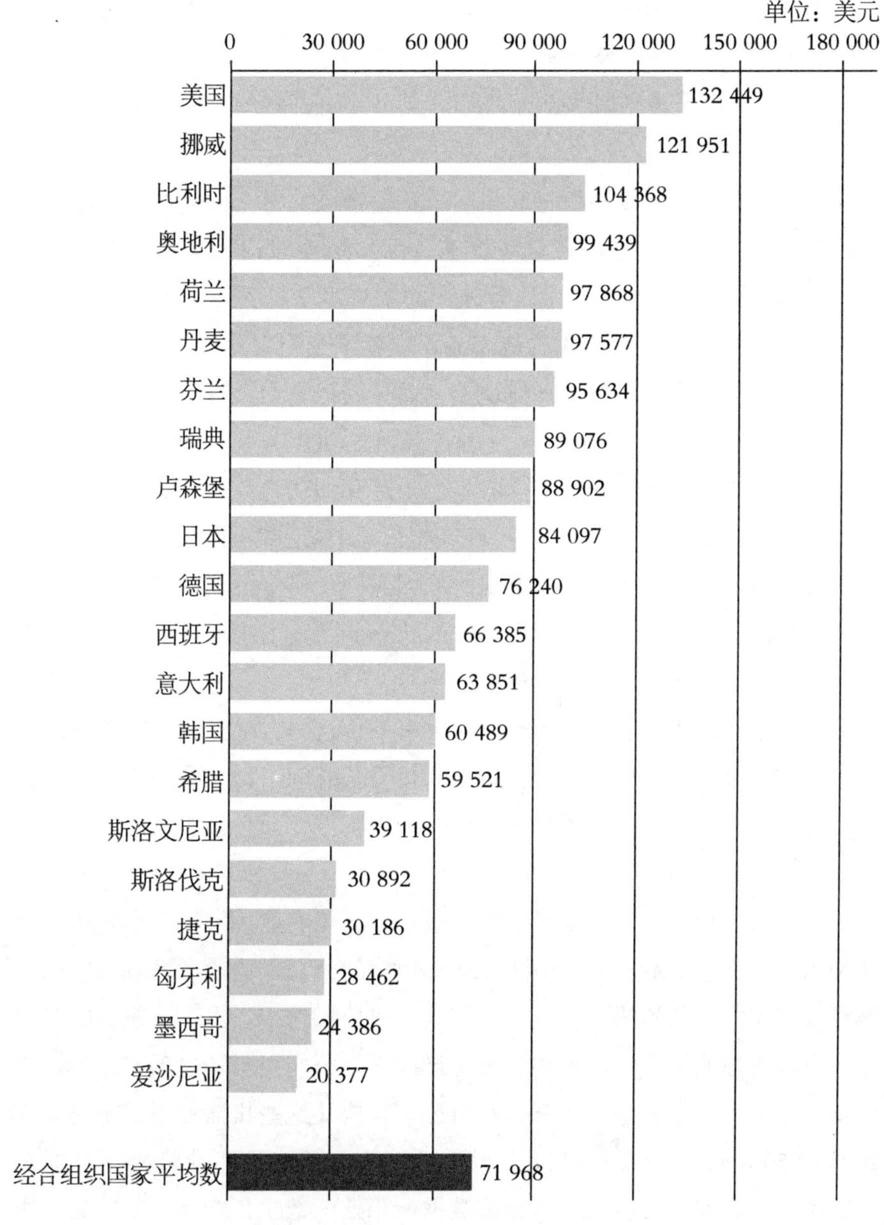

图6-1 制造业名义劳动生产率（经合组织国家，2009年）

来源：日本生产率中心

正如我先前提到的那样，这一切已经出现在麻省理工学院周围的生物科技走廊带上。瑞士诺华制药、法国赛诺菲药业以及其他非美国企业已经将它们大部分的研发活动搬到了那里。其他经济部门的企业很可能会紧跟这些引领者的步伐。

如果你把点点滴滴的信息联系起来，整个画面看上去会非常有趣。美国拥有全世界最高水平的劳动生产率，而且渐渐获得了全球最高水准的（商品）品质，以及不至于让银行破产的工资水平。美国有丰富的能源和广阔的市场。要是你在这儿制造商品，你就不必把它们装上燃油的轮船，经过数千英里水路运到世界其他地方，而可以把它们卖给美国人。

所有这些变化早在2008年金融与经济危机爆发之前就已开始出现，但这场危机却让它们暂时停下了脚步。不过我们从为数不多的几个事例中可以发现，2008年的经济大崩溃确实把屋子打扫干净了。这也是美国汽车制造商为什么会有如此上佳表现的原因之一。当金融和经济危机逐渐成为过去时，这些变化又重新恢复原先的状态。随着变化的进行，它们毫无疑问将会对经济产生深刻而积极的影响。

除此之外，我们的劳动力也不只拥有廉价这一大优点，这些人训练有素、遵守纪律，能够自由流动，也可以接受长时间工作。我们的技术是世界级的，由全球最伟大的研究机构提供智力支撑，而且美国目前有丰富的投资资本可供利用。

尽管这场回流大势仍处于早期阶段，但还是有很多事情正在发生。就以NCR公司为例，这是一家拥有130年历史的公司，这段充满故事的历史已经浓缩在它最原始的名字——国家收银机公司之中。第一台机械收银机在该公司创办地俄亥俄州戴顿市被生产出来，公司发明了这项产品后，人们就给它取了这个名字。国家收银机公司很快让这些机器占领了市场。在20世纪50年代，国家收银机公司开始收购电子产品和计算机领域的公司。收银机有朝一日会成为与大型数据库相连的数字化产品，而国家收银机公司正是这一潮流的引领者。

在20世纪70年代，国家收银机公司开始制造自动取款机，而就在几年前，这家公司已经着手生产小型计算机。1991年，国家收银机公司被美国电话电报公司收购。美国电话电报公司把它和其他几家收购而来的高科技公司兼并重组，并更换了它的名字。最后的结果让人害怕，但那也是预料之中的事情。在20世纪90年代初，你或许会说美国电话电报公司强大的外壳正在摧毁它所收购公司的价值，而且在某些情况下，也在扼杀所有这些公司的生命——这也是美国电话电报公司几乎迫不及待地尝试对国家收银机公司所做的事情。通过更改国家收银机公司的名字，美国电话电报公司明摆着是要告诉人们这样一个事实：它差不多毁掉了国家收银机公司品牌资产一个世纪以来的价值。所幸之后美国电话电报公司又决定让国家收银机公司继续运营下去。1996年，这家重获独立的公司再次以“国家收银机公司”之名对外开展业务。不久以后，它开始收购高科技公司，尤其是那些涉及电子金融交易的高科技公司。

这样啰唆地写了这么多，就是为了说明这家公司的新生一定程度上意味着它可以把自己生产的自动取款机产品运往海外，首先是苏格兰，紧接着就是中国。在努力降低成本的过程中，它的确做到了。但是，随着制造业趋势不断朝“回流”方向发展，国家收银机公司也意识到了这一点。它开始关闭位于在苏格兰、巴西以及加拿大等地的海外制造业设施，2010年又关闭了中国的工厂。

国家收银机公司生产的这些自动取款机，并不只是设在你家附近7-11便利店后面或者你开户银行外墙上给人们派发现钞的机器。它们是我们高度网络化和相互整合金融体系的重要组成部分。对于这个每天能让全世界数百亿美元资金流动起来的体系而言，它们充当着门户的角色。一家银行的自动取款机网点拥有最新技术十分重要，不仅如此，这些机器必须坚固与安全，道理显而易见。一方面，它们要受天气因素的影响，使用这些机器的人们也会滥用它们——每当出现问题的时候人们都会狠狠地打上几下。另一方面，它们还需要面对抢劫这个更加现实的威胁，无论是顾客们的直接袭击，还是越来越多的网络犯罪（比如，2013年全世界从自动取款机有预谋窃取的资金总额高达4 500万美元[6]）。这给了那些公司以极大启示，它们开始生产能够立式承受各种各样人为或网络攻击的自动取款机。尽管质地坚固十分重要，具备安全性能也更为必要。

安全性与信用都是人们选择创业地点的重要考虑方面。而且尽管大多数国家都会从事一些监听活动，正如2013年爱德华·斯诺登披露的美国国家安全机构所作所为证明的那样，但是出于安全理由对一个国家从事间谍活动，与秘密窃取公司信息之间仍然存在差别。在美国国家安全机构间谍行为的案例中，作为一名宪法第四修正案的坚定支持者，我并不容忍这样的做法。不过至少我认可这样做的目的，据我们所知，这是为了确保国家安全。那并不意味着与宪法作对是正确的，然而这确实表明违反宪法之举至少不是出于彻底的商业缘由。

2013年4月，当我正准备主持米尔肯研究所有关全球风险的一场小组讨论时，我与那些将要参加讨论的小组成员通了电话。他们中有韦斯利·克拉克将军、前国会众议员简·哈蒙（加州民主党人）以及一家大型金融服务公司信安金融集团的负责人拉里·赞普曼。在我们讨论自己即将谈到的风险时，赞普曼说他的公司正在抵御当天早上开始的一场网络攻击，他答应在我们小组碰头时讨论这个问题。同时他表示，他的公司每年会被黑客攻击成千上万次。他说，迄今为止，自己公司一直都能成功击退这些攻击。

就在国家收银机公司决定将生产线移回美国的差不多同一时间，科勒曼这家专业生产户外设备的公司，出于削减成本和运输方面的考虑，开始在伊利诺伊州而非中国生产其品牌的饮食冷柜。在同一年，福特从其他国家的运营中撤回了2 000个职位至密歇根。

通用电气正在将其“白色家电”（洗衣机、冰箱、洗碗机、烤箱等等）生产线撤回肯塔基。通用电气在白色家电市场上的竞争对手惠而浦，将会在美国而不是墨西哥生产洗衣机和烘干机。卡特彼勒尽管在美国经历了艰难的劳工谈判，也将会在得克萨斯州而不是亚洲建设新的工厂。

陶氏化学公司将会在密歇根而不是韩国为混合能源汽车生产电池，因为这更靠近美国客户。梅赛德斯、BMW和大众将会在美国建立它们的工厂，并且丰田也将在肯塔基州开始生产雷克萨斯奢华系列汽车，这是这个公司首次在日本境外生产其高端系列汽车。

让我更详细地描述这些扩张计划当中的一个。2009年，在“有钱人都很沮丧”的表象之下，BMW在其1994年开设的南卡罗来纳州的斯巴达堡工厂投资了10亿美元。到了2012年，BMW宣布其将继续投资10亿美元在这个工厂。BMW于2012年在这个工厂生产了301 519辆汽车，并且将其中差不多70%（产品价值约为7.4亿美元）的车出口给中国。BMW的美国工厂富有生产力而且很成功，因此公司在2013年宣布其将专门在美国生产新的小型SUV（X4）系列。这是一个有趣的决定，因为这个决定使得斯巴达堡成为BMW全球唯一的SUV制造中心，而同时也是生产其他BMW汽车及产品的场所所在。曾经有一段时间，BMW的管理层考虑是否能在德国巴伐利亚公司基地之外的地区生产精确符合其标准的汽车。这个想法现在完全改变了。美国逐渐成为了BMW的主要制造中心，而且与公司的其他工厂相比，美国工厂在成本和质量方面有着显著的竞争优势。结果，大量的公司新投资和生产力都投入了斯巴达堡的工厂[7]。

这只是个开始。

美国和中国是世界上两个最大的制造国，占有差不多的全球制造业市场份额，这根据统计方法的差异会略有不同。但是美国正在成为更具吸引力的制造地区。

这种改变的发生有很多原因。中国的人工成本正在迅速地增长。在2012年，中国的工资平均增长率为14%——这是一个惊人的数字[8]。如果是按时薪计算，中国工人仍然比美国工人要便宜。就目前而言，中国工人平均拿到的是同等条件下美国工人工资的一半。但是美国工人的产量比他们的中国同行高出2倍，这由于我们有更先进的工厂、更丰富的经验和经过良好培训的劳动力。仅是从数字上，美国脱颖而出成为制造地首选的原因就很明显。

当然，很多行业比其他行业对工资的增长更为敏感。如你所料，原因就是与生产每个产品需要的劳动力数量有关。比如，鞋子还不能不经过人手就生产出来。机器可以剪裁材料和制造生产鞋子需要的塑胶，但还有很多修剪、粘胶和缝合的工作是机器很难完成的，即使是对Baxter而言也是如此，这家企业在波士顿附近用机器人技术制造出了带笑脸的易编程机器人。

有了计算机技术，情况就不一样了。现在，富士康，这家在中国大陆和全球都有着大型工厂的台湾企业，雇用了超过123万的中国工人，他们中大多数人被雇用于组装iPhone和其他苹果产品。尽管富士康工人的薪资水平较低，但是运用先进机器人设备的美国企业将更具竞争力。与人工相比，机器人能更快也更准确地将芯片置入手机中。

手机制造可能从中国转移到劳动力更贵但是工厂更自动化且地理位置更靠近产品设计工程师的地区去。此外，因为自动化的昂贵——除了大型集成工作平台和其他技术因素上的花费，工厂机器人的价钱在50 000~500 000美元——这对于有着合理银行利率且资金充裕的国家更有优势。美国拥有几乎无限的资金、低利率和经过良好培训的劳动力，还有世界最好的大学体系，所以美国比其他任何国家更有运用这些技术转变的优势。

即将到来的机器人革命对中国而言并不是好预兆，中国希望将其在农村地区的数百万人口转移到城市并雇用他们在工厂工作。机器人将减缓这个迁移趋势，因为在美国和其他有优势的国家，自动化工厂在成本、速度和质量上都胜过低薪水的工人。此外，在没有启用自动化（至少目前还未启用）的经济领域中，比如鞋和服装的生产，有许多国家的劳动力比中国便宜。因此，我们越来越多地看到我们鞋子和衣服的商标上写着“越南制造”，或是刚果、卢旺达或者其他一些国家。而且，自从十年前除高端、订制鞋和服装外的其他制造撤离美国后，美国已经适应了这种改变。缝衣女工、裁缝和其他服装工人在一百多年前占据着纽约，但纽约已经蜕变得高度金融化与专业化，现在甚至是数码媒体的城市。中国已经开始了这种劳动力的转型，但还未达到其最终需要的规模。

即便这些趋势对我们而言是好事情，但并不是每个在这里的人都会从中受益。如果十年前有一百个工作岗位流向了中国，而更高的自动化水平意味着只有五十份工作回来了，不是每个人都会为此感到高兴。我很快就能够想象人们会这样说：“当我们失去一百个工作岗位的时候，新增加五十个工作岗位又有什么好的呢？”

这种看问题的方式并不正确。尽管有五十个人没有工作仍然是个问题，但如果同时有五十个人在一家自动化工厂工作也并不是件坏事。重开一家业已解散的生产中心具有广泛而深远的意义，因为这会要求雇用司机、购买卡车以及出租、建造或是买下新的仓储空间。

建立一家自动化工厂涉及很多事情，比如邀请工程技术顾问前来规划装配线和工作平台，同时还要雇用建筑工人挪动墙头、浇筑混凝土、扩建屋顶，还要与银行打交道并给房屋投保。另外，需要确保通电并让经销门店运转起来，翻新供暖、空调系统与锅炉，并在卫生间和浴室里放上足够的纸质用品。

在持续运营的情况下，工厂必须定期接受清洁，机器设备也必须及时保养，同时还要检验产品的质量，对设计进行建模和测试，养活工厂里的工人。将五十个在工厂就业的岗位带到美国，其意义要远大于雇用五十个人。

早前在农业领域就出现过这种状况。1900年，美国40%的人口都从事着农业生产工作。而如今，这个数字只有1%。不过，上面这些数字是误导性的。的确，只有很小一部分人现在仍在土地上劳作。但事实上，为农业领域做贡献的人的数量要高出许多倍，虽然这些人的工作方式与以往有所不同。有些人在制造拖拉机和冷藏卡车的工厂里工作，其他人则在超大型食品加工厂上班，或是研究种子的多样性，出售农作物保险，抑或生产杀虫剂和化肥。你可以看看农业生产部门变迁的方式并计算农业部门缩减了多少个工作岗位；又或者你会发现这个部门创造了多少新的、薪水更高的就业机会。美国农业部经济研究服务处的调查显示，一个在农业生产部门工作的工人，其平均年收入大约是21 000美元。[9]如果那个工人停下手中收玉米的活儿，步行穿过公路，在一家将玉米转化为汽车用燃料的化工厂找到一份工作，他的平均年收入将跃升至55 000美元。诚然，今天农业领域的工作岗位要比1900年时少很多，但至今留存的岗位中大多数要比过去更加有利可图。而且，尽管美国只有0.7%的劳动力选择在田间耕作来种植农作物，为全国的奶牛挤奶，或者把杏仁与核桃从树上打下来[10]，但我们经济成分中仍有超过20%的部分与农业、农副产品及相关支撑性服务业有关[11]。

制造业的情况也一样。随着跨国公司将自己的经营活动迁回美国，它们也将减少部分工作岗位。这一比率是否会和我此前提到的那样，达到50%的水平呢？我想这并不可能出现。美国的制造业生产率已是全世界最高。因此，一个美国工人的产出要比一个意大利工人，或是德国工人多出很多倍。（虽然出于各种各样的原因，我并不是很明白法国工人为什么几乎和美国工人一样高产。要知道他们平时享用着配有一瓶红酒的悠闲午餐，每周只工作37个小时，同时还有权享受长达六星期的假日。）然而，即使不是所有的工作岗位全都重新回流美国，随着一家家工厂的建成和重开，维持这些工厂运营的各式各样的新就业岗位将会被创造出来。

隐性成本

正如我研究生阶段的经济学教授在课堂上所说的那样，某件东西越是复杂，比如汽车、飞机或是计算机等，你就越有机会让它变得更便宜。所以，他说，这就需要把产品外包。

如果你经营的生意是把木头块雕刻成光滑的诱饵鸭，然后卖给别人，你所做的唯一投入就是木头、清漆和颜料的成本，各种工具的开销，你的实践以及你开展工作所在的车库的空间。当然还要看你住在哪里了，你或许要为自己的工作场所供暖或制冷，你还需要把自己的产品送到顾客手里。

对于诱饵鸭的生产者而言，我算了一下，只有5~6个因素对制造和销售这些手工制作的产品具有重要影响。但对汽车而言，所需的投入就要多得多了，而且每样都是真正的投入，需要耗费成本。如果你制造汽车或卡车，你需要钢铁、橡胶、玻璃和塑料。你还需要机器工具、锻铁炉、精压机与机器人，以便完成焊接和喷漆程序。你同样需要计算机、研究中心、会计人员、市场营销人员与设计实验室。除此之外还有很多。我的教授曾说，这些东西每一样的成本其实都有可能通过协商来降低。

那就涉及大量的谈判。

国内的汽车生产商通常会将其产品的许多部件外包给别人，主要给了美国、加拿大和墨西哥的公司。它们汽车使用的元件也有部分出自位于欧洲和亚洲的工厂。仪表板通常由一家外包公司生产，这家公司会把各种仪表板拼装组合起来，以满足经销商任意的订购要求——用于卫星广播、导航系统、数码仪表板、皮革制品、超大展示装置、加热器以及直流电控制器、通风孔和批发商店等，总之能满足任何需求。

汽车内部元件通常也会被外包给别人。座椅需要骨架，车内也要填充物、装潢材料、电动马达、控制装置、辘轳以及安全带连接扣。千万别让我从发动机开始说起。它们常需要上百个零部件，包括变速箱、蓄电池、天然气储罐、计算机化的控制装备、蛇形皮带、风扇、气泵、火花塞等。

紧接着你会需要人来干活，很多人。并不是仅仅把汽车组装起来就行了，这是个高度自动化的过程。你需要有人帮你管理好这个过程，当问题出现的时候及时解决它们，同时把那些解决方案整合进入该过程的各种新形式之中。

生产像汽车这样复杂的产品真是件令人畏惧的任务。汽车公司必须亲自设计并建造自己的车。它会制造出其中某些部件，同时它也需要和全世界上百家供应商合作建造和生产车辆剩余的其他零部件。接着它需要将产品天衣无缝地组装起来，确保最后呈现在世人面前的产品看上去十分性感，跑起来也不错，让人有购买欲，最后还能赢得J. D. Powers公司颁发的消费者满意奖。

而且尽管我以前的经济学教授精于计算，他也告诉汽车公司要全面投入并致力于生产的外包业务（接着和它们的供应商展开深入谈判），但这些公司并未将最大几项成本中的一项纳入考虑范围，也就是办理所有协调像每周制造7 000辆福特F-150皮卡这样复杂流程所需业务的成本。要知道在每一家F-150工厂，没有一辆皮卡会和其他皮卡一模一样。

那些业务成本十分高昂。你知道在所有的那些商务会议上，人们总是在抱怨吗？你知道人们去参加这些必须参加的会议，只为讨论自己做了些什么吗？你知道这些会议让工人们不能做自己真正的工作吗？事实上，那些会议是造成我所说诸多成本中的一部分的原因。

再加上和供应商围绕上千份合同进行谈判带来的成本。接着，当一家汽车公司购买各种各样的东西时，商谈每一样的价格都会有成本。想一想所有这些事情要花费多少时间吧。

我知道，像比尔·盖茨以及其他高科技梦想家都说过这样的话，即互联网会把我们带入一个无摩擦交易的世界。在这个世界里，相互连接的计算机可以在库存很低的时候，自动订购生产物品所需的任何材料。那是一种“很有趣”的创见，就像我们在20世纪90年代常说的那样，但这只是产品的成本结构中所占比重最小的一部分。

没错，工人们穿着汗衫坐在配件车间迅速翻阅满是油污的产品目录以订购减震器的时代早就过去了。在墙上悬挂性感女郎日历或是写上电话号码的时代也已经成为历史。但那些事儿在生产过程中花不了多少钱。真正昂贵的环节发生在工程师、执行官、律师以及其他技术人员为达成交易而需要外出旅行时，或是要确保每件事都在平稳运作的时候。

派一名工程师从底特律到克里夫兰或多伦多去检查一下轮轴制造有没有出错是一回事，但是派这名工程师到上海或者韩国去就是另一回事了。

像这样的一些交易成本只是生产汽车、计算机、面包机等物品所需花费的一部分。但直到最近，它们仍然未被算入这个过程。人们认为这些成本只是“日常开支”而已。只有在去掉这些所谓的日常开支以后，一件产品的成本才会降下来。

大势所趋

制造业工作岗位正回流美国的一个原因是劳动力成本的下降，早先美国本土高昂的劳动力成本迫使美国公司纷纷将工作移到海外，而如今，这代表大多数商品的成本正慢慢降低。总体上看，制造一辆汽车花费的时间正在逐渐减少。根据麦肯锡咨询公司的调查，1987年制造一辆车需要42个小时，而到2002年，由于采用了全新的制造技术[12]，只要25个小时就能造出一辆车。而且，这个时间还在继续缩减。

但是这些指标可能会有误导。它们仅包含冲压、焊接、喷漆、装配和各种质检。但是除了冲压和焊接，一辆汽车由30 000个部件组成，其中的大部分，如之前提及的，是由外部供应商提供的。如果你将这些部分也算进去，那么制造汽车的人工量很少——在最好的企业仅比22个小时多一点点。这个数字正在逐年递减。

在亨利·福特的时代，21世纪的前半段，一辆汽车成本的一半以上为劳动力成本。在这种情况下，外包给其他国家是明智的。但是根据在最好的企业中仅需要22个小时的人工劳动来计算，就算是按现在每小时38美元的费率，那一辆车也仅花费836美元。对一辆15 000美元的雪佛兰科鲁兹而言，这些钱仅占销售价的6%。而对一辆50 000美元的凯迪拉克，这只占到2%。现代的高生产力制造技术已经将人工成本缩减为全部成本中最小的一部分。

那么到底是由什么来决定在哪里进行制造？因为金属冲压机床、焊接和喷漆机器人、装配流水线以及房地产都很贵，资金成本往往胜过人工成本。极少的企业在破土动工建工厂时会支付现金。通常，它们发行债券。因为美国的低利率，发债很便宜——比十年间任何时候都低。

在2013年3月的第一周内，联邦政府发行了45亿美元的短期债券以管理债务。山姆大叔为了拿到这些钱必须要付出怎样的利率？少于1%。并且，因为大多数商业利率是和政府债券的价格挂钩的，通用汽车、福特或是克莱斯勒的借债成本达到了历史的低点。它不会像政府0.07%的短期债券利率那么低，但也已经是非常便宜了。利率可能会在一段时间内都保持这么低。

这意味着美国的资本市场能够给我们的企业提供几乎免费的资金。略微夸张地说，资本市场（多亏了联邦政府）正在付钱给企业来实现工厂的自动化。结合企业本身就具有充裕资金的事实——尽管不愿意花钱——你就能明白为什么在美国进行制造是具备吸引力的。

显然，要运作一个工厂肯定要进行选址。亚洲拥有世界上最贵的一些城市。上海的房价飙升得非常高，这很大程度上是由于投机行为导致的，政府也正在制定限购政策来打击房价。同时，写字楼和工厂场地的价格也在飙升。而且，虽然中国比其他任何国家在发展基础设施上的开支都要大，包括建高铁，但是在它的道路、桥梁中的大多数达到西方标准前，中国仍有很长的路要走。

印度也没多大区别。孟买、班加罗尔和加尔各答的房地产价格也是贵得离谱。相比之下，美国的房地产可以算得上是便宜货了。纽约以及洛杉矶是美国生活最贵的地方，入选了全球最贵的27个城市[13]。这些城市中，东京、大阪、新加坡、悉尼、墨尔本和中国香港要远远贵得多。

经济大萧条还在盛行的时候，我去底特律和来自密歇根投资团体的一群人会面，包括当时的财政部长、一些风险资本投资者和企业家。

有一辆车来机场接我，随着我们驶入和穿过这座城市，我很惊讶地看到很多废弃的建筑。我以前去过底特律很多次，但是真的从来没见过像那天一样的经济衰败。我们经过很多砖块联排房子，之前一定都是雅致的住宅。这些房子中大部分都用木板隔开了，而且其中一些看起来像失过火。

我环顾四周，并且在一开始就替我的司机遗憾。“这现在真是一个糟糕的住的地方，不是吗?”我问他。

他从后视镜中看了看我然后笑了。“其实不然，我父亲和我几天前花8 800美元买了幢房子。我们打算对它进行修复，然后卖出去。我们现在有三幢房子。”他骄傲地说。

真有趣，我想。一方面，在新德里，一幢单层小屋就要卖差不多1 000万美元甚至更多，而另一方面，在底特律，一幢联排住宅却只需要8 800美元。(并且你可以在底特律喝水。)

我的司机告诉我，他来自黎巴嫩，并且他非常向往来美国。他告诉我，他年纪足够大以至于能记住黎巴嫩内战，这场内战为了征服而发生，伴随着灾难和死亡。他也告诉我在底特律，他觉得到家了，他的一些亲戚住在这里，并且尽管这里也有很多犯罪，但完全不像生活在战争地区。

在我们行车穿过这座城市时，我思考着他说的话，然后我们到达了迪尔伯恩，福特总部的附近。底特律的郊区和我记忆中的一样美。全都是郁郁葱葱的绿色，有着多样化的街坊和社区。

我到利兹·卡尔顿酒店的时间有些晚了，这里有非常棒的餐厅、奢华的房间和木版画装饰的大厅。但当我看看了我所需支付的费用，我惊呆了——每晚140美元，而不像在纽约或洛杉矶，这家连锁酒店在那里一晚一般需要支付400~500美元的费用。我确定我是享受了折扣计划，但即便是这样，利兹·卡尔顿竟然只要140美元一晚？

第二天上午我被安排面向约40人发表有关经济的演讲，大多数是这类或那类的投资者。在我对一小群人（比如迪尔伯恩这些人）进行演讲之前，我喜欢尽可能多地与参加者进行交谈，以了解他们是谁和他们在想什么。我常常发现，了解我的演讲对象可以帮助我建立一种联系。我采用这种开场来获得他们的关注。

其中的一位参加者，负责运营一个小的密歇根城市养老基金，他告诉我密歇根有超过120 000名工程师，其中大多数有博士学位，并且密歇根是所有州当中科学家集中程度最高的地区之一。他同时也提醒我，密歇根拥有几所世界级的研究性大学——密歇根大学有超过12亿美元的研究预算——并且底特律有比其他任何美国城市都多的制造专家。

另一位投资了可替代能源的参加者告诉我，她最近搬到了靠近安娜堡的新家，安娜堡是密歇根大学所在地。她说这是个占地10英亩的大房子，还有着一个流水潺潺的池塘，并且因为房子是太阳能的，她的取暖费也很低——这很重要，因为密歇根在冬天特别冷。然后她丢出了一个重磅炸弹——她的房子仅花了160 000美元。

我震惊了。

在这次拜访后，底特律和密歇根其他地方的房地产价格稍微恢复了些。但它们只是一小部分——非常微小的部分——相较于在亚洲、欧洲和新兴世界开店的成本而言。并且，虽然我们对正在崩溃的基础设施进行自我批评——我们也应该这么做！——你仍然可以星期一在底特律生产一个部件或产品，然后通过航空运输在星期二把它送达到客户手中，如果是通过卡车或铁路运输，那就是星期四或星期五送到。

我并不是在说底特律是我们国家的未来。但是当我和这些聪明、有经验和健谈的人聊天时，我不禁想如果是我来运营BMW或是大众汽车，或是类似的亚洲企业，在我需要选择扩展的城市时，底特律必然是其中之一。

现在，事实是，底特律城的金融状况一团糟，并且在2013年7月18日，这座城市申请破产，宣布基于税收基数缩水和锐减的人口而无法偿还债务。密歇根州在这之前就接管了这座城市并开始进行治理。尽管如此，人们开始意识到这座城市是一个商业筹码。根据《纽约时报》的报道，密歇根的蓝十字和蓝盾正在将其3 000名员工转移到底特律市区，并且克莱斯勒也在将其市场部从郊区搬迁至底特律市区。同时，丹尼尔・吉尔伯特，快速贷款公司的创建者和克利夫兰骑士篮球队的拥有者，已经在这座城市买了些写字楼，有一些每平方米仅5美元。吉尔伯特，一个超级亿万富翁，现在拥有30座建筑，很多是雅致的装饰艺术风格，总面积达到了760万平方米，包括停车场。吉尔伯特买这些房地产的原因是他相信底特律会迎来复苏——在他的帮助下——到那个时候，人们会需要办公场所。[14]

底特律的文艺复兴没有实现，至少暂时没有。但是因为两股强有力的推动力——容量和成本，风向正转向底特律。底特律拥有这两者，并且世界都注意到了这点。自从2010年，约有一百家左右的德国工业企业和一些亚洲公司，在密歇根和国内其他一些同样便宜且拥有经过良好培训的劳动力的地区建立了制造工厂，比如说肯塔基、密苏里、佛罗里达和亚拉巴马。与这些企业总部的所在地相比，在美国经商的成本要低一些，并且它保持着世界最大的单一市场。这就是为什么与金融投资相比，在过去的4年中，在美国和中国的实业投资总共超过了2 000亿美元，这两个国家是世界上最大的2个外部投资接收国。[15]考虑到美国接收外部投资已超过几十年，而中国相对而言历史较短，显然会有更多的钱流入我们国家的新投资中。此外，如果从人均水平来看，美国人均收到的投资要比中国人均收到的超出更多，因为中国的人口约13亿而我们仅仅有3亿多人口。[16]

销售速度

但重要的不仅仅是劳动力成本。一台电冰箱能够在星期一从惠而浦的密歇根生产线上制造出来，并且能在周四之前送到波士顿的用户家中。不需要海关清关，沿途也极少有因为天气出现的延误，没有长时间在海上而引起的潮湿问题，并且也没人需要去行贿以确保集装箱能及时上船。更短的运输时间意味着存货中占用的营运资金更少，从冰箱被制造出的时点到被售出的时点间所需要支付的保险费更少，以及更短的供应链。

在制造业中，一件事情往往会引发另一件事情。为了制造洗衣机，你需要垫圈、橡皮管、发动机和控制器。你同时也需要钢板、化学制品和油漆，这意味着如果你在克里夫兰制造你的这些机器，很有可能你要从附近供应商手中购买所有需要用于制造这些机器的零星部件。

而且，如果这些供应商已经停止生产垫圈和胶皮管，一旦它们看到又有相应的需求，它们就会重新开始生产，因为这就是资本主义。在美国旧工业时代，亨利·J.凯泽曾经说在20世纪三四十年代他生产水泥和建设公路、跑道和码头，"找到需求并满足它"。简而言之，这就是亚当·斯密定义的资本主义。

这些需求从未饱和过——折弯金属和点焊钢材。从制造业中衍生出一些服务业，包括保险、银行、会计、食品服务等等——所有这些都揭示了在制造业的一系列事件中一件事情引发另一件的方式。

经济学家长期以来都在评估测量一个工作对另一个工作的他们所谓的"乘数效应"。一个福特F-50轻型货车工厂的工人在其他经济中究竟能做多少工作？为了找到答案，经济学家建立了精确的"输入-输出"模型。在我所说的这个案例中，你把底特律生产汽车的雇员人数输入电脑编程的数学模型中，比如，这个模型将这些数字输入一系列相互关联的公式，经过复杂运算，最后得出答案。

经济建模专家国际公司（EMSI），一个在爱达荷州莫斯科的经济分析和咨询公司，建立了多个城市的不同类别工种的乘数效应模型。这里有必要说下相关的研究领域，恩里克·莫雷蒂[17]，加州大学伯克利分校的经济学家，表示选址在劳动力经济中和在房地产中一样重要。同样的工种在一些城市有着更大的乘数，主要是因为工资水平和增长率的差异。

根据EMSI，每个在底特律工厂生产汽车的工人能在该地区的其他领域产生5.4个工作，并且在底特律每个生产轻型货车的工作人员能生产11个工作。在底特律铺沥青的乘数是9.1，而在底特律地区炼油行业工作的乘数7.8。[18]

EMSI的分析是非常有趣的，因为，在研究了不同地区上百万个工作的经济和创造就业机会的影响后，其表明在底特律和其他类似城市的制造业工作相较而言有着更大的乘数，比如说，在加利福尼亚州的圣何塞的软件出版工作仅有4.3的乘数，或是数据处理和相关服务，乘数仅为3。

这些错综复杂的经济模型中的公式也是双向作用的——就像所有的公式一样。因为经济领域中其他部分的11个工人的工作依赖于F-150生产线的1个技工，如果这个技工被解雇，那么整个地区的就业就会缩减。当一个汽车制造商陷入困境，一些人就吵着撤资（比如，米特·罗姆尼）。[19]但是如果通用和克莱斯勒被迫停产，这将不仅仅是在这两家企业工作的百万人员失业。在中西部地区更多的——可能是多于数百万的人——将会失业，因为他们的工作也依赖于良好运行的通用和克莱斯勒。

这也是电影制片人迈克尔·摩尔愤愤不平的一点。在他的纪录片“罗杰和我”中，当穿过密歇根的弗林特被木板封锁的街区时，他抱怨少了一家通用公司的厂房。他聚焦在间接的工作上——一对夫妻不得不关掉餐厅，报亭也关门了，因为没有人再会去上班的路上停下来买份报纸。并且，通过这种方式，他强调了制造业对经济显著的影响——从积极和消极两方面。

底特律可能只是在进程中，有着无穷的潜能、辉煌的过往和很多非常聪明的人。但在这个拥有数百个世界级产业能力和最合理生活成本的城市的国家中，它只是其中一个城市。克利夫兰、辛辛那提、芝加哥、哥伦布、费城、丹佛、堪萨斯城、达拉斯、休斯敦——名单很长——比起欧洲大部分地区，或是亚洲一些地区和世界其他地区，全都是生活和工作成本更低的地方。结合我们的低成本和我们的生产能力，在美国投资是明智的。

物品制造

众所周知，制造东西很棒。一个全新制造出的轮船，焊接处都还未冷却，就滑出轨道驶入水中，人们在船边碰撞着香槟酒瓶、不断拍照和欢呼。当波音和空客出品新的飞机，数千人在停机坪上等候数个小时以一睹其容。当一座新的摩天大楼拔地而起，钢铁工人会在吊车上悬挂旗帜，因为他们为自己的机械切割而骄傲。成千上万人去参加计算机电子展览会以欣赏接下来会到来的新事物，数百万人在电视上看改造大马力汽车或摩托、起航世界最大的轮船、或是建造最大的海上钻井平台的节目。有一些是记录更小型的东西，展示铅笔、谷物和网球拍是怎么生产出来的。人们喜欢制造东西，并且他们也爱看别人这么做，就如同马修·B.克劳福写的书“以修车铺为灵魂手艺”所揭露的那样。[20]

制造东西使得我们相互关联，使得我们成为能在面对各种极端的气候环境时能生存下来的物种，像冻土、沙漠和热带雨林。它也使我们放倒（和食用）巨大的长毛猛犸象，并在我们对抗灰熊时保护我们。制造东西存在我们的DNA中。

除此之外，谁没有一些东西，一些人类创造的东西，一些他们喜爱的东西？这可能是一部智能手机、一个相机、一个平板设备、一辆汽车、一部电脑、一幅画或是一座雕塑。我们全都拥有我们所喜爱的手工制造的东西。

我的一个研究大脑如何工作的朋友在他的脸谱网页上循环播放着两张照片。其中一张照片是一把精心打磨的手握斧并且是约40 000年前我们的祖先用石器打造的。它是杏仁形状的，你可以想象当你把谷物磨成粉、把石块击碎来制造黏土，或是抵御其他物种时，把它紧紧握在手中。在他的脸谱网上挨着这张手握斧的，是一部iPhone 5，在那时最新最炫的智能手机。

贴图传达的信息不需要言语。它讲述了在我们拾起石头的远古先祖随着时间的延伸至今天加利福尼亚的库比蒂诺智能手机设计师之间，有着未断裂的链接。这同样也延伸至底特律的汽车制造工人、剑桥和旧金山的基因工程师以及正在着手制造单个原子厚度的材质的材料科学家。同样，这种链接也从这些打造手握斧的穴居人一直延伸到如今正在测试复合物的双学位科学家身上，他们希望有一天可以治愈癌症、修复中风带来的大脑损伤，或是停止衰老。

这种从手握斧到iPhone时代以至到未来的不可断裂的链接并不抽象。相反，这正是有关于我们是谁的一种表述。

本土制造

回到在《纽约时报》做编辑的那个时候——就在报业衰败之前——我正在撰写美国制造业相关的题材。回想那个时候，外包仍在摇篮时代，而美国人正在担心日本，而不是中国，某一天会怎么来统治全球经济。和今天父母让孩子们学普通话不一样的是，父母那个时候希望孩子们学日语。

今天发生的对美国的抱怨在那个时候也有。我们的孩子没有受到足够好的教育，不像他们的父辈一样有职业操守，并且他们是如何落后的。在拿他们自己和日本人比较时，美国人认为自己是懒散的，而日本人被认为是专注和有纪律的。那时候还说，我们的城市正在崩溃，而日本的城市有序而闪亮。

大多数写这些故事或是重复这些陈词滥调的人都没有去过日本。当我拜访那儿时，我很惊讶于日本的制造业看上去多么有效率，但我也很讶异于执行人员生产力之低下。执行人员在办公室待很长时间——大多数情况下做的事情非常少——然后会外出去吃精美的餐食，在那儿他们喝看起来差不多一斤的酒。第二天的前半天就用来摆脱他们的宿醉，而后半天或多或少可以用来工作了。

不需要来详细描述这是怎么结束的。我们——懒散的美国人——在20世纪90年代疯了一样地发展，而专注的、有纪律的日本人却错过了这十年的发展机会。

不管发生什么事，我都坐在新闻室中撰写我的故事，并且我想找出外包业务的未来。我做了些功课，四处打电话，和所有普通的专家交谈，最后与加利福尼亚大学伯克利分校的约翰·齐兹曼谈话。他是国际经济伯克利圆桌会议（BRIE）的共同董事。我不确定BRIE是什么，后来才了解是跨学科学组织，学术人员集聚起来讨论世界经济和其中各国的地位。

即使是现在，很多年之后，我仍然清晰地记得我和齐兹曼的对话，以及他的先见之明。我问他有关外包制造业到墨西哥这样地区的情况，由于当时中国还不在考虑之列。齐兹曼说外包的首要问题是在公司总部的产品设计师和工程师开始失去与产品制造过程的接触。“他们从反馈环节中被剥离出来。”他说。“如果一个美国企业用墨西哥制造商生产电视机，所有制造过程中的困难——和从中学习的经验——都停留在了墨西哥企业。结果，墨西哥企业会前进而美国企业落后了。”我记得思考过这个观点是多么明智和有远见。

这些观点——大多数的语句——出现在2012年3月《哈佛商业评论》杰夫·伊梅尔特（通用电气的主席和CEO）写的文章中。伊梅尔特提出通用电气重新签订要将产品制造转移到美国的承诺书的理由之一，是为了让通用电气设计师和工程师能够接触到他们的产品是怎么生产的以及接触到产品面向的市场。他连续提到“仅靠劳动力成本的外包是昨日的模型”[21]。

我同意伊梅尔特的观点，特别是和劳动力成本相关的，因为理由已经非常详细了。我也同意让设计师贴近市场、让工程师贴近工厂是重要的。企业还能怎么去竞争？他们不能随波逐流，让他们的制造能力远离他们的客户基地。齐兹曼的观点从伯克利的学术大厅走到通用电气和其他企业的通道中，用了二十年，但是至少他们在路上了。

但是不仅仅是美国企业，像通用电气，希望贴近美国市场。每个企业都希望在美国销售产品。通过这么做，一个企业能轻易地接近美国、加拿大和墨西哥所属的北美自由贸易协定国家的4 600万户居民。北美自由贸易协定国有着极大的吸引力。居民很富有，而且从人口特征学上，他们比在欧洲、日本和不久以后的中国居住的人口更为年轻。另外，他们的居住地处于世界能源储备最集中地区。

如图6-2所示，这些因素对国外投资有着巨大的吸引力，并且有益于美国及其经济。美国的北美自由贸易协定国邻居正好处于在任何地方做生意都可以的最好的地区之一。墨西哥，即便是有着毒品联盟和腐败问题，也在某种程度上达到了平均每年5%的增长。墨西哥同时也将负债缩减至GDP的20%，而不是像美国的102%，并培养出了极多的天才工程师。墨西哥财务巨大转变的一个重要因素是总统恩里克·培尼亚·尼亚托采取了措施逐步将国有的石油公司——墨西哥国家石油公司私有化，至少是部分地私有化。尽管有着巨大的石油和天然气储备，墨西哥国家石油公司未能够勘探和定位新的储备。国有企业的腐败是出了名的，它们的产品成本在世界上名列前茅。

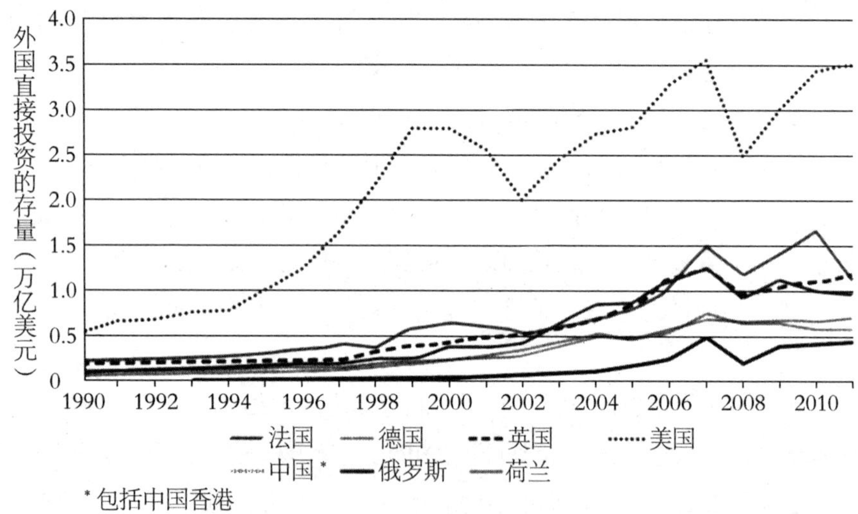

图6-2　外国在美国的投资是在中国的三倍(生产率与创新制造业联盟,2012年)

来源：联合国贸易与发展会议世界投资报告

要把墨西哥国家石油公司从政府的手中撬出来不容易，即使是对如培尼亚般坚定和有经验的总统。将墨西哥的石油财富国有化是这个国家长达十年的革命斗争（开始于1910年）产生的原因之一。此外，政府对于国家石油资源的所有权和控制权被写入了1917年墨西哥的宪法。但是，即使墨西哥国家石油公司也只是实现了部分的非国有化，它将会引发更多的开采量，这会为这个国家创造更多的财富并促进其更快增长。

对于美国来说，这是有利的。发展墨西哥的国内市场可以像南部边境售卖更多的产品。同样，其他国家也想打开墨西哥市场。如果你运营的是一家德国、日本或是中国企业，与将商业运作地点放在美国相比，可能就不会是最佳的（和最安全的）地方。从达拉斯、圣迭戈或是洛杉矶为墨西哥市场服务，是不是就比从日本、上海或是法兰克福来为其服务更有意义？

是的，就是这样。

家家户户有工厂

这不是一本时刻都要讲技术的书，但是会提及美国无与伦比的创造力、制造能力、地理优势——或者，更确切地说，地质优势。这本书同时也会谈到美国强大的资本储备。

但是技术在把这个国家带往其第二个领袖世纪的路上发挥了重要作用。自从工业时代开始，巨大的飞跃是技术优势和用于发展技术的充足资金共同结合的结果。幸运的是，我们二者皆有。

一个会在很大程度上带来改变的发展就是3D打印。关于这项神奇的技术，已经有过很多的报道。但是让我来简要解释它是什么以及为什么我觉得它很重要。

3D打印从某种程度上来说是类似于喷墨打印机的，就是我们都熟悉的那种。大多数办公室和很多家庭都拥有至少一台喷墨打印机。并且如果你去过一个史泰博或是欧迪办公的商店，你会发现过道上塞满了由惠普、利盟、佳能和许多其他工厂生产的为有墨水需求的机器提供的昂贵的彩墨。

这些机器的秘密就在这些将墨喷到纸或相片纸上的墨盒中。打印机中的硅片接收来自电脑的指令，引发电火花迅速加热并汽化微量的墨盒中的墨水，使得墨水从微小的喷口中喷射到纸上，就像一个微型的喷射枪。因为这个过程发生得非常快，并且因为汽化的墨非常微小，它们在纸上形成肉眼看起来连贯的图像，它们实际上是由小圆点组成的，有时候是一个圆点，比如说，一个黄的叠加在一个蓝的圆点上，就形成了绿色。

在3D打印中，发生的情况是相似的，但是与将墨层铺在纸上不同，打印机微量的加热汽化是有黏性的——快干的类环形树脂塑料会变得坚硬，在一些情况下，或者是被加热汽化（技术专业术语中被称为“烧结”）的金属在冷却后也会变得坚硬。

所以，简而言之，3D打印机从运行设计程序的电脑上接收指令，将一个薄层覆盖在另一个塑料树脂或是烧结金属上。你可以下载程序来制造物品，并且你能够从一个企业购买打印机。但是也许生产这类产品的最知名的企业是MakerBot，位于被称为技术发明温床的纽约布鲁克林。MakerBot的产品大多数是提供给发烧友，但其在市场上真正的优势来自于其称之为“Thingiverse”的平台，这是MakerBot的软件设计图书馆，用于告诉你打印机怎么制造出许多不同的东西。在2013年6月，MakerBot被Stratasys所收购，它是创建于1989年的上市交易工业先锋，位于明尼苏达州的伊达纳。

始于2012年年末，3D打印技术获得了过多的媒体关注，但不是因为正确的原因。它在所有的网页、电视、报纸和杂志上出现过。不幸的是，目前围绕这项技术的关注是由一群自称为“分布式防御系统”的傻瓜引起的，这是一个非营利枪械支持组织。分布式防御系统在MakerBot的Thingiverse平台上发布了设计软件，使能够使用3D打印机的人打印出供半自动枪使用的被称之为“底座”的配件。一旦被打印出来，这些配件可以把半自动的攻击来福枪改造成全自动的。

2012年12月，在康涅狄格州纽敦的桑迪胡克小学的20个孩子和6个成年人被枪杀后不久，分布式防御系统就把设计放在了平台上。这个团体的目的不仅是每个人都可以通过3D打印机制造枪支，而且还要保障在机场安检扫描时不被检查到。这个团体还为攻击性来福枪打印大量的杂志。现在你知道我为什么称其为傻瓜了吧（见图6-3)。

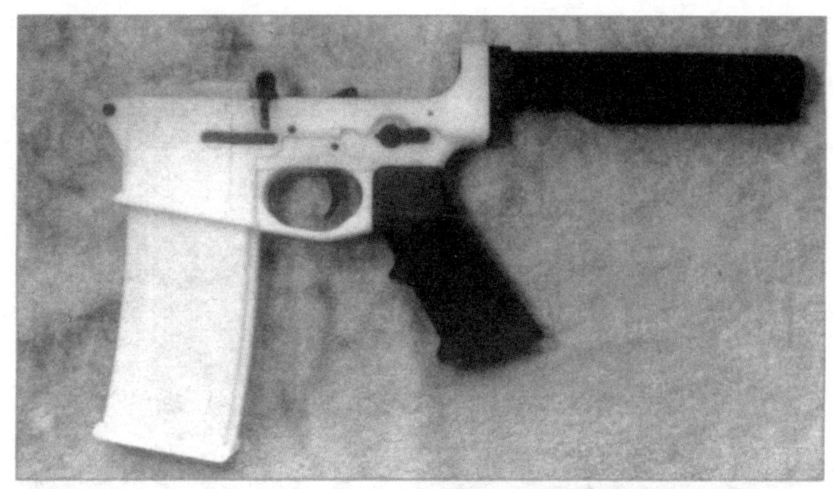

图6-3　白色部分是下机匣，通过租用的3D打印机打出。它把一个半自动的步枪变成了自动步枪。枪管和枪托都与下机匣相连（国防部提供）

我不反对枪械。更甚的是，我是一家枪械俱乐部的成员，并且我的枪法还不错——这让我自己很惊讶。但是分布式防御系统表现出的是，多亏了3D打印技术，由于制造的民主化，我们不得不去认同它的东西。给每个人一个属于他自己的弹性工厂并且知道他们会生产什么——好的和坏的，聪明的和不那么聪明的。并且，尽管我完全认为3D打印将带来绝对意义的好处，但技术总有其副作用。

任何能下载软件、在电脑上创造出一种设计或是能使用数码3D扫描仪的人，都可以利用3D技术重新创造出这些东西。午夜电视节目主持人杰·莱诺在自己收藏汽车的车库里有一台3D扫描仪和一台3D打印机，这样一来，他的机器就能为自己已停产的汽车制造零部件了。

有了3D打印机和扫描仪，你就能生产或是复制眼镜镜框、珠宝、假牙、玩具、爱因斯坦的半身雕像、工厂制品的原型、你所拥有物品的替换部件、钥匙等等，当然，还有能将攻击步枪全自动化的转换部件。有些3D打印机和一个小型的冰箱一样大，其他的则小到足以放在桌面上使用。

看了所有的这些宣传介绍后，你会认为这种出自美国的技术是全新的，但恰恰不是。新的地方在于3D打印机会越来越便宜，而且你也可以从网上下载到相关产品的数千种设计。有了那些设计，你就能用打印机把真正的物品给打印出来。人们也可以交换彼此的设计，出售自己的设计或者把它们送给别人（见图6-4）。

图6-4 租来的桌面大小的3D打印机。该打印机由位于明尼苏达州伊代纳市的Stratasys公司制造。国防部利用该打印机打印自动步枪。当得知国防部租用打印机的用途后，Stratasys取消了租赁并收回了打印机（The Intel Free Press）

遗憾的是，疯子们都把目光投向了这项技术的消极一面。但技术通常会在设计初衷之外的地方派上用场，从而受到人们的欢迎。比如，分析人士认为20世纪80年代录像机会变得十分普及，紧接着是DVD，因为这么多人需要用它们来看色情片，而不是歌剧或芭蕾。像“分布式防御”这样的边缘性团体或许会成为向大众推广3D打印的先行者之一。

事实上，3D打印很早以前就应该成为新闻了。这项技术首先出现在20世纪80年代，当时它有些技术性名称，比如“选择性激光烧结”，以及“立体光刻”等等。无论你怎样叫这些机器，它们生产的东西都是有电脑软件控制的。这项技术仍处在“婴儿时期”。

美国发明家查尔斯·赫尔被视作是3D打印机的创造者。他为这项技术申请了专利并创办了一家名叫3D Systems的3D打印机制造公司，这家公司目前仍是业界领袖。1988年，赫尔的公司发布了第一款名叫SLA-250的商业产品，使用的是“立体光刻设备”的首字母缩写。SLA-250诞生后，其他公司也纷纷动手生产3D打印机。

直到这项技术发明大约三十年后，它最终变得受欢迎起来。比如，2012年，一家名叫LayerWise的比利时公司，用有陶瓷包裹的烧结钛打印出了人体下巴。这副下巴被移植到一位患有渐进性脊髓炎的病人体中，以替换原有的骨骼。2013年，康涅狄格州一家名叫Oxford Performance Materials的公司用3D打印技术打印出了3/4的人类颅骨，这个假体被植入一位病人体中用来替换受损的真骨骼。管理医疗设备和药品的食品与药品管理局批准了Oxford公司所用的材料及其3D打印过程。这就为Oxford和其他的公司打印个性化的替换用骨骼铺平了道路，这些替换用骨骼可专用于那些真骨骼在事故或疾病过程中受损的患者。而且正如我在本书前几章提到的那样，安德鲁·赫塞尔和他的“粉红军团合作社”成员组成的基因黑客们，已经开始尝试打印DNA的核苷酸，希望借此创造出新的动植物品种来。

要打印出替换性骨头和每个人的核苷酸似乎听上去不可思议，但其实3D打印还能做更多事情。科学家们现在正用3D打印来创造新的器官。AutoDesk公司是加利福尼亚州一家计算机设计和机械控制软件的生产商(也是安德鲁·赫塞尔所在的公司)，这家公司和另一家设在圣迭戈的名为Organovo的小型上市公司共同合作开发了它们称为NovoGen MMX的生物打印机。

这台新机器并不是科幻小说中的东西。人们把它设计出来，是用于将超薄的人体细胞层平铺起来并把这些细胞层形塑成活体组织。Organovo公司的当前目标是培养出可供药物试验使用的人体活组织，这样它们就不必拿到动物身上进行检测了。如果Organovo公司取得成功的话，它在研发新药的过程中就可以省去成本高昂且耗时的步骤。

打印人体组织还只是个开端而已。这项技术的目标之一是学习如何打印器官。NovoGen公司的打印机不是用墨水、塑料或是金属粉末，而是用研究人员所称的“生物墨水”，也就是各类细胞（某些情况下会是主干细胞）和化学物质的混合物，来完成这项工作。

这类形式的3D打印将产生巨大的意义。目前，要获得一个心脏、一对肺片或是一个肾脏，人们通常要等待好几个月甚至数年时间。而到那时候，当器官准备好了，其接受者将不得不匆匆开展手术，因为这个器官是由冰块包裹着送入手术室的。

上述等待时间，加上手术的突然性，已经足够可怕了。但是需要应对的更加困难的问题是，这个器官来自他人身上，可能受到被接受者的免疫系统排斥。但是，如果我们从接受者本人身上取出所需的各类细胞进行培养，然后用于打印一个器官。那个器官无论怎样都不会被接受者的免疫系统所排斥。器官的捐献者和接受者都是如此。康奈尔大学的研究人员和多家医学中心都已经成功打印出能够精准适用于士兵外伤治疗的皮肤细胞，科学家们现在也已培养出肾脏细胞。随着此类技术的发展，它们将可能被用于成功治疗那些目前仍然缺乏良好医学方案的几类病人。

想象一下一个可以从捐献者自己身上打印出器官然后再移植给他（她）的世界吧。在那个世界里，心脏、肝、肾以及其他器官的疾病都将不再致命。

有利和不利的方面

在一个更加普通的层面，每个人毫无疑问会制造一些危险的物品，比如剑、刀和枪，这些东西都可以通过3D打印机生产出来。那是个假设。不管出于怎样的原因，人们都会做那样的事情。一项新技术一旦发明，就会有相应的非法事物出现。那就是我们为什么会看到汽车和偷车贼，以及互联网开发先驱和互联网盗版者的原因。

比如，假如你喜欢艾尔莎·柏瑞蒂设计的金银珠宝，现在只有在蒂芙尼专卖店才能买到它们。但有了3D打印之后，你或许可以前往私人订制的站点，下载柏瑞蒂的签名设计，根据这些设计，用烧结金属打印出非常完美的真品仿制件。或者，如果你无法得到这些设计，你只要用一台数码相机拍下你喜欢的柏瑞蒂的垂饰，然后进行仿制。通过这样的方式，3D打印会导致3D造假的出现。

结果我们会看到到处都是法律诉讼案。人们或许会把引擎或者飞机部件都打印出来，或是制造出假的医疗装置，比如心脏瓣膜和人工钛臀。这些产品或许看上去很不错，但它们不一定用了该用的材料，或是在强度上不符合原始的规格要求。Napster软件能够在文件分享时代到来之际提供歌曲分享下载服务（并改变音乐产业的格局）。3D打印正在做与Napster类似的事，但这次是在由真实事物组成的世界里。

不过，同样存在许多有利的方面。随着3D打印的演进，你或许可以打印出一条女式礼裙、一套男士晚礼服或是舞会礼服。你也不用在婚纱上花费数千元，可以自己打印一套。如果你足够有创意的话，你可以自己设计并打印自己的衣服，兜售自己的设计，并尝试让自己出现在真人秀节目《天桥骄子》上面。对于某些物品而言，随着我们开始在自己家里进行打印，这些物品的劳动力成本因此可能降低到零。

当然，打印舞会礼服或是时髦的帽子，抑或替换用的汽车部件都将产生颠覆性影响。那就是新技术通常所能发挥的作用。计算机和喷墨打印机的诞生使世界上打字员的数量大幅减少，从每个经理配一名打字员到只有很少一部分人有打字员。不过，人们已经适应了这一点。打字员都变成了行政助理，或者在某些情况下，他们成了经理。一项新技术的诞生确实让部分人丢了工作。在大多数情况下，他们必须重回学校学习，我们的经济似乎总会为人们找到用武之地。在第一批文字处理器和打印机即将投入商业领域时，1980年的失业率是7.1%。但当这些机器一摆上普通大众的写字台，失业率下降了。1990至2007年大萧条来之前，平均失业率仅有5%多一点。不仅如此，失业率下降也有劳动力扩大的因素存在，因为更多的女性和少数族裔加入了劳动力的队伍。

我对于新技术带来颠覆性影响的回答并不只是说“别担心”。我想说的是，尽管把劳动力投放到一个超级版的抢座位游戏中总会产生颠覆性影响，但是迄今为止，在每一轮游戏的末尾，大多数参与者都成功找到了一个位置，尤其是在已经过了足够时间之后而且萧条都已结束的时候。如同统计资料所显示的那样，人们总在不断失业，但同时也总有新的工作机会被创造出来，而且现在就有大量岗位正在被创造出来。

如此之多的人在他们家里的桌面上有着自己真正的工厂，虽然这种想法或许令人担忧，但我们必须记住，这也可能是巨大力量的源泉。因为这个产业部门是全新的，我们还不知道它会对其他经济领域带来怎样的效应。在家为咖啡机或是真空吸尘器生产替换部件到底会对其他经济领域的就业状况产生怎样的影响呢?（我猜想负面的影响更多一点。）但如果你在家为一台全新型号的咖啡机或真空吸尘器生产一个原型，这些机器恰好是像通用电气或惠而浦这样的大公司想要大批量制造的产品，那将会有怎样的效果呢？如果那一切都发生了，我的设想是它将对创造就业产生积极正面的影响。这不正是科技影响经济发展的方式吗？它创造了新的就业岗位——住家的咖啡机设计员，同时它也毁掉了另一些工作机会。

想一想我们的劳动力是如何进化的吧。早在美国大革命的那些日子里，Brown Bess是英国武装部队使用的火枪。当美国人在列克星敦和康科德战役中协力同心与英国人作战时，很可能Brown Bess明火枪开火的声音会响彻全世界。

那些火枪是家庭手工业的产物。而英国皇家兵工厂生产枪支，原本叫“国王型”（当然也有其他型号），并把枪支原型存放在伦敦的安全地点。从英国王室收到制造这些枪支的订单的军械工人将会前往伦敦，测量“国王型”枪支的精确尺寸，画出图样，然后回到他们的家庭作坊去完成订单。英国军队使用了一个多世纪的主力燧发枪，就是这样生产出来的，从1722年一直到19世纪中叶。

每当设计有所改动，比如要生产用于对付美国叛军的长岛型火枪、供皇家海军使用的海洋型火枪、供英国在印殖民地军队使用的印度型火枪等，英国的军械工人们就会赶往伦敦测量尺寸的变化情况，然后绘制出火枪的图样来。每一支存放在伦敦的Brown Bess明火枪现在都能通过软件发挥作用，这就解释了人们为什么把它叫做一种型号的原因了。

大多数生产这些枪支的军械工人会和自己的家庭成员共同完成产品的制造。有时他们在农村地区生产枪支，借助自家谷仓中建造的大铁炉，部分情况下这些铁炉会设在大城市的商店里。在人类历史的大多数阶段，人们以家庭为单位在屋里或农场中进行劳作，生产他们只是称为“制造物”的东西。当这些家庭在城镇里有了商店，他们常常居住在商店楼上或是邻近之地。这种生产东西的方法在新世界中也变得十分流行，其中一个例子就是位于波士顿的保罗·列维尔的房屋，在那儿还有列维尔的银匠铺。

作为美国的发明，现代化的大规模生产诞生于19世纪早期的马萨诸塞州斯普林菲尔德。当时美国需要为军队提供枪支和其他武器，在1812年的战争中与英国人作战。英国人那时一度仍然用手工生产他们的Brown Bess明火枪，而他们的美国对手已经开始制造尺寸一致的零部件，一批接着一批，然后把这些零部件组装成为相同的武器。当大规模生产渐臻完善之时，它摧毁了旧式家庭运营的作坊生产模式，最终，部分人会提出这样的看法，大规模生产摧毁了家庭本身，至少摧毁了作为一个经济单元的家庭。

在大规模生产时代到来之前，人们并不专门跑去工作，他们生活在工作之中。大规模生产和工厂化生产崛起后，家庭成员纷纷首次走出家门工作，他们常常需要长途跋涉，从乡村地区到城市，以不断靠近自己工作的地方。因此，当家庭成员们开始在城里工作，他们会从自己家里搬出来，到城里租住下来或是寻找寄宿之地。他们不是每天都能见到自己的家人，尽管他们在一起吃、住、干活，但这些工厂工人仍然很少见到自己的家人。即便到了今天，工厂工人们（知识分子也一样）每天常常需要花八小时甚至更多时间进行工作，然后花一到两个小时用于通勤，剩下只有很有限的时间来陪伴家人。(这要看你的个人情况，或许也并不件坏事。)

我之所以说这些，是因为3D打印或将改变我们今天的生活方式。20世纪60年代，我在加利福尼亚长大，那时，加州正是美国航天工业的中心，我当时为我的叔叔工作。他的经营活动包括销售、修理、翻新高科技工业用具、飞机引擎使用的机械设备、民用和军用飞机、探索太空的火箭以及防空导弹。当我学会开车之后，我叔叔把一辆大型白色厢式货车的钥匙给了我，让我做起了送货员的工作。

对于我的第一次送货经历，我至今记忆犹新。我叔叔和我一块儿把几箱硬钢制成的刀具和精确菱形头的切割工具放进厢式货车后备箱。他给了我送货地址，还告诉我要把这批部件送到当时靠近洛克希德总部的一家公司。作为背景性介绍，他告诉我这家我要前往送部件的公司专门负责铸造军用飞机机翼支撑物所需的硬金属。

这家公司的地址位于伯班克机场附近，但当我找到它所在的街道和门牌号码，我认为自己或许是迷路了。我在一幢典型的加州风格房屋前停了下来，这幢屋子看上去并不像一家公司。我又看了看地址，接着又在地图上找了找，当时还没有手机和导航系统。地图显示我确实没有走错。

怀着半信半疑的心情，我走向了这幢石头顶的粉蓝色小屋。门铃旁边的一小块金属标志显示，“送货请走后门”。我想我大概是走对了地方。

我又重新回到货车上，把箱子卸上手推运货车，推着自己的切割工具向车库走去。我发现在侧门上有一块很小的标志，上面写着我叔叔给我的纸上写着的这家公司的名字。

我敲了敲门，打开门之后走进屋里，眼前的一切让我惊呆了。车库中央是一台巨型机器，很像车床，大约有五英尺宽七英尺长，至少也有五英尺高。机器的外壳上有扇塑料门，透过这扇门我能看到旋转钻头一样的东西，源源不断的水流正冲刷着这个钻头。一个身穿牛仔裤和T恤衫的男人坐在操作台前监控着球形按钮和表盘，我显然还无法弄懂这些东西都有什么用处。

一个坐在小桌子旁的女人站起来走向我。“你就是阿特的侄子？”她问道。

我点了点头。

“我是迪。我丈夫保罗现在没法放下手里的活儿。他正在用机器做切割，刚弄到一半儿。我们拿到了一笔大订单。你可以把箱子放在那儿。”她说。

迪指着乱糟糟堆满东西的车库中的一处空地。当我把箱子从手推运货车上搬下来的时候，她在一旁仔细察看货物，以确保订单没有出错。

“请向你叔叔问好”，她说。“我们爱他。我丈夫只和他做生意。我们的客户有洛克希德、道格拉斯和波音，所以我们需要迅速拿到工具。”

根据我的经验判断，20世纪60年代晚期美国的航空工业——就是把人类送上月球的那个产业，和当年英国的火枪制造业并没有太大的不同。对航空工业而言，一些大公司会从几百家家庭作坊中购买产品，然后由自己生产剩余的零部件。

但是当计算机控制的机械工具诞生后，这些小机器作坊大多数都关门歇业了。数百位高技能有创造力的企业家破产。

随着3D打印时代的到来，这种局面或许会出现部分逆转。这是个风险很大的赌注，但3D打印取代高度自动化工厂并非全无可能。更有可能的是，3D打印将被整合进入产品的生产过程，通过某些物品的替换部件来实现，比如真空吸尘器、洗碗机、衣物干洗机这些可以在家里打印的东西。

3D打印将使小型企业商店得以开张，为各种各样的客户、产业部门与消费者生产极具创意的独一无二的商品。这些物品中的一部分无疑拥有自身的艺术表现形式，比如雕刻、帆布、珠宝、道具等等。实际上，我们可以想象布景师将下一代版本的星舰“进取号”或某些克林贡船打印出来，把它们用作即将上映的电影或电视剧的特效。

人们在家里生产的其他物品也许是技术性的。比如，我成长过程中认识的一名神经外科医生在自己的车库里建了个很大的机器商店。他热爱动手术，但他同时也十分热衷于发明医疗器械帮助自己的病人。他在自家车床上制造小的金属装置来缓解受伤病人颅骨内部的压力。他为这些装置注册了专利，授权大的医疗器械公司使用它们，并成了非常富有的人。

有些人不会选择在车库的车床上亲自动手切割金属（我那位神经外科医生朋友就担心因操作不当出现的金属碎片会弄伤他那双训练有素的手），像这类人可以使用3D打印，这种方式可以让整个生产过程更加安全、迅捷，或许也会更加简便。

与此同时，工程师们也可能制作出即时所需产品的快速原型。比如，如果波音787梦想客机因锂电池不断出问题而不得不在2013年停飞时我们已经开始使用3D打印机了，那就咨询工程师们的意见吧，他们可以在家或办公室里工作，很可能就设计出某种型号的电池，这或许有助于缩短这种新型大飞机在地面待命的时间。一旦就电池问题让大家放手为设计成功解决方案展开竞争，数百位工程师和智者或可为解决问题贡献自己的专长。

此外，这项技术还有其他更为普通的用处。想想那些持家的人吧，他们想要一个柜橱或书架存放自己的菜谱，或是一个架子用于放置烹饪用的刀具，他们就能用上这项技术。

最关键的地方是，3D打印将会打破工厂制品和家庭制品之间原有的平衡，至少某种程度上说是如此。这种改变到底会以怎样的形态呈现，我们无法预测。但是随着技术的不断发展，美国的制造业基地至少会部分地变得平民化。而且，正如存在计算机黑客那样，安德鲁·赫塞尔把他自己说成是基因黑客，未来同样会出现物品、材料或是外形黑客，他们会为三星手机制造iPhone的外壳，或者为大众汽车生产保时捷的车身。

3D打印技术正在不断积聚发展动力，而且这种动力很可能会得到持续增长。有关制造真正的大型3D打印机的计划已经披露（当然这是从一次TED演讲中透露出来的），或许这种机器的长和宽足够在混凝土板或是水泥地基上打印出一幢房子来。这种型号的打印机，一旦被生产出来，或许是被悬挂在一个大钢架上面，在混凝土板或水泥地基上移动着，就像直播超级碗比赛的电视摄像机挂在足球场上方的线上移动那样。这种型号的大型设备会有个打印头而不是视频摄像机，它会来回拉动，留下超薄的树脂层。届时它会从房屋底部向上施工，从混凝土板开始，直到完成屋顶的最上端部分为止。考虑到3D打印的工作方式，它还能铺设管道设备（水管、水池、龙头、淋浴器、浴盆和洗手间）和房屋的其他组成部分，每次可完成万分之一英尺。它也会打印布设电线用的管子以及早餐角落。如果你想要的话，它也能帮你打印出一个塑料树脂的沙发来。

正如我在本章之初所提到的那样，美国劳动力的生产率远远胜过其他大多数国家。坐在电脑控制台前的美国工人操控着数十台机器，这些机器共同生产了许多部件、产品以及许多我们用来让自己生活更好的机器，而且它们干起活儿来几乎要比全世界任何其他地方的工人更有效率。基于这样的原因，工厂正在回归美国本土，和工厂一起回来的，还有最近数十年内离开美国的部分工作岗位。

与此同时，我们国家没有什么是一成不变的。我们组织生产的方式，也就是在全国甚至全世界制造零部件并在一个集中地点把它们组装起来的方式或许要变了。我们或许会为自己下一台电脑打印盒子来与内胆包相匹配，或者只要订购机器的核心芯片就行了。我们或许还会租一台巨型MakerBot打印机，把自己下一幢房屋一层层地打印出来，房屋的外形我们甚至做梦都没有想到过。

随着这种情况的发生，许多事情都会发生改变。我们的生产模式或许会转变，因为人们自己可能为他们购买的商品贡献更多价值。对于一个目前总量已经接近16万亿美元的经济体而言，所有的这些商品又能占有多大的份额呢？我其实并不知道它的答案。但我知道，有时候相对简单的创新会十分深刻地改变我们生活的方式。无论是大规模生产、精益化生产还是分布式生产，这三种生产模式没有一种让我们的产品发生了很大变化，因为它们都接受我们制造产品的方式。每次当创新产生的时候，它们所带来的改变都会对经济发挥作用，迫使一部分人忍痛适应，同时又恩赐给其他一些人以巨额财富。亨利·福特并没有发明汽车，他只是改变了我们生产汽车的方式，就因为这一点他和他的后人们得到了极大回报。依我之见，我们正处在又一次创新发生的早期阶段。

即便是我们平时吃的食物以及我们制作它们的方式，都有可能会经历某些巨变。我曾读过一个发生在未来很多年之后的科幻故事。在故事中有个很像冰箱的装置，这个装置仅仅使用几瓶化学制品和空气中的氧和氮就能做出我们想要吃的食物。我记不清这台机器是怎样发挥作用的，我想它可能是通过生产苹果或是炸玉米片的每个部分来完成食物制作的，或是每次反复做微层直到点心做好为止（这台机器或许可以解决2012年发生的全国性的奶油夹心蛋糕危机，当时Hostess的母公司申请破产了。）《星际迷航》也展示了类似的东西——复制器——尽管这部电影从未真正解释过这种机器的工作原理。

我无法肯定上述科幻故事中描绘的这个装置到底是否会在第二个美国世纪中被制造出来。但事实已经证明美国和其他地方的研究人员的的确确正在朝生产这样的装置努力迈进，一开始会是制作汉堡包的打印机，使用各种不同的基因工程手段和新型3D打印方法。2008年，“善待动物组织”设立了一项奖金总额为100万美元的奖项，用于奖励任何能够成功创造出人造肉的人，作为结束动物杀戮的努力。此外，泰尔基金会也资助了生物技术创业者一笔钱，鼓励他们运用3D打印技术生产肉类。

目前，有关赞成生产某些种类人造肉打印机或复制器的观点主要集中在动物权利、食品供应问题以及环境问题上（因为大群的牲口会排出大量对环境有害的废物和甲烷）。如果这些装置成功投产，一种全新的食品来源就开发出来了。我非常自信地认为，第一批出售的机器将会在美国制造。

［第7章］

并非事事完美

每种幸福生活似乎都会存在阴云。尽管我对美国及其未来发展前景做出了大胆的预测，但我同样有自己的主要关切。就像我在这本书开头部分提到的那样，没有一个国家是完全没有问题的。

美国的确正在创造很多就业岗位，即便是在金融危机和大萧条风头正劲的时刻，美国也创造出了就业岗位。但问题是，我们培养出足够多的工人了吗？

请不要误解我的意思。我们国家有很多人——男的女的，男孩女孩。但问题是，他们许多人的学业太差，或是不愿意修读重要领域的课程——也就是由科学、技术、工程和数学组成的所谓STEM学科。我们需要更多人在上述这些宽泛的领域接受教育。如果我们未能在这些学科领域培养出自己的人才，那么我们就需要让在这些领域有一技之长的人更容易移民到美国。如果美国要继续保持前进态势，就需要教育好自己的人民。

摆在我们面前的是一些让人悲观的事实。美国将会在很长一段时间内成为主导全球的经济强国。那是因为我们拥有巨大的能源储量、充足的资本供应、无与伦比的制造能力以及高水平的创造力。这些动力会推动我们国家达到新的高度。但是，除非我们的孩子能在学校里取得好的成绩，否则将会有更多看上去像Baxter机器人一样的工人，而像你我这样的人只会变得更少。

之前我曾提到，如果你认为沙特阿拉伯的事情会发生在美国身上，你就会拥有我们的未来。但这就是关于沙特阿拉伯以及其他蕴藏丰富油气资源的海湾国家的肮脏小秘密。几乎所有让这些国家经济保持增长的劳动力都是从国外引进的。教师、医生、管理人员、投资基金经理、酒店工人，甚至包括修剪树木的园艺工，都来自其他地方。

尽管这样的事情在某些人口较少且资源丰富的国家可以勉强被接受，但在这里却完全行不通。是的，我们需要源源不断地接受有才能的移民前来美国并在这里投资，开设公司并且留在这儿。那很重要。同时，我们当然也需要让美国人在劳动力队伍中找到自己的位置。如果不能做到这一点的话，可能出现的结果就会很糟糕——这个国家的富人和穷人之间差距会越来越大——变成了国家1%的人和其他人对立。

统计数字印证了这一点。我们早就知道，拥有大学学历的人的平均收入大约是那些只有高中学历的人的两倍——后者每年平均为23 520美元，而前者每年平均则可达到51 108美元。[1]那些拥有STEM学科学位的人还可以赚到更多的钱，如果你有某个STEM学科的高级学位，你每年可以赚到100 000美元左右，而如果你有艺术、历史、文学、哲学以及其他人文学科的高级学位，总之不是STEM学科，那你每年只能赚到72 000美元。[2]当然，事实是除了马克·扎克伯格、比尔·盖茨、史蒂夫·乔布斯这些人——他们都是难得一见的天才，聪明过人以至于可以提前结束学业，在STEM学科的毕业生中潜藏着一些我们最具创造力的企业家。

经济变革的动力通常是冷酷无情的。经济体运行方式背后的逻辑并非取决于人们是否任性而为或表现良好，或者说他们是否应该一出手就能成功。我见过一些极其成功的人，他们已经积攒了大量的金钱，但却像是热情美妙的“泰迪熊”，而其他一些人则恶意十足，以至于很难接触。经济并不会在乎你是谁，它在乎的是你做了些什么，它也不会在乎某个人来自哪里，以及他（她）经受过怎样的苦难。公平并不是一个经济概念，而是一个道德、伦理、宗教和政治意义上的概念。就本身而言，经济体似乎并不会平均分配财富。

经济体通过持续生产一系列创新性产品和服务来创造价值，并以更加有效率的方式这样做。高校的生产过程会降低成本，而创造力和创新力则会产出新的商品和服务以供销售。为了保持领先地位，每个国家都需要两种人才：一种是有创造力的人，另一种是能让事情运转起来的人（能让事情运转得比下一个人更好、更有效率，而且花费更低的成本）。问题是我们未能培养出足够多的上述两类人。

苹果公司生产了iPad平板电脑和iPhone手机，这些无疑都是前所未有的创新产品。这些产品之所以在中国生产，是因为现在这样做要比放在加利福尼亚州库珀蒂诺生产更有效率。随着技术和生产成本的变化，这类模式将会改变。在中国或是越南制造产品的意义在于那些地方的劳动力要比美国更为廉价。但随着低收入国家劳动力成本的上升，制造业者纷纷考虑离开了。

也许将来机器人和自动化生产大规模推广之后，平板电脑和其他类型的电子产品将会在加州生产，而不是在马来西亚或印度尼西亚生产。或者，把这些产品拿到墨西哥、土耳其或是卢旺达生产可以获得更大的经济利益。或是在美国的某个地方也行，只要那里的房产价格没有像加州库珀蒂诺一样高，或许甚至是附近的某个地方。关键之处在于，每当像苹果这样的公司要在其永无止境的效率诉求中更改制造产品的地点，就会有赢家和输家出现。

当在装配线上工作的昂贵的美国劳动力被在其他地方工作的更廉价劳动力替代的时候，我们就输了。现在，低廉的外国劳动力被机器人抓手所取代，而带有传感装置的机器也替换了人眼，这样我们就赢了。或者至少我们有一部分人赢了，假如我们拥有足够多训练有素的人，也就是那些STEM学科的毕业生来设计机器并让它们运转起来。

在过去的日子里，那些要求手工装配的工作，比如为汽车安上轮胎，并不要求人们接受很多教育。当人们进入亨利·福特公司生产T型汽车时，他们是否受过教育、说哪种语言根本就无关紧要。重要的是，他们能否严格自律，准时上班，每天一遍又一遍重复同样的工作。

这是非常关键的一点，因为它展示了这样的事实，当福特汽车公司位于维多利亚式皮凯特大道工厂这样的地方开启装配线流水制造时，你根本不需要任何学位就能找到工作。你只需要双手和一些手工技巧活儿。现在，富士康公司位于中国的巨型装配厂中的大部分工作也是这样，苹果公司和其他公司的许多产品都出自那里。在这些大规模装配工厂工作的人不是因为有思想才受到雇用，他们能找到这样的工作完全是因为有双可以劳动的手。

不过，那样的时代已经结束了。

在美国，我们已经不得不着手应对来自其他世界地方以及生产自动化带来的劳动力挑战。我们在应对那场转型方面做得非常好，通过聚焦服务业，通过发挥我们的创造能力，通过对自动化生产的投入。生产方式从手工转移很可能会持续很长时间，而这就意味着我们需要更多设法让知识创造价值的人，以及那些在科学、技术、工程与数学领域出类拔萃的人。

我们需要用思想的力量来实现高效率的经济增长。想一想这意味着什么吧。当然还要取决于做怎样的工作，生产线上的单个机器人可以代替10~20个工人，甚至更多，假设它每天能在不休息的情况下换位三次。但是，机器人替换不了的，至少目前情况是这样，是给它们编程并维护它们的人，也有那些为它们上保险并提供融资的人，以及当它们生命终结后将它们报废，并送到废铜烂铁堆中以待循环利用的人。

2000年时，美国共有130万人受雇于汽车制造业，他们从事着传动装置建造、生产车窗玻璃以及组装多功能旅行车等各种各样的活动。而到2013年，只有80万人在汽车行业工作了，之前的2008—2009年经济萧条期间，汽车行业的就业人数一度下滑到62.5万的低点，[3]当时，通用汽车公司和克莱斯勒公司都破产了，现在已经恢复过来。

2000年时，美国总共生产了127万辆汽车。这是非同寻常的一年，事实上也是我们经济景气度最好的一年。不过，有预测显示我们2013年将会生产出同样多甚至更多的汽车，而完成这样的生产目标大概只需要不多于50万的工人。

我们企业雇用的工人与以前相比是越来越少了，但我们制造的产品比之前更棒。美国制造的汽车目前是全世界最好的。根据《消费者报告》[4]杂志中那些挑剔的汽车测试者的评选结果，雪佛兰英帕拉成为2014年度最佳轿车，而在加州生产的特斯拉S型全电动轿车则成为上述杂志测试过的最佳小汽车。但这些还不是全部的情况。特斯拉在全美公路安全管理局组织的安全测试中同样问鼎冠军。[5]目前，特斯拉已经在纳斯达克证券市场上市了。

雪佛兰英帕拉，这种曾一度被许多人当成笑柄，被人视作警察主力车型或者出租车队模样的小车，如今却像宝石一样闪闪发光。还有其他的美国汽车名列《消费者报告》杂志的优选名单之中。实际上，美国的汽车产品主导了这份名单。美国强大的创新和创造实力，外加效率和劳动生产率的提高，已经成为坚不可摧的优势所在。它们让美国汽车制造业在全供应链环节中都能有利可图。

美国向智能机器生产领域的转型，以及大量受过科学、技术、工程和数学专业教育的工人出现，并不仅仅对汽车制造业产生影响，而是正在影响着每一项产业。这对美国而言是个好消息，但如果你中途辍学或者只是高中毕业的话，这就变成坏消息了。那些依靠双手把轮子安上汽车的人仍然会得到不错的薪水，但他们的收入正在减少。

回到20世纪90年代，那时我还在《纽约时报》工作，记者们通常需要把他们写的文章交给编辑做在线处理，随后编辑会把相关评论或问题反馈给记者，接着再由记者回送最终的修改版本。在这个过程中，除了一件事情外，其他每件事都是电子化处理的。

我们这些记者都在三楼工作，但在四楼有一间被我们称作“创作室”的屋子。这是以前留下来的旧房间了，里面有数十名年迈的工会排版工人。他们正在练习把铅溶化后倒入模子内，形成一个个字母、单词还有一页页文字，正如早已消失的一代打印机在它们出现以前就已做过相同工作那样。这些人被雇来做的这些事情，很多年前就被装有文字处理系统的电脑以及新型打印机取代了。不过，由于这家公司工会能够继续罢工，以至于这幢大楼的一个层面仍旧沿用着我祖父时代的工作方式。

这家报纸的排版工人不能被解雇，他们也没有重新接受过训练。因为他们知道，其实我们也都知道，他们大多都是脾气很坏的人，而且有时令人厌恶。他们其实都是旧时代留下来的工艺品。这些人忙忙碌碌做的工作，是把报纸从一台大型电子印刷机中拿出来，然后用刀片裁剪好，再往每张报纸的背面涂上黏糊糊的蜡，把它们粘在一起，弄成非常厚的纸堆，最后再拍照留存下来。即便是在20世纪90年代，我们只要在键盘上输入一些代码，或许也能完成所有的这些功能。（我总是很好奇，如果那份版面宏大的旧报纸把过去花在这些程序上的钱都投入到未来发展中去，它本可以卖个更好的价钱。）

我之所以说这件事情，是因为它告诉我们，无论人们为了等所谓“好工作”回来而花费多久时间，它们都不会回来了。未来不再需要擅长将热铅倒入模子的排版工人，也不再需要那些只会为汽车安上轮胎的人。那样的日子早就过去了。

想挣到不错的薪水就必须靠大脑，而不是双手。即使是操作现代制造机器的那些人也需要会用数学来解决问题。问题是现在我们培养不出足够多这样的人才。

我们之前见过这样的事

让我们用恰当的视角来解释这个问题。我们之前就遇到过这样的问题并成功解决了它。作为二战期间美国首位总统科学顾问，麻省理工学院教授范内瓦·布什认为美国要继续保持无人匹敌的地位，就必须随着战争的结束不断增强自己的科技实力。1945年7月，应罗斯福总统的要求，布什成为一份名为《科学：无尽的前沿》的报告的主要作者，我在第1章中曾提到过这份报告。正是受到这份报告的影响，国会设立了国家科学基金会[6]（布什在他的报告中称之为国家研究基金会），作为新的政府部门，当然还有其他加强科学研究的部门。

在这份报告中，布什指出，二战期间是科学家帮助美国赢得了战争。但他同时也指出，二战期间美国几乎没有培养出任何新的科学家，因此科学人才出现了短缺。聪明的年轻人（这些人大多都是男人，因为这是非同寻常的年代）都成了士兵，而不是科学家。结果，当战争结束的时候，美国已经没有多少科学家去营造未来了。布什指出，美国必须更新自身的科学与技术研发能力，从教育年轻男女学习我们现在所称的“科学、技术、工程、数学”学科。他还强调，如果我们想要继续在经济上引领世界，就必须这样做。（在二战期间，美国生产的制造业产品比它所有的盟友加起来还要多。）在回应一个世纪前美国哲学家拉尔夫·沃尔多·爱默生的话时，布什写道：“必须有一股稳定的科学知识流来驱动私营和国有企业。”他还写道：“要实现这个目标，就必须有很多受过科技训练的男男女女，因为新知识的创造与投入实际使用正有赖于他们。”[7]

想一想布什所说的这项挑战吧。二战期间数百万美国人在军队服役——包括1 700万名男男女女。而且，随着这场战争的结束，那些仍在服役的人大多会脱下军装，重归平民生活。

布什想让人们在战后重新回到工作岗位上去，理想的对象是那些集中学习STEM学科的人，比如工程和药学。但那并不是我们国家面临的唯一挑战。正如我在第5章中提到的那样，战争结束之时，我们国家负债与GDP的比率是120%，大约比我们今天的情况高15个百分点。此外，尽管他也想打造一支现代的（就当时而言）、受过教育的、STEM学科导向的劳动力队伍，但当二战打响的时候只有大约40%的美国人受过高中教育。那时，很少有人能上大学——战争打响时只有不到5%的美国人从大学毕业。[8]和现在的情况比一比吧。2009年，已经有约75%的美国人受过高中教育了，同时大约有27%的人从大学毕业。与布什当时艰难前行的状况相比，我们的工作要容易得多。

所以，布什努力的成果是什么呢？我们国家在二战后的大堆债务中向科学进军的结果又是什么呢？超过60年的经济增长，期间只有少数的中断，其中最糟糕的一次发生在2008年。

正如我说过的那样，我们以前就解决过这个问题。

工人太少了

现在，美国门类合适的工人数量太少了。当前7.3%的失业率（25岁以上工人的失业率是6.8%）只是平均值，事实上，全国各地情况不一。市场对拥有几年工作经验的大学毕业生仍有需求。

这一群体的失业率基本保持在4.5%的稳定水平，而且目前正出现下降态势，即便是在情况最糟的衰退和金融危机期间。考虑到人们在工作过程中都会有请假、生病和出差的时间，4.5%的失业率意味着这一群体中几乎每个想找工作的人都会有工作，或是能够找到一份工作。而且，如果你有专业学位的话，比如工程专业学位，雇主和招聘者就会对你十分青睐。正如你在图7-1看到的那样，收入水平随着教育程度的上升而不断提高。

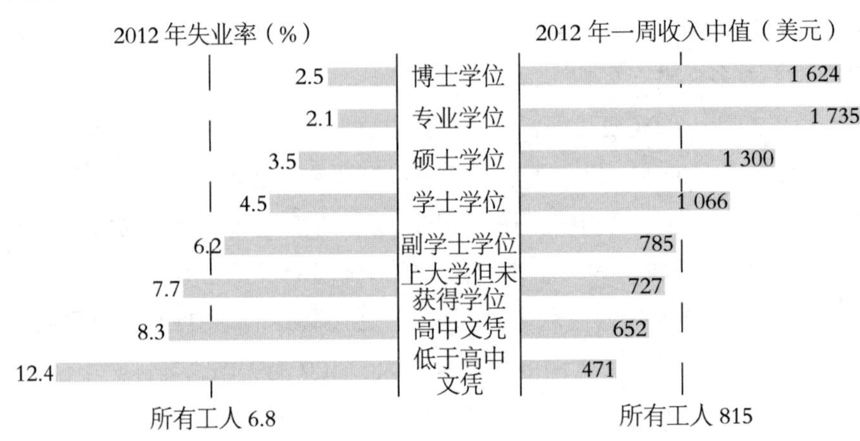

图7-1 依人群受教育程度划分的收入水平和失业率

来源：劳工统计办公室，当前人口调查

对于那些早早离开学校或者刚毕业的人而言，失业的确是唯一的问题。那些没有高中毕业文凭的人，失业率是11.3%。而对于部分年龄介于17~25岁（仍需取决于具体年龄）且没有高中文凭的人，失业率要高达18%。

随着经济的复苏，新近的毕业生们会发现就业市场变得更加受人欢迎了。现在那种情况正开始出现，尽管形势并没有完全逆转。但这个国家真正需要的，是拥有科学、技术、工程和数学学位的人——两年制或者四年制毕业生。那些正是我们薄弱的地方。

幸运的是，我们已经看到许多趋势。它们尚不足以解决问题，但至少它们出现了，这本身就是个好消息。

以德国西门子公司为例。西门子公司是欧洲对美国成立通用电气公司的回应，这家公司在美国有大量经营活动。和通用电气公司一样，西门子公司是一家业务多元、专长于高科技制造与工程建设的公司，其产品涵盖多个领域，从能源装备到医疗器械。美国是西门子公司最大的市场，同时也是其最大生产中心之一的所在地。这家公司在美国雇用了6万人，每年创造出220亿美元的税收（几乎是该公司每年总税收收入的1/4），每年从美国向外出口货物的价值约为60亿美元。西门子公司在全美拥有100多个制造基地。[9]

西门子抓住了美国国内的巨大机遇，尤其是在能源、高科技装备和医疗设施领域。它非常愿意雇用更多美国工人，而不是更少。但是根据西门子美国分公司总裁兼首席执行官埃里克·A.斯皮吉尔的说法，像他们公司那样的企业，真正训练有素能胜任工作的人实在太少了，需要进行补充。现在到底有多少就业机会是开放的呢？斯皮吉尔估计，全美企业约有300万个就业岗位是空缺的，因为它们无法找到足够训练有素的工人。300万个空缺的就业岗位是个非常大的数字，它表示我一直在提及的缺额是巨大的。这个数字反映了我们在许多层面（个人层面、家庭层面和制度层面）是失败的。

假如范内瓦·布什还活着，我相信他一定会绝望地看着这个数字。他会从工程的视角出发，把它当成一个问题来解决。他会看着我们的技能缺陷然后询问，我们怎样来填补这个空缺呢？要知道在他那个时代，工人们的教育水平足以胜任他们的工作。二战结束后，GI法案为退伍士兵免去了上大学的费用，同时还为他们创业提供低成本抵押与贷款便利。正是受益于该法案，700万名退伍士兵得以回到大学，他们许多人都学习与科学有关的学科。这对于美国经济而言，是巨大的推动力量，帮助美国在二战结束之后保持领先地位。

我们无法把每个人都送到大学里去学习科学、技术、工程和数学这些学科。部分学生正在失去赖以成长的教育根基。在这个群体当中，某些人能够重新获得自己失去了的教育根基，但他们需要学会明了自己接受良好教育的要求。那一切发生在二战之后。毕竟，有700万人在GI法案的支持下读了大学，要知道当时美国只有40%的人口完成了高中学业。让人们明白自己需要接受教育是可以做到的。而且，当这一切都发生的时候，我们的社区学院网络系统能够帮助人们重新建立起缺失的教育根基。但是，这些机构受到很多局限。我们需要扩大规模，通过各方共同支持，我们就能努力让那一切都发生。稍后我会集中谈谈这个问题。

对那些从高中辍学，或是对读书缺乏动力或兴趣，抑或不愿意重回学校深造的人来说，我觉得他们就没什么希望了。我们的经济以及经济繁荣不断造就的富人阶层就和他们无缘了。

我们知道，技能与工作岗位之间的不匹配需要被纠正过来。办法之一是用好现在正在美国学习的76.4万外国毕业生。我们需要向他们展示我们的兴趣，让他们更容易留在美国。移民可以成为这个国家强有力的贡献者，尤其是那些正在这里学习的人。外国学生不会抢走美国人的工作。他们在这里生活、工作之后就变成了美国人。而且，他们也变成了企业家。甚至有时候，他们还能创办企业，雇用许多其他人。

闪光点

根据美国商务部的统计，从2008到2018年，以科学、技术、工程、数学等学科知识为基础的工作机会有望增长17%，相比之下，无需上述学科知识的就业岗位只会增长9.8%。[10]比如，至21世纪第二个十年末，健康护理产业有望增加500万个新就业岗位。如果健康护理产业所有的这些就业岗位都由那些目前仍然失业的人来填补，那就会极大地降低整体失业率。

如今，美国中学后教育机构颁发的科学、技术、工程、数学学科学位占总体毕业生人数的14%~19%。但是，麦肯锡全球研究所的研究表明，要填补埃里克·斯皮吉尔先前提到的技术人口的巨大缺口，那个数字就需要增加到所有大学毕业生人数的23%。[11]

这本书里提到的几乎每一项美国的优势都有赖于科学、技术、工程、数学学科。如果没有更多训练有素的博士在生物科学领域耕耘，我们经济中快速增长的那部分就可能会停滞下来。如果没有足够多的地质学家、地震学家和3D视觉专家，用水力压裂法获取天然气也许不会取得进展。如果没有高素质的油气工程师，水力压裂法也不能安全顺利地完成。此外，我们都知道如果没有深厚的技术功底，就无法开发机器人产品，制造出像3D打印机这样的产品。波士顿四郊之所以能形成机器人公司集群，是因为在这些公司工作的人们喜欢雪——尽管很多人毫无疑问是这样的。它的形成，也因为麻省理工学院和其他学校就在附近，这些学校为它输送了受过技术训练的先驱骨干。

我们经济中正在发生的这些变化同样体现在学生身上。2007—2009年间工程类学校招收大学生人数上升了15个百分点。[12]我们国家工程类专业的新生入学人数是过去三十年来最多的。

根据得克萨斯农工大学校长R.博文·洛夫庭的说法，一所以培养工程技术类人才为导向的学校很清楚工程类就业机会的情况。“对德州农工大学工程专业人才的需求从来没有这么高过。”[13]德州农工大学目前已有超过11 000名本科生就读，但洛夫庭称他的目标是到2025年，将招生人数提升到25 000人。此外，从2009—2011年，在经历了一段停滞时期后，各所大学为科学和工程专业提供的研究空间总体上增长了3.5%。这一统计数字表明，即便是在经济困难时期，各所大学都不断在科学领域投入资源。

有个例子可以比较清楚地说明这一趋势。美国人口排名第29的大州——康涅狄格州，虽然只有350万居民，却募集了15亿美元的资金支持康涅狄格大学科学、技术、工程、数学等专业的发展。要知道，康涅狄格大学是一所以农业学校起家并由政府拨地的学院，但现在已经慢慢让自己变成了一所真正的研究型大学。

对一所只有3万名学生的学校而言，在科学、技术、工程、数学专业上增加15亿美元无疑是一笔巨大的投资。它显示了美国的教育家们远远没有自满。他们明白教育并训练我们的学生去适应高科技的未来是很有必要的。此外，谨慎的大学管理者们也在继续重估各项专业，检验自己毕业生的就业数据，从而扩大那些最近毕业生需求高企的专业的招生规模，即便这样做意味着要削减部分就业困难专业的招生人数。

另一个健康的迹象就是这个问题很大程度上已经不会受到美国政治极化的干扰。比如，我参加过一个支持赞助国立卫生研究院的会议，与会者有众议院多数党领袖、共和党人埃里克·坎通，以及前众议长南希·佩洛西，她当然是个民主党人，还有参议院多数党领袖、民主党人哈里·里德。尽管他们并不坐在一块儿，他们所有人的确都出席了会议，并支持国立卫生研究院在科学方面从事的研究工作。虽然这不是很普遍的现象，但至少在我写作这本书的时候，我看到了两党的支持。好吧，不管怎么说，看到共和党人和民主党人都明白科学的重要性实在太令人振奋了。不过，在本书写作之时，国立卫生研究院的拨款还没有着落。

公司项目

让我们重新回到西门子公司还有我先前提到过的一个论点，社区学院是关乎我们未来的重要因素。由于美国是全世界最可获利的市场，西门子公司向自己的员工提供了他们所需的能胜任未来世界工作的培训类别。的确，这样会把补救式教育的负担加在私营公司身上。但正像人们说的那样，事情是什么就是什么。如果你想赚钱，你就需要进行投资。

西门子公司通过将许多自己的美国员工送去职业学校培训来应对挑战。比如，这家公司参与设立了名为“学徒训练2000”的培训项目，这是个在北卡罗来纳州夏洛特举办的四年制项目，旨在训练高中低年级和高年级学生将来在8家伙伴公司开始职业生涯——其中有5家公司是德国公司或瑞士公司。该项目的学术合作单位是中央皮耶德芒特社区学院，它负责为项目量身订制课程。

通过这样的方式，即为公司开发培训项目，社区学院正在不断充实现有的劳动力队伍。在上面提到过的那个案例中，培训项目主要致力于训练人们在西门子公司的风轮机产业工作。这些培训项目中有一部分效仿了德国学徒训练项目，要知道几十年来这些项目已经在那个国家成功培养出了许多工人。那些由政府和企业联合资助的项目，和西门子公司在美国北卡罗来纳州设立的项目并没有很大的不同。

这些项目并不便宜。西门子公司的斯皮吉尔评估过，一个典型的项目需要公司为每个培训生付出约150 000美元的支出。但是因为培训生在培训期间是为公司工作的，且在他们完成培训课程后也是被期待留在公司的，这更多可以被视为是一项投资而不是成本。

除了这些培训项目外，西门子公司还与宾州州立大学建立起合作关系，来倡导在与公司未来息息相关的科学、技术、工程、数学领域进行研究并培训人员。

所有我这里提及的学校——德州农工大学、宾州州立大学和康涅狄格大学，都在需求用数字化项目来教育学生和社区学院的教师，以使得他们能够在培训学生进入像西门子和其竞争对手（比如说通用电气）这样的公司中做得更好。作为这个项目的一部分，美国国家科学基金会将提供基金来整合以就业为目标的社区学院学生和精英学校的工程学生。

社区学院在金融与经济危机期间变得自负盈亏。它们不仅教授传统的学生基础群体——想转成4年学院制的人、需要加强教育技能的学生和以就业为目标的学生——同时它们也训练四年制学院的毕业生如何在职场变迁中胜任工作。

两年制学院的重要性是众所周知的。奥巴马总统在他2012年第二次竞选总统时，设定了一个让这些学院入学人数增长200万人的目标，其中大多数是技术和职业教育方面的专业。到目前为止，国会还没有为这项努力拨款。因此要向斯皮吉尔暗示的那样，把300万个留给科学技术工程和数学专业人才的职位空缺给填满还有很长的路要走。但即使国会愚蠢地拒绝资助这个项目，至少各个州会更明白它的重要性，在2012年，24个州通过了增加培训项目的计划，以便更好地让这些项目与行业需要相结合。

这其实也并不是什么新鲜事。早在2007年，我就和美国社区教师协会（一个全国性社区教职人员领袖的成员组织）在为这个问题一起工作。甚至在金融和经济危机爆发之前，它们就明白促进这个国家工人技能水平的必要性，并且在那时它们已开始准备技能水平的回归。很多社区学院的校长告诉我有关开展更好地满足公司需要的项目，他们和工业企业进行过活跃的讨论。更为有趣的是，他们已经开始共同努力，通过协会共同协作，对于相同的课程，为国内的公司提供多种方式，让这些公司可以将员工送入一个以上地点，甚至是多个州的培训项目。

随着机器越来越复杂，并且工作越来越有技术性，对社区学院而言，提出开发共同课程的想法是有意义的。此外，通过它们的协会，社区学院可以建立非营利的教育咨询公司来和全国各地的培训公司共同合作。如果这一经实现，那通用电气或者通用汽车可以在任何它们运营的地方为其员工提供相同的培训项目。

社区学院目前正在教育800万名学生，包括300万名全日制学生和500万名兼职学员，其费用仅有四年制学员花费的很小一部分。并且，因为一些两年制的教育系统规模较大——芝加哥的系统有120 000名学生，凤凰城的马里科帕社区教育系统有260 000名学生，而佛罗里达州际范围系统有900 000名学生——要知道决定可能是集中做出的，但会在一夜之间影响数千名学生。

比如，在芝加哥，拉姆·伊曼纽尔市长作出决定，让这个城市的社区学校课程与今天的高科技工作场所联系更紧密。几乎是立刻，社区学校的领袖们开始与公司会面——目前为止共计84家公司——并且一些课程已经开始展开，包括目前被称为“从学校到职业”的课程，该课程培训人们在具体的组织机构工作，比如说医院。在2年的计划期后，该项目开始输出离开学校直接进入多个领域的工作岗位的学生，包括医护、物流、制造和其他领域。公司已经和这些学院合作，并且在其中提供实习以使学生得到实践经验。其他的州和城市也有相似的项目正在展开或是已经在执行中。

在被政治上和媒体上的坏消息轰击得绝望时，这是有吸引力的。并且并不是所有一切都是美好的，总体来说，并不是任何事都是好的。但这可能是不正确的假设，就是美国负责任的领袖不明白我们需要训练更有素的工人，并且我们更急迫地需要他们。美国正在回应企业对高素质的科学、技术、工程和数学专业训练出身的劳动力需求。美国一方面在最高教育层面上做这件事，比如在像斯坦福、加州理工和麻省理工这样的大学，同时，美国也在更具社会普遍意义的层面上做这件事，让此类项目贯穿社区学院。

巨大的机会

我们应该将教育视为一种投资，而不仅是一项成本。像“不让一个孩被落下”以及跟随它的“力争上游”这样的组织，通常会把联邦基金提供给各州，用于评估教育进程，同时实施新的项目来加强教育水平。这两种项目似乎都正在发挥作用——尽管现在还言之过早。很多州学生的数学和英语考试成绩得到了提升，共有34个州申请加入“力争上游”组织，尽管它的要求很高，包括课程方面的一些变更。此外，在写这本书的同时，已经有24个州和哥伦比亚特区通过学生表现情况来考核教师，32个州和哥伦比亚特区为特许学校提供了支持，并且有45个州和哥伦比亚特区接受了“普遍核心”课程，该课程的设计主要着眼于提高学生们对数学和科学的精通程度，并使有天赋的学生能够获取大学的学分。[14]

当我们对从幼儿园到12岁的教育（K–12）做出改变时，要评估它们多大程度上发挥了作用需要花费很多时间。但事实是显而易见的，很多州都改变了教育方法。通过改革课程并提供担保，父母能够选择孩子要上的学校。尤其是因为这些改变恰好发生在大约10年的时间里。所有这些努力证明，美国在灾难正在酝酿之时并不只会愚蠢地干坐着，正如那么多的时事评论员想让我们动脑子一样。恰恰相反的是，这也表明父母的要求正在被倾听，新的方法也正在被尝试。

在美国，有几千家学校和学区运作得非常好。马萨诸塞州就是其中之一，那里拥有成熟的教育体系，培养出来的学生和其他任何一个国家的学生一样好。然而，并不是所有的州都是马萨诸塞州，许多州仍然需要帮助，这些需要帮助的州始终在寻找解决途径。并且，虽然每个州自身都面临一系列挑战和独特的情况，但要说它们不能借鉴马萨诸塞州以及这个国家最佳学区的成功经验，显然是没有任何道理的。这些成功案例告诉我们，投资于教育终会有所回报。

正如我之前提到的那样，支持把教育看作投资的一个证据，是麻省理工学院师生创办的28 000家企业，因为这所学校自成立起就是由政府赠予土地的学校。这些企业创造就业机会、给付税款、从其他公司购买服务，并且还发明了一些让我们生活更好、更健康的产品。

这些投资的主要来源有几个：麻省理工学院学生支付的学费、马萨诸塞州为学校提供的基金，以及联邦政府提供的资金。这些钱的价值被学生们翻了好几番，他们将自己的所学灵活使用到做各种各样的事情中去。比如说，设计新的医疗设备或者计算机或者机器人。这是教育机构的普遍特性——不仅仅是麻省理工学院独有的。美国几百家学院和大学衍生出商业活动并让我们的生活变得更好。数百万人尝到了教育的甜头——虽然这些礼物并不是免费的。

经济学家指出，如果你给政府钱——毕竟这是我们的钱——来消费人们生产的物品，这不如你投资在支持生产的人、流程和基础设施上对经济产生的推动大。比如，如果你投资在医疗教育上，一旦一个人成为医生，她就能通过治愈病人来给社会增值，因为届时这些病人康复后自己就能生产更多东西。花在挽救人生命上的一美元，可以让那个获救的人通过在社会上工作创造更多的美元。并且，如果这些医生中的一些加入开发医药的研究团队，他们可以挽救数千甚至是上百万人的生命。这样做的好处是无法计算的。

想想乔纳斯·索尔克，他发明了第一支脊髓灰质炎疫苗。在1995年疫苗投入使用之前，脊髓灰质炎是一场灾难。1952年，正处在脊髓灰质炎大流行的那几年时间里，美国有58 000人罹患此病，他们大多数是儿童。那一年，有3 000人死去，21 000人落下残疾。那时国家的总人口仅为现在的一半。这场疾病是以生命的逝去、世人的伤心和痛苦为代价的，耗去的金钱已经不计其数了。但在索尔克在匹兹堡大学发明他的疫苗之后，根除脊髓灰质炎的进程开始了。范围并不限于美国境内，而是发生在全球。

那么，你怎样来评估索尔克接受医学教育的价值呢？从成本的角度看？还是从投资的角度看？回首往事的话，答案就很清楚了。无论索尔克上医学院需要多大代价，他带给社会的回报是极大的。我们不仅不会再因为这种可怕的疾病而在一年中失去3 000名儿童和成人，或是必须照料50 000名患有严重疾病的美国人，抑或21 000名残疾儿童和成年人，而且我们也尝到了从这种疾病幸存下来的人多年来制造的所有产品的好处。

1955年以来，几乎每个美国人都接种了与索尔克发明的脊髓灰质炎疫苗相同或经过改良的疫苗。这其中就包括我们这个社会最伟大的贡献者，也包括你和我。如果要是没有脊髓灰质炎疫苗的话，这么多年之后，数千名甚至数百万名美国人已经丧失了自己的生命。

所以，教育到底是成本还是投资呢？想想最伟大那代人对社会和经济的贡献吧，他们靠着GI法案上了大学。

如果你问我的话，我会说教育是和其他东西不一样的投资，因为它的回报实在太大了。经济学家认为，根据不同的工作种类和地区，你花在修路架桥或是任何其他我们基础设施组成部分上的每一个美元，都会让整体经济获得相应数量的基本回报。

因此，你明白了投资教育将会产生怎样的回报了吧？它可以用我们所做的一切来衡量。

高科技工作

科学、技术、工程和数学学科的教育，以及高科技产业齐头并进，特别是当其中一方面是由机器人来完成时。一个可以说明高科技及科学、技术、工程与数学真正将经济推动到了新高度的例子就是太空探索技术公司（SpaceX）——一家成立于2002年的公司，该公司有一个大胆创新的计划，即用一系列新的、较便宜的火箭来代替美国航空航天局（NASA）的太空穿梭机。该公司由埃隆·马斯克创立，一个南非出生的企业家和“贝宝黑手党”的成员。“贝宝黑手党”——一个企业家的小型组织——成员大多数在国外出生，来美国完成了学业并最终开创了贝宝公司。然后他们把贝宝卖给了易趣（eBay）——最早的在线支付系统之一，获利15亿美元。自此之后，利用在与易趣交易中获得的资金，“贝宝黑手党”的成员就开始相互投资项目并资助其他项目。

马斯克，42岁，原本只知道怎么开发软件而不是火箭，但是他真正懂得的是如何雇用最优秀的人才——不仅是受过好的教育，而是能把优秀的教育应用于工作中的人。用他自己的钱、贝宝黑手党成员伙伴的基金和其他一些外部投资，马斯克组建了一个团队，在加利福尼亚州设计和制造火箭。

火箭设计是任何对科学、技术、工程和数学等系统学科有兴趣的人的最佳选择。它是一项极端高科技的追求，需要来自航空工程学、物理学、空气动力学、冶金学、水力学、计算机软件和控制系统、燃料学和很多其他学科的深奥知识。为了开始这个项目，马克斯不得不集结拥有这些才能的一群人。对抗像波音和洛克希德这样拥有数千名工程师的火箭建造巨头（很多工程师有几十年经验），他的这个决定需要很大的勇气。

但是马克斯经受住了挑战，在运营的第16年，公司成功发射了第一枚火箭——短小的猎鹰1号进入地球轨道。在接下来的2年里，又发射了可以运载货物甚至是人到国际空间站的猎鹰9号。太空科技探索公司（SpaceX）正在建造可以围绕月球运行的更大型火箭。

在涉及火箭的同时，SpaceX也研发出了龙飞船，可以运载货物并最终运载人类。在澳大利亚上空251英里，龙飞船于2013年3月与国际空间站成功对接。当火箭被点火后，龙飞船携带着为空间站人员提供的1 270磅补给。当飞船返回地球，它装满了2倍由国际空间站（ISS）船员打包和需要送回家的货物。

顺便说一下，在马克斯让SpaceX顺利起步的同时——确实如此，他也创办了特斯拉（Tesla，电动汽车公司）。该公司生产的第二款汽车——模型S（the Model S），被消费者报告称之为其测试过的最佳汽车。相信我，我重复这个事实是有原因的。

现在你知道了一个典型的美国故事。一群外国出生的天才（来自乌克兰、德国、波兰和南非）与一群本土的人才一起创办了一些小公司。然后他们通力合作创建了贝宝。但在与易趣的交易之后（也是由外国出生的企业家发起的），他们并非就此退休，而是继续投资或创建了更多的公司，包括脸谱、领英、Zynga、Yammer和其他一些公司，全都是与科技相关的。并且，尽管不是所有的“贝宝黑手党”都在这些公司工作或是投资了这些公司，作为一个群体他们全部担当了企业家、投资者和推动者的角色，帮助了一些非常有价值的公司起步。

仅其中三家公司——脸谱、领英、Zynga——在我写这本书的时候其全部市值就为840亿美元，是贝宝出售给易趣时价值的56倍。关于一群出色的、有企业家精神家的人齐聚在有创造力、高科技的环境中会发生什么，这是强有力的一个例子，在这样的环境中几乎没有对资本的限制、人才的限制和我们伟大大学中无数科学、技术、工程和数学学科资源的限制。

“贝宝黑手党”是杰出的一群人。但是想想马斯克所获得的成就——而且他只有42岁。他创建了一家成功的太空探索公司，还创建了一家成功并且是高价值的汽车公司，这一切仅仅发生在几年时间里。没有人曾经做到过这些。但是他还没有结束。在2013年夏天，马斯克提议建造他称之为“极速环”的东西，列车在隧道中行驶以使得其速度可以到达每小时798英里，能将从洛杉矶到旧金山的距离从现在被人们称为的“永无止境”缩短为35分钟。[15]

所以，问问你自己。如果马斯克留在他出生的南非，或者没有接受过科学、技术、工程和数学学科教育，也没有接触到同样有机会受该教育的其他人，他还可能参与创办类似贝宝、太空科技探索公司或是特斯拉这样大型和重要的公司吗？他还可能遇到这群能使公司顺利起步的天才吗？他还可能筹集到必要的资本来发起一家太空探索公司或是一家新的汽车公司，甚至是一个电子支付系统吗？而且如果不是在南非，他还可能在世界上其他地方做到已经做到的这些吗？

当然，这个问题就是个陷阱，因为只有一个正确的答案。他只可能在美国实现他的梦想。

既然马斯克和“贝宝黑手党”的其他成员创办的公司从定义上来说是全新的，他们别无选择，只能雇用人才来使公司开业运营。结果，这个朋友和同事组成的群体不仅创造了840亿美元的价值，他们也直接在太空科技探索公司、特斯拉、脸谱和Zynga创造出了11 565个工作岗位。如果我们用圣何塞的4.3倍软件就业乘数[16]（我在第6章中提到过），这就意味着这一小群企业家间接创造了另外49 729个工作岗位，总计61 294个工作岗位。

这就是为什么美国依然是个充满机遇的国家。我们的学校是全球最好的，吸引着全球最优秀的学生。这些学生被他们在斯坦福、卡内基·梅隆和伯克利这样学院的所学推动——呼吸着这个国家的企业家气息。而且他们被所谓的企业人主义的动物精神（该词由经济学家约翰·梅纳德·凯恩斯创造）所推进，从而创办公司雇用很多人。这也就是为什么我们要加大投入，以确保我们的孩子有扎实的科学、技术、工程、数学等学科基础。

和其他国家不同，美国把企业家看做是英雄。我们相信依靠自己的力量来创办一家公司是一种高尚的追求。这并不是全球普遍持有的观点。比如，在我最近一次去西班牙的时候，我了解到高校毕业生最想成为的是公务员。这就说明，对于在商业和生活中要冒多大的风险，美国和其他国家人们的看法是不同的。（从另一方面而言，西班牙的人们仍然在潘普洛纳和公牛赛跑，并且在斗牛场没有任何保护措施地一对一地斗牛）。

但是与商业风险的高容忍度相比，企业家需要更多。他们需要受过高等教育和有积极性的人作为基础，这些人可以帮助他们的商业顺利起步。他们特别需要完善的风险资本产业，这是与世界其他很多地方相反的。此外，与很多国家不同，我们拥有很多专注于新公司的律师、咨询师、会计师、银行和调查研究公司。

这些公司的支付方式常常很灵活。有时候，替代现金，一家调查研究或是咨询公司会接收股权作为报酬。这有风险，但是一旦获得收益，结果是非常可观的。

我们建立的支持新公司的经济系统是世界上最好的。在英国、加拿大、瑞典和芬兰有新成立的公司。但是这些国家都没有美国这样的基础。实际上，为新成立的公司服务的最伟大的企业基本上都是美国的。其他哪个国家有相当于KPCB创投公司（Kleiner Perkins Caufield & Byers）或是红杉资本（Sequoia Capital），或是格雷洛克（Greylock Partners），或是德丰杰创投（Draper Fisher Jurvetson），或是更多几十家这样的风险投资公司？其他哪个国家有相当于Wilson Sonsini Goodrich & Rosati这样专注于新成立公司的律师事务所？或是有硅谷银行？这份名单连绵不断。

这是非常有潜力的组合——世界上最好的学校吸引着世界上最优秀的人才并能够在他们创办公司时给予支持。这就是为什么美国的工作岗位创造超过欧洲和日本几十年的原因。但是它需要持续的补给和关注。

我们需要足够的人才来开办、建设公司以及在我们的公司工作，很多人才来自于美国之外。但是已然是这样。如果不是这样，那为什么亨利·福特要在他的公司附近于1914年创办了学校来教他的移民雇员学英语？我们需要确保来美国学习的最有天分的学生有机会留下来。

但是我们也需要培养更多我们自己的人才。这意味着不仅要更好地教育我们的学生，而且要让全美国人民更好地意识到教育的重要性。这也意味着提醒人们，随着科技的进步，工作岗位的需求会发生变化。每次发生这样情况后，工作也就变了。而结果是，“把我们的工作拿回来”不再有任何意义，因为几年或是十几年前的工作已经不存在了。需要新技能的新工作已经取代了它们。

［第8章］

加州梦

在这本书的开始，我曾写到对马萨诸塞州剑桥的访问。现在就让我们来做第二次旅行，这次是去西海岸加利福尼亚州的一个地方，它为我们理解为什么美国正用自己所需的保持首要地位的能力进入第二个伟大世纪提供了另一个视角。我喜欢马萨诸塞州，在那儿有我一个家。我也非常喜欢谈论那里的优点，其中之一就是它有很浓的知识氛围。

但我在加利福尼亚州也有一个家。加州是个有着3 800万人口的州，人口规模大约是马萨诸塞州的六倍。而且，尽管我们通常会选择步行走过剑桥大大小小的街道，但加州各地之间的距离是如此遥远，以至于我们不得不开车旅行。所以，我跳上了早晨刚刚租来的外表光鲜、特征明显的红色特斯拉S型电动车上。这辆全电动并在加州设计制造的汽车，性能超过全国公路安全管理局安全测试名单上的其他任何汽车。现在就让我们来开开看吧。

随着我们向101号高速公路的方向前行，经过旧金山向南，我们经过了一家拥有六年历史名为Dropbox的公司总部，直接穿过旧金山巨人体育场。Dropbox是由两名麻省理工学院工程专业学生创办的企业，现在已经在全球拥有1亿名顾客，这些人使用公司的服务来分享自己的文件。成立至今，Dropbox公司不断发展壮大，现已成长为坐拥2.5亿美元收入的大公司，公司市值也已超过10亿美元。

汽车驶过几个街区后，我们来到市场大街，这条街的一头有旧金山的有轨电车。市场大街位于“广场”的中心位置，“广场”是个新的交易服务提供商，它能让你的智能手机接受信用卡支付。这家由杰克·多赛创办的企业就坐落于此，所以就能和他创办的另一家公司——推特靠得很近，只有一个街区远。

从Dropbox公司走过几条路就是Salesforce.com公司，这是一家具有14年历史、资产达30亿美元的企业。这家快速成长的公司主要聚焦于帮助小企业来追踪顾客，以便让这些小企业更好地为他们服务。这家公司由马克·本尼奥夫创办，他先前在经营海量数据库的大公司甲骨文工作，我们稍后就会经过这家公司。

我们穿过这座城市，途经工匠面包店、咖啡屋，当然还有时髦优雅的餐厅，最后我们来到米慎区。镇上的这个地方一度是旧金山贫民窟，之前它还是闲置旧仓库的混杂之所，人们通常会睡在门口和人行道上，旁边满地都是酒瓶子。

但如今，镇上这个地方到处都排满了刚成立的新兴企业。那些公司当中的一家就在我们右手边的地方，Rdio公司的全球总部，这家初创企业是由创办Skype公司的团队建立的。如今Skype已经卖给了易趣，易趣又把它卖给了微软公司，最终收入85亿美元。Skype公司的创始人，一个是丹麦人，另一个是瑞典人，他们俩为创办这家公司一共筹集了19亿美元，这些钱他们一直用来投资很酷的新的冒险事业。其中一项创业活动就是开办了这家名为Rdio的企业，该企业有超过2 000万首歌曲的资料库，并向平板电脑、智能手机和电脑提供在线音乐服务。Rdio公司的办公场地占用了一幢翻新过的旧仓库大楼的一层，这幢大楼里都是初创企业。仓库的大堂区域以前是给停泊旧金山湾的船只临时堆放货物用的，现在则停满了数十辆自行车，它们属于在这幢大楼里工作的人们，其中包括软件高手、市场营销行家、内容开发人员以及其他属于初创企业世界的居民们。

继续向前往旧金山南边走，我们来到了大型在线游戏公司Zynga的总部，这家公司有1亿多的用户。有超过2 000名员工在Zynga位于旧金山的公司工作，公司运营所在的大楼总共七层高，从外观看并不是那么有模有样，人们给它的昵称是“狗屋”。人们之所以这么叫它，是因为这家公司因一只斗牛犬而得名，这只斗牛犬一度为公司创始人之一的马克·品克斯所有。

我们继续沿着101号高速公路前行，左边是蓝灰相间、海风轻拂的旧金山湾。我们经过坎德勒斯迪克公园，紧接着是旧金山国际机场。你注意到的第一件事情，是这个州与马萨诸塞州相比要大很多。所以，也就很好地解释了我们为什么要采用开车这种出行方式，以及为什么尽管我们驾驶着这辆快速、零排放的电动车行驶，但仍然如此缓慢地旅行着。

在机场附近，我们似乎发现周围满是日本和韩国的高科技电子设备制造商，他们将自己的研发中心甚至是在美国的总部设在了这里。

如果加利福尼亚州是个国家的话，它的经济总量将位居世界第八和第九之间的某个位置——超过了印度的规模，要知道印度是个有12亿人口的国家，但与意大利相比，加州的经济体量又会稍小一些。如果某位加州州长打算说服沃尔玛公司将总部从阿肯色州的班顿维尔迁到加州的贝克斯菲尔德，那届时加州的经济总量一下子就会变得更加庞大——几乎可以达到英国的规模。

而且，让我们实话实说吧。尽管马萨诸塞州有能力获得更多资源，考虑到它聚集了主要的研究型大学，拥有受过高等教育的劳动力队伍，以及业绩不俗的各类学校，还有热情浓郁的企业家氛围。但是它的天气，虽然不像北达科他州一样寒冷，但与加利福尼亚州的阳光简直无法相提并论。

马萨诸塞州像是一只品脱大小的小猎狗（它的经济体量介于泰国和南非之间的某个位置），在自己的加州大哥面前吠叫个不停。即便如此，小小的马萨诸塞州在创新和对初创企业的投资方面仅次于大加州，不仅如此，马萨诸塞州人均风险资本投入也位列第一。不过当然，如果你曾经花时间在芬维公园待过，也就是波士顿红袜棒球队活动的国家大教堂，你很快就会明白两件事情。首先，没有一个马萨诸塞州的公民想要当老二。其次，虽然马萨诸塞州的人都非常聪明，但他们一个都不明白地理，因为没有人真正想过自己的州很小。对于我们那些人当中喜欢马萨诸塞州的人而言，我们肯定这个州至少和纽约州一样大。事实上，的确如此。

随着我们沿101号公路一直南下，过了旧金山机场以后，我们经过甲骨文公司规模庞大的玻璃外墙的总部建筑。甲骨文公司是家大型全球数据库管理企业。再往南边走一点，我们会经过另一片玻璃建筑园区。这些办公房中的一幢为VantagePoint资本伙伴公司所有。这家公司是此地众多风险资本公司的一员，它也是制造我们特斯拉汽车公司的早期投资者。

我们继续驾车前行，驶离101号公路，一路向西，朝着海与山的方向走，那边是库珀蒂诺、圣塔克拉拉和圣何塞三个城市的复合体。这一地区街道的两旁都种满了笔直成线的树，给人感觉郁郁葱葱，大树掩映着的还有一排排建于二战结束之后的村屋。但是，别以为这个地方是个会让人昏昏欲睡的“卧室社区”。这里是苹果、英特尔、Adobe、思科、易趣与其他数十家高科技公司及其研究中心的所在地。

加利福尼亚州拥有一些全世界最伟大的研究型大学。斯坦福大学在加州斯坦福，毗邻帕洛阿托，在门罗公园附近。脸谱总部就位于门罗公园。斯坦福离山景城也很近，谷歌公司在那里有自己的“谷歌综合体”，那儿离圣何塞不远。斯坦福位于离开沙山路几英里的地方，而沙山路正是全球最大风险资本投资者的聚集中心。

如果我们沿着沙山路一直往下开，我们见到的东西将十分有趣。眼前的公司并非看上去都像拥有数十亿美元资产的金融机构，其建筑由大理石、玻璃和钢铁组成。这条路上的办公室更像医生和建筑师喜欢租住的那种套房——低调、木质结构，门前种满了树。硅谷继续呈现出欣欣向荣的样子，尽管不像过去那样咄咄逼人，但它仍然在不断成长。斯坦福大学，以及附近的几个加州大学校园，旧金山分校、伯克利分校、戴维斯分校组成了全世界最强大创造和创新枢纽之一的内核。当我们谈到数字技术时，世界上没有其他地方比这里距离这一技术更近了。硅谷的存在本身就是绝无仅有的。

斯坦福大学出品的最有趣的新发明之一就是“慕课”（MOOC）了，即“大规模公开在线课程”。许多慕课都是免费的——虽然你通常不会从那儿获取大学的学分。课程的选择从教育的角度来看十分丰富，而且通常也有非常吸引人的主题事务。在线课程的存在已经有很多年了，但“慕课”完全不同。学生们并不是和大约三十个人一起去上私立的、具有盈利性质的菲尼克斯大学的课程。比如，你为了能拿到教材而交了很多钱。“慕课”是大规模在线课程，每个能连上互联网的人都有机会上。

当斯坦福大学教授塞巴斯蒂安·舍伦开发出一门基于科学、技术、工程和数学学科且名为“人工智能导论”的“慕课”时，共有15万名学生报名上这门课，这一群体是斯坦福大学本科生和研究生人数总和的十倍。由于“慕课”取得了成功，全美的大学，甚至欧洲的一些大学，都开始竞相提供自己开发的“慕课”课程。它们取得的效果是一样的——成千上万的学生认真学习，而不修得学分。他们希望学习新的、重要的并和自己职业生涯相关的东西。学生人数达到15万，这一数字超过了美国甚至世界上许多学区的规模。

正是因为“慕课”的成功推广，人们纷纷创办公司向全世界的学生提供“慕课”学习产品，并以此盈利，包括Coursera，Udacity和Edex等。这些新公司有很多从沙山路的风险资本家那里获得了融资。

对于此项“美国制造”的创新而言，经济优势是显而易见的。给15万甚至100万学生开设在线课程，花费不会比给30名学生上课多很多。那就是说，如果由你来负责管理一个大学系统的预算——无论是在有2 000万大学生的中国，还是在有2 000万大学生的美国。你会很轻易地发现，如果你使用“慕课”来教授基本必需的课程，其中包括科学、技术、工程、数学这样的学科，你学生的花费将会更少。

像数学、物理这样要求必修的学科可以通过“慕课”的形式来上，即便是英语和历史学科也可以，这些课现在仍由数千名教授来上，他们的能力水平参差不齐，分布在数千家学校里。美国有6 700多家高等学习机构。[1]这些机构中，每一家都需要支付教职员工和教室空间等各方面开支。如果每家这样的机构每季度都要为开设一门数学必修课而支付给教授1万美元（事实上他们拿得更多），那么，我们国家在每家高等教育机构为学生开设那样课程的开支将会是每季度6 700万美元，全年则是2.68亿美元。

让我们看看进入美国高等学习机构学习的新生们吧，他们总共大约有

700万左右。如果我们动手寻找，并最终找到全国甚至全世界最好的数学导论课老师，付给这位教授100万美元来上这门课，而大学新生们则待在家里通过“慕课”的形式来听这门课，我们可以让那位教授变得很有钱，同时每年还能省下2.67亿美元。（我这还不包括从为开课供暖、制冷或清洁教室中节省下来的费用。）

这个战略已经开始奏效了。在我写这本书的时候，Coursera在全世界已经有368万学生了，这个数字是以盈利为目的的菲尼克斯大学学生数量的十倍，同时也是亚利桑那州立大学学生人数的五十倍，要知道亚利桑那州立大学是全国最大的公立大学。通常Coursera的一个课堂会有37 000名学生。此外，Coursera还与一些大学签订了旨在教育其他125万名学生的新合同。Coursera模式有趣的地方在于：它的“慕课”项目提供了一门课程最基本的教学内容。比如以物理学科为例，“慕课”可以让全世界各所学校的教授们腾出时间来从事研究工作，或者还有另一个选择，也就是把自己的课程变成讨论形式，从而帮助自己的学生更加深入地理解学科知识。两种方式，无论通过哪种，这一美国制造的模式不仅将深刻地改变美国的教育，而且对全球的教育也将产生巨大影响。

如果几十家大学联合起来，支付200万美元给某个人，让他用“慕课”的形式来教授每一门基础的大学必修课，别人会认为我们是在炫富，也许更傻的要算我们的开支了。但这些学校每年每门课程仍然能够省下2.66亿美元，如果这门课程是在全国范围内开设的话。而且，如果我们用“慕课”的形式提供所有基础的大学必修课，我们国家每年可以省下数十亿美元的教育经费，而每个学生还可以从全世界最好的教授那里学到东西。这些节省下来的开支还能帮学生们不用背负任何债务就从大学毕业。

如果亚洲、拉丁美洲和欧洲每个学生都能上这些课来满足自己的要求，也不会增加任何成本。届时，全世界将能省下数百亿美元用来教这些基础课程的钱，而每个学生又能从最好的教授那里学到东西。

这就是Coursera以及其他初创企业正在下赌注的地方。

但是，让我们谈谈现实吧。一个人坐在电脑面前在线上课，并不是大多数学生想要从他们的大学经历中寻找出来的东西。对于年纪大而又想回到学校接受再训练的人而言，这种上课方式也并不理想。你只能看到教授、白板以及坐在摄像机前的一些人的后脑勺（他们还只是成千上万人中的一部分）。当你应该集中注意力，或是要在电话里讲话，或者开始打字，或看电视、吃东西的时候，你需要尝试调出另一道屏幕，这种感觉或许很糟糕。但就像电视广告说的那样，“有个应用软件可以解决这个问题”，也就是说，有个软件可以解决这个问题。

“慕课”和虚拟现实

让我们把几近静止的特斯拉小车开到规模庞大的斯坦福校园的一个停车场去。在经过漂亮且绿树成行的棕榈大道进入校园区域之后，我们首先看到的是宽阔的大草坪和低矮且接近西班牙风格的建筑。红瓦屋顶、拱门和小型内部庭院，以及半球顶的胡佛塔，它吸收了西班牙殖民地复兴和文艺复兴的建筑风格。

如果我们从萨拉大街边的停车场走出来向右拐，我们将会来到萨拉中心，在那里，斯坦福大学教授杰里米·拜伦森管理着一个虚拟现实实验室——正式名称叫做虚拟人类互动实验室。它可能是全世界同类将认知研究和计算机动画联系起来的实验室中最好的一个。事实上，与其他大多数虚拟现实实验室相比，拜伦森的实验室更加强调此项研究的认知层面而非计算层面。

拜伦森是个四十出头身材结实的男人，有着黑色的眼睛和长长的直挺挺往后梳的黑发。他看上去更像一位艺术家或是音乐家，而不是在全世界最好的一所研究型大学管理实验室的人。

但是拜伦森的确正在从事令人惊叹的事情。比如，当我和他的一些同事拜访他的实验室时，我们被领到二楼一间20英尺乘20英尺的正方形房间。房间内部被涂成了很淡的米色。在离地板大约4英尺高的墙壁四周有一条2.5英尺宽的麦秆色边带。房间的一侧有扇门，门旁边则是一扇黑乎乎的带有颜色的窗户，它后面是一个操控间。就在屋顶下方每隔几英尺处装有可以捕捉动作的特殊电视摄像头。拜伦森说，这些高科技的可捕捉动作的摄像头，每个要花费5 000美元。

这个实验室的研究主管加入我们之后，他给我们带来了实验室使用的一个实验虚拟现实头罩。人们穿上这个装置后就像电影《变蝇人》中的杰夫·高布伦那样。这个黑色的三角形头罩内含两个眼睛大小的彩色电视监控仪，上方是电子感应器，眼罩则是设计用来阻挡所有房间里的灯光的。同时，这个头罩也有相应的机械途径使你能让耳机始终保持在舒适的位置，而且紧紧固定在那儿。此外，研究人员还给了我们一些带子绑在脚踝上。脚踝上的夹子和头罩上的设备一同向计算机发出信号，告诉某个人在房间里的确切位置。他们还给了我们一些小圆柱，让我们拿在手里，以便追踪我们手的位置。

我一戴上头罩就被自己所见的图景弄得晕头转向，这些图景都是关于房间的。墙壁、门、有颜色的窗户、地板和墙四周麦秆色的边带的确是在它们应该在的地方。但是，我根本看不见和我在一起的人了。

如果我把头转向左边，我看到了门。如果我把头转向右边，我看到了墙和窗。要是抬头的话，我能看到天花板。但当我低头的时候，我看到的是铺着地毯的地板。它看上去并不像是房间原原本本的翻版，但看上去的确很像真的。如果我转头或是到处走的话，我看到的图景就会随之做出相应的调整，就像在真实生活中那样。

但当我站在虚拟房间里时，其中有个研究生问我能否看见铺着地毯的地板上有块木板。我随即低头去看，一块木板出现了。

“是的”，我回答说。“我看到它了。”它大约有10英寸宽，在我脚下右边的地板上。从颜色和纹理来看，它看上去像是管子——但它却是虚拟的管子。

“踩上板子吧”，那位学生说。

“好”，我回答道。

按照学生的说法，我老老实实走近自己看到木板所在的地方，然后踩上去。

我站在那里，然后听到一记深沉的铿锵声，然后地板开始振动，这一切都是特殊效果。也正是出于这种效果，铺着地毯的地板突然在我脚下分开了，这让我想起电影《夺宝奇兵》中的一个场景。突然，我站在了一块板上，从上面往下看似乎是一口很深的水泥内衬的井。这口井似乎至少有20英尺深，如果我掉进去的话，足以摔断骨头。它看上去太像真的了，让我的心怦怦直跳。

“我的上帝!”

很难解释自己的感觉。从逻辑上说，我知道自己身处一个虚拟的世界，但显然我的大脑并不这么认为。我的胃开始作呕，双腿也一直在调整重心，以便保持平衡。(我不断对自己说我还站在地板上，而不是一块板上，但我的大脑并不认可上述说法!）我能感觉到自己的手掌开始出汗了。我的大脑也开始产生同样的感觉，我好像觉得自己正在走过一块狭窄的板，板下面的地上有个大约20英尺深的洞。不过就理智角度而言，我明白自己是在斯坦福大学，带着耳机看自己眼前的两台迷你电视机屏幕。原来，我是在斯坦福版的《黑客帝国》里。

我非常小心地沿着那块板走过去，心怦怦地跳，伸着手臂，尽可能保持身体平衡。当我最终走到对面那头而没让自己掉到洞里去的时候，我终于松了一口气。这种感觉就像我完成了一件危险的事情那样。但是，我真的做成了什么事吗？并没有。实际上，我只是在实验室铺着地毯的地板上走了十英尺而已。不过，我感觉自己从一场生死考验中活了下来。

当轮到和我一起参观的人开始走这块板的时候，他们经历了同样的反应。其中有些人还大声叫了出来。有个男的还试图从板上跳下来站到洞的边缘上去，他这样做最后成功跳到了这间屋子很真实也很坚硬的墙边（那就是为什么研究生们都在那里，他们这样是为了防止发生意外)。这真是一次令人难以置信的经历。

我们体验结束后，就回到拜伦森的办公室里去。他站在我们面前和我们谈论自己所做的研究。

“摄像头利用了脚踝和头上的感应器，以及你们拿在手上的那些感应器，通过它们来确定你在房间里的位置。”他说。“计算机会捕捉那样的信息，然后以每秒120次的速度重新对你和房间进行布局，以便显示出现的任何动作。”

考虑到这些场景看上去如此地真实，以及这个房间一次次地被反复布局，我想在玻璃幕墙的后面或许有些大型主流计算机在点击运算着。

有人说，这就像是在阅读自己的大脑。“哪种电脑设备会让这一切都运转起来呢？”

“没什么花哨的东西，不过是一台悬空的经过些改装的戴尔电脑罢了。”他说。这告诉我们，计算机技术的发展进程是如此迅猛。

拜伦森说，“我不是个计算机科学家。”“作为一名工程师，我想自己还不错。我主要的研究领域是认知心理学，我拿的也是这个专业的博士学位。我对这样的经历很感兴趣。我们是怎样感知的，我们的大脑又是怎样处理信息的。这就是我们的实验室为何没有设在计算机系的原因了。”

我把“慕课”和虚拟现实放在一起讨论是出于一个原因，不仅仅是由于它们都是斯坦福大学的新兴思想产品。正如我提到过的那样，现在“慕课”的教授方式是非私人化的。但是，如果把虚拟现实和“慕课”结合起来将会怎样呢？如果像科学、技术、工程、数学这样的基础学科都用虚拟现实技术来教又会怎样呢？

拜伦森说，他手头有个项目就是要构建起一个虚拟课堂。在那个课堂里，你会拥有一个化身，也就是有自己虚拟身体的虚拟可能性。他向我们展示了一个项目，该项目会使用安装在你电脑上的摄像头来拍摄你的脸部照片，然后用那些图像创造出一个在移动且拥有表情（的确是你的表情！）的虚拟的你。你在说话的时候，可以张开嘴也可以闭上嘴，也可以实时完成所有这些动作，这一切都来自你家里桌上放着的电脑。

现在，如果你有一个化身，我也有个化身，我们就能让他们挨着坐在一间虚拟教室里——拜伦森的实验室就能设计出这样的教室来——即便你或许身处北京，而我却在门罗公园。通过使用现有的网络，我们就能轻松登录，相互用文字或语音进行沟通。

如果我正盯着我的电脑屏幕或显示器，我那灰眼睛、戴眼镜、头发少得可怜的化身就可以看到你的化身了，因为他就在虚拟教室里，和我坐在一起。我们可以转过头去，看着舍朗教授站在白板前面向全班做关于人工智能的讲座。我们可以在一个虚拟的环境中完成一切，并且让它看上去就像我们真的在同一个地方，并肩从事着同一件事。

拜伦森教授解释说，很快虚拟现实就不再需要大耳塞，也不需要在脚踝上绑带子或是在手上拿小圆柱以便让这项技术发挥作用。像Occulus VR这样的初创企业已经开始着手制造更小的虚拟现实护目眼镜了。此外，超级灵敏的感应器（要知道它们比微软Kinect以及其他游戏中使用的感应器要好得多）将会捕捉动作，以便让你的便携式电脑或是平板设备（抑或甚至是你的电话）在你移动的时候，按照每秒无数次的速度为你重新定位。这可以让你在屏幕上的化身复制你在虚拟朋友们旁边做的动作。

整合

所以，你在教室里听舍朗教授做讲座。实际情况不是15万人各自坐在家里，盯着电脑荧幕，试图保持清醒。虚拟现实能够把大规模的“慕课”体验转换成更加私人化、更加亲密的东西。虚拟现实能把你和其他人放在同一间教室里，以至于当你起身去上洗手间的时候，对于所有那些化身坐在你所属课堂区域内的人来说，你的座位那时看上去就是空着的。紧接着，当你返回座位的时候，你的同学们能够看到你回来了。

伴随着学校的变化，学生们得以坐在各种各样不同的（而且是可变的）虚拟现实教室中，观看和聆听着全世界最好的教授的演说。随着学校的变化，教授们也得以在逐个学生身上花更多的指导时间，在课堂内花的时间会比之前更少，还有更多的时间是花在实验室和图书馆里。

随着技术的发展，学生们能够通过虚拟3D来上这些课。虚拟3D是一项仍处于研发阶段的技术，位于芝加哥的伊利诺伊大学电子虚拟化实验室正在从事这项研发工作，而且它很可能与在线多玩家教育游戏结合起来。不久之后，学生们就有望聚集在一起亲自会面了。

当然这种学习形式目前还不存在，但我确信这样的状态或是与之十分类似的情况，将会在不久之后快速成形。所有的要素都摆在这里了。随着这种情况的成形，美国将能做自己最擅长的事情——改变现实，动摇现状，让许多人感到愤怒，并迫使世界其他国家要么适应，要么调整，要么加入我们，否则就只能落后于时代。这一切发生之后，有可能部分聪明的教授就会知道如何让“慕课”和虚拟现实成为自己的“杀手锏”，沙山路上众多的风险资本公司中也定会有一家伸手支持他（她）。同时也有可能的是，在更传统研究机构的其他教授也会公开反对这样的发展。他们认为慕课毫无价值并且是美国衰弱的证据。

但事实是，虚拟现实已经在慢慢成为现实。我们亲眼看到了这一点。当这项技术完全充分地发展起来之后，新一代人对教育的体验，将与之前的人们大不相同。

我们卓尔不群的根源

1969年，彼得·德鲁克——一位学习历史、哲学、组织和商业的学生出版了一本重要的著作，名字叫做《断层时代》。[2]这本书延续并深入阐述了德鲁克早先开创性的概念。在这些概念中，他的一个想法是一种“知识经济”正在形成，这种经济将会由他所称的“知识工人”来管理。知识工人将会处理能够用来构建新事物的概念、思想、战略和各种关系，同时他们自己本身也具有相当价值。当一家咨询公司把好主意兜售给一家对冲基金公司，后者或许可以用它来搭建自己的投资组合，我们看不到手头有任何事情发生了改变，但财富却在无形中被创造了出来。

在他的书里，德鲁克还讨论了他称之为“全球购物中心”的概念，也就是我们现在经常说的全球化。他探讨了全球化将如何影响我们的生活和财富。尽管他对“慕课”一无所知，德鲁克还是提到了我们的教育体系为何正在走向失败。此外，虽然他于2005年以95岁高龄辞世，那时国家安全局还未能监听我们每个人的智能手机，也没有上百万个视频摄像头通过互联网与执法机构相连，德鲁克仍然对我们个人隐私的流失提出了警告。他说，我们的技术将会改变我们想象自己的方式。

在讨论全球化时，德鲁克提出了一个非常有趣的概念。他说在二战结束后不久，欧洲、苏联和世界其他国家的政治领袖们认为每个国家都会按照自己独特的道路进行发展。比如，苏联的领袖就认为，苏联人对私人汽车不会很感兴趣。英国领导人则认为，德国无法制造出供消费社会使用的产品，甚至连这样做都不会有太多兴趣。英国在战后认为没有什么紧迫的理由要马上加入欧洲，法国则退出了北约，因为法国领导人认为自己的国家有朝一日会成为和美国平起平坐的世界强国。二战结束后，很少有人会想到日本这样一个囿于传统的社会会变成消费导向型国家。德拉科说，当时各国领导人们并没有意识到的一点是，二战后时代会与战前时代有很大不同。

这背后隐含的意思是，尽管政治、经济甚至宗教信仰都很重要，但手工艺品——这样那样的发明创造却更显紧要。德鲁克那个时代有些社会科学家明白这一点。加拿大历史学家哈罗德·英尼斯和他的学生之一——马歇尔·麦克卢汉，这位几乎令人难以理解的传播哲学家（在所有事情上!），明白技术会改变社会，接着社会中的人们也会随之改变。[3]他们清楚政治和其他形式的意识形态会跟随技术而变，而不是引领技术的发展。英尼斯写道，封建主义的兴起是因为有人发明了马镫，于是骑士就能在马背上进行战斗。既然每一匹马都需要一定数量的牧场，封建领主就开始争夺牧场并保护那块土地。接下来出现的是城堡。封建主义并不是先成为理论，然后再成为事实。它的出现是技术演变的结果。虚拟现实和“慕课”（麦克卢汉在1960年时就用“没有围墙的教室”来赋予其称谓，这比第一节“慕课”的出现整整早了几十年）也能产生类似的效果。

我的观点是，第一个美国世纪基本是建立在强大的武力基础之上的，而第二个美国世纪正在依靠广义上的技术来实现。

美国的发明，或者是由美国来完善的发明，比如计算机、商用飞机，以及消费类电子产品和游戏改变了我们，未来它们也将改变我们看待自己的方式。与我们这些接受更为传统教育的人相比，一个在家中虚拟课堂里和其他15万名大一新生共同学习代数或物理抑或基础工程学概念的学生很可能对世界产生完全不同的观感。美国的创造力将改变人们的头脑。

人性的塑造总是通过其创造出来的产品来实现。而今天的创造品大都是充满美国智慧的产品。它不是亚当·斯密写的一本让苏联垮台的书。它提供了这样的事实，即资本主义有能力生产出无穷无尽的产品供给。柏林墙的倒塌并不是因为一种信念已经失去了市场，而是由于资本主义能够永无止境地向人们提供他们想要的一切。

美国的创造力将是第二个美国世纪的根基所在。但是，我们不能犯欧洲领导人犯过的错误，他们认为二战结束之后，各个国家都会回到它们本来的发展道路上去。正如哈罗德·英尼斯指出的那样，即便是一项毫不起眼的技术，比如马镫，就足以改变上百万人安排生活的方式。

现在，我们可以把像马镫这样简单装置的影响放大几百万倍，以便和像斯坦福大学虚拟现实实验室那样的实验室所作出的宝贵发现相匹配。那就是美国未来将在世界上拥有的影响力。

[第9章]

充沛的机遇

我对美国和美国经济的乐观并不为那些所谓的博学者们所认同，他们只会摒弃鄙夷我们的所作所为。那些不假思索地不断重复“我们这里不再制造任何东西”这种论断的人都是所知不多或者是想制造麻烦的人。虽然说两党及各个层面上的政治家拒绝为意识形态或是个人理由在预算问题上妥协，但与其说他们破坏了经济倒不如说只是阻滞了经济增长。正如第2章所讲，卡门·莱因哈特和肯尼斯·罗格夫写的最重要的学术文章的结果辩称，高水平的政府债务会制约经济增长，而目前这个观点已经受到质疑。电脑模型里被纠正的错误表明，政府债务对经济增长几乎或者根本没有影响。受到关于债务问题那股热风的影响，尽管目前这股热风已被驱散，但人们变得异常紧张并且在投资问题上有所迟疑。然而，一旦民众的信心恢复，经济增长也会恢复。

其实目前影响经济发展的最大的消极因素是我们的认知，即我们比我们看起来要脆弱，我们的问题比实际上要大，而且现在没有任何人采取任何措施帮助我们应对未来的挑战。但是这些认知并不是建立在事实基础之上，而是建立在不断煽动的恐惧之上的。甚至最令我们头疼的教育领域也充满这种恐惧。

任何稍加注意的人都会理解，美国并不是一个正在衰落的国家。巴西、印度、俄罗斯以及世界上其他一系列正在崛起的国家面临的经济问题，美国在几代以前就已经解决了。

我听到不止一位美国商业领袖满怀期望地说，在一些国家，如果政府需要修建一条公路，它只需将这条路上的所有建筑定为危房，然后去修路就可以了。“为什么我们不能那么高效呢?”这些商业领袖问。

这个问题的答案是，其实我们过去也是如此高效。那时大部分美国人还很贫穷。而就在那个时期，我们建立了州际高速公路系统、几十个大坝和上百座桥梁，以及我们的国家公园。而我们现在正在享受过去一百年努力的成果。我们已经拥有了复杂健全的国家基础设施，不再需要白手起家，重新建设。是的，接下来的十年我们需要2万亿美元对基础设施进行更新升级，但是所有的基本要素已经到位。

20世纪五六十年代，加利福尼亚州大部分地区被定为危房以建设高速公路，但这个过程总体上是比较和平的。该州以合理的价格支付处于计划建设的高速公路上的房屋，抗议几乎没有发生。类似的事情在美国其他地区情况也是如此。亚利桑那州、得克萨斯州、新墨西哥州以及所谓的“新南方”的大部分地区的私房屋主和农场主卖掉他们的产权为发展让路，全都无须寻求防爆装备中的催泪弹或是警察的帮助。

因此，我们无须痛击自身，或者期许更大的政府授权以求以发展之名来声讨公民的所有权。美国快速且高效地建成了基础设施。为了发展，我们只需翻修父母以及祖父母那一辈建设起来的成果就可以了。

更加光明的未来

我们可能还在愚蠢地想着光辉时代是否已经成为往事，但是世界上其他国家则在用另外一种眼光看待我们。这些国家毫不掩饰地赌定美国会成功。否则为什么其他国家这么多人要购买我们的债务，或是大批地购买美元？如果一个国家的人们认为另外一个国家在衰落，他们是不会去买这个国家的债务的，除非此项冒险有丰厚的回报。但是人们却仍然愿意借钱给美国政府，即使当时几乎没有任何利益回报。

2013年1月，据美国财政部所称，中国持有美国1.3万亿美元国债。中国并非偶然或者是一时兴起才买的那些国库债券，而是经过深思熟虑的。也不像某些阴谋论者相信的那样，中国买这些债务是为了控制我们的经济。中国之所以购买我们的债务是因为它在多年的贸易顺差中赚得大量的现金，而只有我们才有足够大的经济体来消化这些资金并且给出回报。虽然中国是我们最大的债权人——持有7%美国国债，但是总体上外国人只拥有不到我们一半的国债（46%），剩下的54%仍是由国内持有。[1]

非美人士对我们的私营部分也抱有很大信心。2000年，外国公司以财产、厂房及设备的形式在美国投资1.3万亿美元。到2008年，最新的相关数据表明这个数字已经翻了一番，增加到2.5万亿美元，[2]尽管在这期间发生了9·11事件、阿富汗和伊拉克战争以及房地产泡沫。坐落于美国本土的外国公司雇用了550万的工人。在这些被雇用的人里有200万人从事制造业，这有力地说明美国必须提供足够的市场规模、人才和专业技术。

和其他国家（例如巴西）不同，美国并不强迫外国公司驻扎这里以进入美国的市场。美国也不强迫外国公司与美企合资，只是对一批进口产品实施进口配额制或者关税限制，例如蔗糖。外国公司都是在对美国目前及未来的市场机会进行仔细评估后才进驻美国市场的。经过分析以后，这些企业发现它们在美国的投资是值得的。

这些投资来自一个非常复杂的公司群体，而其中很多都是家喻户晓的大公司。大部分公司的总部都在瑞士、英国、日本、法国和德国，在这些地区质量标准和投资回报率都非常高。无论是宝马还是丰田都不会为了赔钱或者在新的市场立足而扩大它们在美国的市场。它们之所以来到美国，是因为我们能够提供它们所需要的。

对美国财产、厂房和设备的投资只代表了世界商业领域对美国经济信心的一小部分。2012年，在美国的外资，包括股票、债券及其他仪器的金融投资和政府债券，总计资产价值25万亿美元。[3]（同年，美国公司和投资者持有21万亿美元外国资产。）如果利益很低，没有人会在一个地方投资这么多，除非盈利是一件非常确定的事情。

外国投资者不会被迫投资美国。他们将养老金和存款投资到美国的资产中只有一个原因：他们知道美国是一个好的选择。

预知未来

没人可以预知未来，这点我非常了解。虽然我也曾经成功地预测了很多大事件，但有时我也会出错。那些突如其来的事情往往在我们的生活中扮演着重要角色，并且只要有发展趋势，就也会有逆发展趋势。

这种“突如其来”可能会以任何一种方式出现。9·11前夕，我在纽约一个曾经是消防站的地方用餐。当时的联合国秘书长科菲·安南以及世界经济论坛的创办人克劳斯·施瓦布都在。晚餐前，我听了一些演讲，并且是关于正在发生的促进世界向积极方向发展的内容。然而，第二天所有的希望都破灭了，因为发生了灾难性的事件。

然而“突如其来”也可能是好的方面。没有人预见天然气革命的到来，或者预见美国化工产业会转型。在短短几年内，这个产业已经实现了从贸易逆差到持续出口增长的转变。由于受益于天然气革命，这种转变发生得快速而猛烈。

在所有的发达国家中，只有美国没有签署1997年达成的旨在将温室气体排放降至1992年水平的《京都议定书》。但是，由于美国正逐步淘汰电力设备中的煤燃料并且改用天然气，我们的温室气体排放已经降至1994年的水平。按照这个意想不到的趋势发展，美国将会是第一个实现《京都议定书》的目标、将温室气体排放降至1992年水平的国家。如果美国实现这个目标的话，那么也是在没有签订任何协议的情况下实现的。

天然气革命并非诞生于某个公共研究机关，这不是削减其资金的理由。况且这些研究机关完全将科学研究服务于国家。但是即便如此，我们需要回头看看2005年以来发生了什么。没有任何事情按部就班地进行。但是，我们还是可以预知某些事情的。例如，我认为短期内天然气自身不会有太大盈利。按照公共研究机关的说法，主要是在产业链下游盈利。

石油大亨布恩·皮肯斯称，每百万BTUs天然气的价格低于4.3美元的话，那么天然气生产商会遭受损失。即使天然气价格上涨为其平衡收支价格4.3美元，相对于那些石油燃料或者是煤，天然气还是要便宜得多。

这就告诉我们投资者一定要从长远角度来看待这种燃料。而最能泰然自若地从这些长远投资中获利的都是那些在天然气上有大量投资的大的石油公司。由于拥有如此多资源，并且可以在其他领域获得较大收益，因此这些大公司在天然气投资上会比较耐心。

水力压裂这个方法比较复杂，且容易出错。大的石油公司似乎要比小公司做得好。因为它们规模大，当涉及法律诉讼时可以迟滞诉讼正常进行，并且能够认真地解决工程问题。但是，大的石油公司也有可能出错。大家只要想想2010年在墨西哥湾发生的英国石油公司“深水地平线”钻井平台的事故就知道它们犯了多大的错误。

从某种程度上说，这是好消息，因为这表明这些大公司有正确处理水力压裂的动力。如果真的发生事故，那么它们的损失将很惨重。如果这些大公司与大的石油服务公司合作，例如哈里伯顿、通用、福陆以及其他公司，它们可能就能找出开发天然气以及非常规石油的最安全的方法，并且按照最好的方法进行开发。石油服务公司就好比被投资方，因为如果方法正确，它们可能比石油公司更快地盈利。

撰写这本书期间，华盛顿还在就天然气是否出口问题进行争论。一方面，正如第4章所说，一些化学企业考虑到它们未来的发展，希望天然气不要出口，因为国内需求有限，这样天然气价格就会比较低。如果是这样的话，它们将天然气转化为产品的成本会更低。持这一方观点的人认为，每1美元留在国内的天然气可以转化为6美元的化学产品以供出口，通过出口这些产品而不是天然气，美国可以以比出口天然气更快的速度改善其贸易平衡问题。另一方面，石油公司则希望扩大天然气的出口以推动价格上涨。最后，天然气还是可能会出口。但事实是，不管用何种方式，美国都是赢家。

天然气会在很大程度上改变一些情况，首先是因为能源和燃料是经济的重要组成部分，但是这些改变也是因为这些产业需要大量训练有素的人才。为此，我们已经看到了一些改变。石油和天然气巨头雪佛龙已经开始举行招聘会再次招聘新员工了。2013年上半年，该公司举行了四次类似的招聘会，旨在招聘足够多的工程师来负责天然气和石油的开采。

这些工人会消费他们所得的工资，而该消费又会促进经济发展。此外，布恩·皮肯斯说，尽管天然气需求还需花上几年才能够推动每百万BUTs的价格上涨到4.3美元，但是短期内对天然气的需求已经显现。如果一个公司将石油作为其原料或者是能源来源，将其转换为天然气可能会节省不少钱。省下来的钱可以创造利润和机会，这将是有利于美国的。

其他大量机会

这本书里关于商业和技术领域的描述比较分散。例如，现在有几十个规模不是很大但是创造性很高的机器人制造商。而且这个产品市场正在发展壮大。目前，已经有了吸尘器机器人，很快就会有帮助我们刷洗地板的机器人。但是相对于投资这些小公司，聚焦于那些能够从机器人革命中受益的公司更加有意义。

现在让我们来看一下机器人和电脑系统制造商Kiva系统。Kiva强健的橘红色机器人不仅可以读取条形码，而且可以将重量超过3 000磅的物品从仓库货架上取下来，并且运送到人或者类似Baxter的机器人手中，由他们将货物运送走。

Kiva诞生于马萨诸塞州北瑞汀的麻省理工学院附近的机器人学集群。这个公司矮胖的橘红色电动机器人在仓库里穿梭着，一旦有人挡住它们的去路就会停下来，如果有人对其发布任务指令，他们会折返回去重新出发。Kiva的机器人没有Baxter那种人类的感觉，但是它们能够几倍地提升公司分配效率。Staples，Crate and Barrel，Dillard's，Walgreens，Gap，Toys“R”Us以及许多其他公司都在使用Kiva的系统以使产品迅速到达客户手中。即使是Amazon也开始使用机器人。

直到2011年这个世界上最大的网上零售商才在其仓库中开始使用机器人或自动化操作。当Amazon的主管人员了解到Kiva时，他们便对一些最大的仓库进行自动化升级。由于两个公司的合作如此之好，Amazon在2012年以7.75亿美元的价格收购了Kiva。而“Amazon Prime”服务计划就是基于Kiva的技术，Prime会员只要每年缴纳一定年费，Amazon将在其运费中减去两天的运费。

像许多其他机器人公司一样，Kiva 发展得很快，但是 Kiva 的大客户——Gap，Amazon，Staples——却是最大的受益者。

这场革命在医疗保健和安全领域体现得最明显。就是现在，机器人手术要比人工手术稳健得多。在许多前列腺手术中，机器人的使用已经成为惯例。机器人甚至可以进行远程手术，这在 2001 年进行了第一次尝试。当时一个外科医生成功地对法国斯特拉斯堡的病人进行了腹腔镜检查。当时，纽约和斯特拉斯堡之间通过专用光导纤维进行连接以最小化手术中断的可能性。因为如果手术中断的话，可能会导致严重的后果。在未来，远程手术可能会更频繁，这不仅会发生在纽约，而且会在全世界甚至在新兴市场国家也有可能实现。

美国的大部分光导纤维通信系统都是在 20 世纪 90 年代建成的，当时有些声音批判建设过剩。由于产能过剩，关于那些还没有投入使用的光导纤维电缆的说法不绝于耳。但是这个手术的例子证明，医疗实践上对带宽的需求会逐渐增加，而那些还未使用的电缆也很有可能投入使用。通过宽带，海量用于基因映像技术的数据传输到全国以供分析和解读。

逐渐地，你会在医院里听到美国制造的机器人自己小心翼翼地在走廊里走动并且走到病房里为病人送餐的呼呼声。也有其他的机器人为病人做检查，或者清除废物和生物物质。这些机器人已经加入到工作人员的队伍当中，但是别搞错了，这还只是开始。

多年前，我去医院做每年的健康检查，并且按照护士的指示坐到一个特别的椅子上。这个来自菲律宾的护士在离开房间前扭过头告诉我“Miss Shin”会为我量血压。我坐在椅子上等待 Miss Shin 的到来，而此时我感到自己的胳膊被一个金属带给紧扣住，并且开始量血压。这时我才意识到那个护士说的不是“Miss Shin”，而是“machine”，会有机器给你量血压。

渐渐地，机器人的世界里会有越来越多的“Miss Shin”。一些机器可能会测试你的生命特征，另一些可能会进行一些临床上的物理治疗；一些机器人会帮助康复的病人起床，而另外一些则会换床单。

我曾经去世界上人均最富有的阿布扎比的一个新医院治疗糖尿病，那里的糖尿病治疗水平享誉全国。这个医院是由英国帝国理工学院这个颇有名望的研究型大学设计和经营的，里边配备了先进的美国制造的医疗设备，也有其他国家的设备。除了一个设备例外以外，跟美国任意一家先进的医院相比，这里其他所有的设备看起来似乎都没有那么具有革命性。但几乎所有的设备都是“连接”在一起的。

我这么说的意思是，阿布扎比的Miss Shin为一个病人测量血压后，该数据会自动从机器传输到该病人的患者记录中。分析血糖和血液化学信息的机器也会将该信息直接传输到该病人的患者记录中。

在所有的测量结束和生命特征读取完以后，当病人最终与医生会面时，医生只需拿一个类似iPad一样的设备就可以展示该病人的相关数据。数据从各种各样的机器人传输到病人病历的过程中，不需要任何人为干预。众所周知，人类在写文字或者数字的时候会出现医疗差错，而更臭名昭著的是医生模糊的字迹，不管他们用的是何种语言。而有了这个数字化网络系统，每一个医疗专家在看病人的病历时看到的都是机器人采集的原始数据。

这些机器人的即时效应会为那些制造机器人的小公司谋利，而后这些机器人会被更大的公司购买。但是从长远角度看，就算不以绝对值计算，但至少以占GDP份额的相对值计算，这些设备会降低医疗服务的成本。在美国，随着新的医疗系统的形成，省钱的创新技术将受到热捧，对机器人设备的需求也将增加。

安全是另外一个机器人能够大放异彩的领域。除了航空机器人——遥控飞机以及各种类型的自动远程有人驾驶飞机——还有警局、FBI、情报机构以及五角大楼使用的水下和地基机器人。

2013年4月15日波士顿马拉松爆炸案的惨剧发生后，波士顿警察局以及来自附近地区的官员使一个保安机器人进入马萨诸塞州水城的一个房子后边，因为他们怀疑一个爆炸案嫌疑人就藏在这里的一艘船上。这个由MIT-spinoff iRobot公司制造的PackBot机器人具备HD TV摄像头和其他传感器。装备到双肩包里的PackBot机器人凭借自己的力量进入房子后边，用它链接式的胳膊去抓取遮住那艘船的塑料防水布，提起来，然后瞅了一眼那个受伤的嫌疑人。机器人完成任务后，警察和嫌疑人立刻交火，焦哈尔·察尔纳耶夫最后被抓捕。在四天搜索犯人的过程中，其他PackBot机器人也进入一辆车里探测寻找爆炸物。

类似PackBot这样的保安机器人的运用还只是个开始。

无穷的机会

对于美国而言，未来是一片光明的。这个国家拥有充足的新的能源来源、高水平的创造力、这个世界上最大的制造业基础——而且会变得更大，以及充足的私营部门以将所有人的计划变成现实。

所有这些动态力量本身就是变革性的。但是我们也需要清楚知道我们现在的位置。我们并不像很多人所期待我们相信的那样在衰落。在很大程度上美国体系都是按照当初计划的路线发展的。而那些需要关注的领域，如K-12教育，尤其是内陆城市的教育，以及教育基础设施投资，也正在以改变课程及投资STEM教育的方式进行解决，而不是简单地以传统的方式，例如减少课堂学生的人数或者是增加在校的时间。社区大学也正在与企业合作以帮助学生能够更好地就业。而新技术的应用，例如慕课，将会进一步改善教育现状。

此外，房地产市场也在慢慢复苏，全国很多地区的房价已经恢复到危机前的水平。如果你要买一栋房子、一个小屋或者一个公寓，就会带动无数其他领域的购买力及商业交易。房产购买会为银行、保险公司、律师、中介公司以及一大批检查员、测量员、估价员及搬家人员带来商机。我卖掉我上一栋房子的时候，这个新买家甚至带进来一个穿白大褂的真菌学家，他提着一个显微镜来寻找真菌。

然后就是售后购买力的问题。一旦你买了一栋新房子，你很快就会发现老房子里的东西跟新房子格格不入，或者说是觉得不好看了。那么你就要购买新的家具、地毯、窗户用品，甚至更多的画。

然后就是那些美国制造的白色产品——冰箱、冷酒器、垃圾压缩机、洗衣机、烘干机以及洗碗机——更别提电视、音响以及更新潮的电脑化的音乐服务器了。

此外，房产持有者还要交税。

相信我，一旦房地产市场复苏，最相关群体——未受过过多教育的青年男性——失业率会骤降，紧接着就是技术人员，例如水管工、泥瓦匠、电工和泥水匠就业率的提升和工作时间的增加。

房地产业会对整个经济产生全面强烈的影响。

重回金融体系问题

2013年4月份，美联储完成了对美国银行系统一年一度的“压力测试”。金融危机后，阶段性压力测试已经机制化并且是强制性的。

测试的结果鼓舞人心。根据美联储前主席本·伯南克所言，美国银行拥有足够的金融实力承受比平时商业活动中承受的更大的风险。假设的银行所能够成功承受的风险就是美联储所称的“严重的不利情况”。这些风险包括银行如何挺过经济放缓期、利率持续增高期以及通货膨胀持续发展期。

好消息是2013年的测试结果表明，除了两个银行，美国的其他银行都有足够的资金弹力很好地应对这些测试。美联储则要求其他两个银行在购回其公开交易的股票前增加资金。更好的消息是，自2009年第一次压力测试完成后，各大银行已经对它们的资金储备进行了翻倍。在这些银行偿还了经济危机最黑暗时期为保证危机的解决而注入银行系统的现金的大约90%后，它们便已经开始着手增加资金储备。[4]

这确实是好消息，并且比我们的银行正在恢复其实力这个事实更有意义。而它的真实含义是这些银行马上就要开始慢慢地变得更加冒险了。当它们开始冒险的时候，这些银行就会发放房贷，如上文所说，这将帮助它们挺过经济困难期。

当然更重要的是，如果银行没有足够的信心冒险，美国人民是无法充分利用我们强大的创造力、巨大的能源资源以及强大的制造力的。这个国家可能资本泛滥，但是如果不投资，这些资本也就不会存在。

更强大的银行系统意味着这些银行将要开始放贷以及减少它们过剩的储备。这点是很重要的。自从双重经济危机开始后，经济增长缓慢主要是由于比较大的公司为了减少成本在公开市场上对债务再融资。但是众所周知，尽管很多经济活动受到大公司的影响，但是它们并不如小公司创造的就业岗位多。那是因为大公司是通过提高效率或者兼并其他公司来增加利润，而小公司则是通过增加产能而盈利。

由于成功地完成压力测试并且坚信经济会复苏，各个银行变得更加有信心，因此它们将会以更好的条件给那些规模较小但是渴求资金的小公司贷更多的款，而这将会产生更多的就业岗位。

从某种程度上讲，你可以认为银行是经济的温和复苏和强劲增长之间缺失的纽带。既然银行部门正在修复——美联储称99%的银行是强健的——那么借贷也将会恢复。如果上述假设可以实现，那么我们将密切关注美国经济发挥其最大的优势，也就是说，它将再一次震惊全世界。

我的展望

像许多美国人一样，我是没有耐心的。当经济崩溃，有经验的人士声称美国要花上十年的时间才能以强劲且可持续的方式继续增长时，我感到很沮丧。和每个极度活跃的美国人一样，我认为十年太长。我们可以做得更好，而且我们本来就更好。

五年前雷曼兄弟倒闭，但是现在几乎所有重要的经济指标都显示良好。

美国是有钱的。

美国拥有大量廉价且清洁的能源储备。

美国拥有百万计活跃在各个领域的人才，包括大多数先进科学领域和技术的每个方面。

美国拥有被压抑五年的对房产的需求。

此外，最重要的是，我印象里只有一位著名的企业家离开美国去寻找更好的市场创业。

通过审视我们的经济和社会以及我们的各种能力，我坚信美国最好的岁月还未到来。

第二个美国世纪马上就要到来了。

注 释

序言

1. “*North America,with the U.S.in the lead...*” .George P.Shultz, “The North American Global Powerhouse,” *Wall Street Journal*,July 11,2013,http://online.wsj.com/article/SB10001424127887324637504578566192239796864.html.

前言 看空美国的人必输无疑

1.*Profits for the company in Cupertino*: “The Facts About U.S. Manufacturing Investment Abroad,” n.d.,National Association of Manufacturers, www.nam.org/~/media/61BAC542ACBD454F89252160FAB6FE33/acts_About_US_FDI.pdf.

2.*The world's gross domestic product*: “International Macroeconomic Data Set,” Historical Data Files,US Department of Agriculture,Economic Research Service,June 13,2013.

3.*Our companies have in the bank*:Bloomberg,May 23,2013.

4.*Catastrophe since at least the 1980s:2014:The Next Financial Meltdown Begins*,video presentation by Harry S.Dent,available at http://harrydentpredictions.com/.

5.*Unemployment above 20 percent*: “Obama Approval Drops as Fears of Depression Rise,” CNN Poll,June 8,2011.

6. “*Economic headwinds*” :William Safire, “On Language,” *New York Times*,October 3,2008.

7.*Net energy exporting nation by 2025*:ExxonMobil,*2013:The Outlook for Energy.A View to 2040*,2013,www.exxonmobil.com/corporate/files/news_pub_

eo2013.pdf.

第1章 漫步创新走廊

1.*Number of qualified engineers*: “Growth and Competitiveness in the United States:The Role of Its Multinational Companies,” June 2010,McKinsey Global Institute,www.mckinsey.com/insights/americas/growth_and_competitiveness_in_us.

2.*Ranked the world's top twenty-five schools:US News & World Report*, “World's Best Universities,” 2012.For the full list,see www.usnews.com/education/worlds-best-universities-rankings.

3.*Six areas of focus*: “Areas of Focus,” n.d.,Broad Institute,www.broadinstitute.org/what-broad/areas-focus/areas-focus(italics in original).

4. “*Capable of capturing key health metrics...*” .: “Qualcomm Tricorder XPrize:Healthcare in the Palm of Your Hand.Overview,” n.d.,Qualcomm,www.qualcommtricorderxprize.org/competition-details/overview.

5.*Employing 3.3 million people*:Edward B.Roberts and Charles Eesley, “Entrepreneurial Impact:The Role of MIT,” February 2009,Kauffman Foundation,www.kauffman./org/uploadedfiles/mit_impact_full_report.pdf.

6.*None of this was happenstance*:Vannevar Bush, “Science,the Endless Frontier:A Report to the President by Vannevar Bush,Director of the Office of Scientific Research and Development,July 1945” (Washington,DC:US Government Printing Office,1945),is avaiable online at the National Science Foundation website,www.nsf.gov/od/lpa/nsf50/vbush1945.htm.Vannevar Bush, “As We May Think,” *The Atlantic*,July 1,1945,is archived at www.theatlantic.com/magazine/archive/1945/07/as-we-may-think/303881/.

7.*New MIT buildings*:Scott Kirsner, “Construction Report:10 Buildings That Will Change the Innovation in Boston and Cambridge,” *Boston Globe*,July 25,2012,www.boston.com/business/technology/innoeco/2012/07/onstructionreport_10_projct.html.

8.*Clusters form over time*:Michael E.Porter, “Clusters and the New

Economics of Competition," *Harvard Business Review*,November - December 1998,http://hbr.org/1998/11/clusters-and-the-new-economices-of-competition.

9.*ENCODE project was managed*:For a description of ENCODE,see Gina Kolata, "Bits of Mystery DNA,Far from 'Junk,' Play Crucial Role," *New York Times*,September 5,2012,www.nytimes.com/2012/09/06/science/far - from - junk - dna - dark - matter - proves - crucial - to - health.html?pagewanted=all;or the National Human Genome Research Institute's description of the project, "ENCODE Pilot Project," n.d.,found at www.genome.gov/26525202.

10.*In fact,13.4 perceent*:Vivek Wadhwa,Annal Lee Saxenian,and F.Daniel Siciliano,*Then and Now:America's New Immigrant Entrepreneurs*,Part VII,Ewing Marion Kauffman Foundation Research Paper,Kauffman:The Foundation of Entrepreneurship,October 2012,www.kauffman.org/uploadedFiles/Then_and_now_americas_new_immigrant_entrepreneurs.pdf.

11.*26 percent of the Americans*:Ibid.

第2章　富人的萧条

1. "*It's clear we're on step away...*" :Joe Bel Bruno,Christopher S.Rugaber, and Martin Crutsinger, "Crises Roil Wall Street," *Denver Post*(from the Associated Press),September 15,2008,www.denverpost.com/headlines/ci_10465966.

2.*Florida,Arizona,and California*:Peter Y.Hong, "Home Values Dip Past Forecasts," *Los Angeles Times*,November 19,2008,quoting a study by MDA DataQuick,a San Diego- based real - estate research firm,http://articles.latimes.com/2008/nov/19/business/fi-homes19.

3.*Average household income*:These figures are based on various estimates, including those by Angus Maddison,University of Groningen;Emmanuel Saez, University of California at Berkeley;and Thomas Piketty,Paris School of Economics.

4.*The average age of America's appliances*:These figures are based on an analysis of data from the Bureau of Economic Analysis made by Mark Perry and posted on his blog, "Carpe Diem," December 7,2012,in "With Average Age of Consumer Durables at 49 - Year High,Replacement Cycle Boom Could Boost Economic Growth," AEI Ideas,www.aei-ideas.org/2012/12/with-average-age-of-consumer - durables - at - 49 - year - high - replacement - cycle - boom - could - boost - economic-growth/.

5.*About 125 million homes*:These figures are from statistics compiled in 2012 by the housing website Zillow.Zillow says that 29.3 percent of all homes are owned outright,as quoted in Alejandro Lazo, "Nearly One - Third of U.S. Homeowners Have No Mortgage," *Los Angeles Times*,January 10,2013,http://articles.latimes.com/2013/jan/10/business/la-fi-free-and-clear-20130110.

6.*Mathematical study*:Carmen M.Reinhart and Kenneth S.Rogoff,*This Time Is Different:Eight Centuries of Financial Folly*(Princeton,NJ:Princeton University Press,2009).

7.*As high as $200 a barrel*:Louise Story, "An Oracle of Oil Predicts $200-a-Barrel Crude," *New York Times*,May 21,2008,www.nytimes.com/2008/05/21/business/21oil.html?_r=0.

8.*At the bottom of the income ladder*:Figures based on data from the Federal Reserve and the US Department of Commerce,Bureau of Economic Analysis. Data shows income growth for most months of 2008 was below 1 percent.

9.*Add it all up*:Figures based on data from the Federal Reserve and the US Department of Commerce,Bureau of Economic Analysis.

10.*Ditto for Japan*:International Monetary Fund,World Economic Outlook database archives,www.imf.org/external/ns/cs.aspx?id=28.

11.*Electronics components as well*:Nikolaus S.Lang and Stefan Mauerer,etal., *Winning the BRIC Auto Markets:Achieving Deep Localization in Brazil,Russia, India and China*(Boston:Boston Consulting Group,2010).

12.*18 percent a year*:Charles Fishman, "The Insourcing Boom" ,*The Atlantic*,November 28,2012,www.theatlantic.com/magazine/archive/2012/12/the - insourcing-boom/309166/.

13.*Grew at a rate of 4.2 percent*:Michael R.Brill and Samuel T.Rowe, "Industry Labor Productivity Trends from 2000 to 2010," July 2013,US Department of Labor,Bureau of Labor Statistics,www.bls.gov/spotlight/2013/productivity/pdf/productivity.pdf.

14.*20 percent in that year alone*:IHS Global Insight,*Global Manufacturing Compensation Watch,2010.*

15.*Switch to new homes being built*:Urban Land Institute and Ernst & Young,Real Estate Consensus Forecast,April 2013.

16.*The problem...is real*:US Department of Labor,Bureau of Labor Statistics, Current Population Survey, "Labor Force Statistics from the Current Population Survey," Table 3, "Employment Status of the Civilian Noninstitutional Population by Age,Sex,and Race," 2012,last modified February 5,2013,http://bls.gov/cps/cpsaat03.htm.

17.*People with professional degrees*:US Department of Labor,Bureau of Labor Statistics,Current Population Survey, "Employment Projections," "Earnings and Unemployment Rates by Educational Attainment," 2012,last modified May 22,2013,www.bls.gov/emp/ep_chart_001.htm.

18.*Making it the world's largest producer*:Russell Gold and Daniel Gilbert, "US Is Overtaking Russia as Largest Oil and Gas Produces," *Wall Street Journal*,October 2,2013.www.wsj.com/news/articles.

第3章 创新力的合众国

1.*Volunteered for something at least once*:US Department of Labor,Bureau of Labor Statistics, "Volungeering in the United States—2012," www.bls.gov/news.release/pdf/volun.pdf.

2. "*Action is with the scholar...*" :Ralph Waldo Emerson, "The American Scholar," 1837.

3. "*A declaration of intellectual independence*" :Robert Watson Gordon,ed., *The Legacy of Oliver Wendell Holmes,Jr.*(Palo Alto,CA:Stanford University Press, 1992).

4.*Descriptions of that methodolgy*:George Heilmeier,who directed DARPA in the early 1970s,came up with what is called "Heilmeier's Catechism" for innovation at DARPA.The catechism contains the following questions to be asked before beginning any project:

· What are you trying to do?Articulate your objectives using absolutely no jargon.

· How is it done today,and what are the limits of current practice?

· What's new in your approach and why do you think it will be successful?

· Who cares?

· If you're successful,what difference will it make?

· What are the risks and the payoffs?

· How much will it cost?

· How long will it take?

· What are the midterm and final "exams" to check for success?

5.*Willing to pack up the car*:Alexander Janiak and Etienne Wasmer, "Mobility in Europe:Why It Is Low,the Bottlenecks and the Policy Solutions," European Commission Economic Paper 340,September 2008.

6.*With commercial companies*:It is important to recognize that there are opportunities for conflicts of interest in these relationships.Most companies and academics guard against these abuses and they are actually quite rare.

7.*Urban residents in China*:National Bureau of Statistics in China, "Income of Urban and Rural Residents in 2011," January 30,2012,www.stats.gov.cn/english/pressrelease/t20120130_402787464.htm.

8.*Foxconn said that within three years*:David J.Hill, "1 Million Robots to Replace 1 Million Human Jobs at Foxconn?First Robots Have Arrived," Singularity Hub,November 12,2012,http://singularityhub.com/2012/11/12/1-million-robots-to-replace-1-million-human-jobs-at-foxconn-first-robots-have-arrived/.

9.*As of November 2012*:These numbers come from the Swiss-based,global website Robohub(http://robohub.org/),which provides news and information for researchers,enthusiasts,and people working in the robotics industry.They were posted on November 26,2012,by Frank Tobe,publisher and owner of The Robot Report(www.therobot report.com/),which tracks global trends in the robotics industry.

10.*Ten most innovative robotics companies*:These were:(1)iRobot,which makes Roombas and military equipment;(2)Recon Robotics,which makes tiny robots that can search through dangerous environments;(3)Google,which is experimenting with autonomous vehicles that can find a destination on their own and navigate through traffic;(4)Mazor Robots(Israel),which makes surgical robots;(5)SpaceX,which makes rockets and autonomous vehicles that can navigate to destinations in space,such as the International Space Station(ISS);(6)Lockheed Martin,which makes robots for military purposes,including many that fly;(7)PV Kraftwereker(Germany),which makes robotics equipment for the solar power industry;(8)Boston Dynamics,which makes autonomous products such as Petman;(9)Ekso Bionics,which makes robotic exoskeletons to "augment human trength, endurance and mobility";and(10)Seegrid,which makes autonomous industry trucks,primarily to fill customer orders in warehouses.

11.*Started by Rodney Brooks*:See Anotonio Regalado, "Small Factories Give Baxter the Robot a Cautious Once-Over," MIT *Technology Review*,January 16,2013,www.technologyreview.com/news/509296/small-factories-give-baxter-the-robot-a-cautious-once-over/.

12.*Granted 811 patents*:Hannah Seligson, "Hatching Ideas,and Companies, by the Dozens at M.I.T.," *New York Times*,November 24,2012,www.nytimes.com/2012/11/25/business/mit-lab-hatches-ideas-and-companies-by-the-dozens.html?pagewanted=all&_r=0.

13.*An inclusive nation*:There is a saying that "the French copy no one and no one copies the French." The point is not to pick on the French,but to show how different we are.Openness to new ideas and collaboration in the United

States is a strength.No country can succeed for long if it thinks its own ideas are superior to those of others and chooses to live in intellectual isolation.

14.*In the high - tech sector alone*:Vivek Wadhwa,*Kauffman Thoughtbook, 2009*(Kansas City,MO:Ewing Marion Kauffman Fundation,2009).

15.*Concepts Emerson had expressed*:There were no specific plans in the "American Schoolar" for institutions of any kind,which is why I use the word "concepts." Another word that could work as well in this regard is "inspired," as in "inspired by Emerson."

16.*338 Nobel Prizes*:Through 2012,Nobel Prizes have been awarded a total of 555 times to 863 people and organizations worldwide.As the Nobel Prize website explains, "With some receiving the Nobel Prize more than once,this makes a total of 835 individuals and 21 organizations" (see "All Nobel Prizes," www.nobelprize.org/nobel_prizes/lists/all/index.html).Adding up America 's share of Nobel Prize winners is no small task,given that many of them were born in other countries.In some lists,a Nobel Laureate is counted more than once—in his or her country of birth,and also in his or her country of residence. For example,Henry Kissinger,who won the Nobel Peace Prize in 1973,is often counted in America's tally of laureates as well as in Germany's,even though he fled Germany as a child to escape Nazi persecution.

17.*Spent about $436 billion*:These figures are from *2012 Global R&D Funding Forecast*,sponsored by Battelle and R&D magazine,December 2011, avaiable at http://battelle.org/docs/default - document - library/2012_global_forecast.pdf.

第4章 充足、廉价的能源

1.*The IMF thought would happen*:International Monetary Fund,World Economic Outlook,2011,www.imf.org/external/pubs/ft/weo/2011/01/.

2.*Overtaken the United States economically*:Arvind Subramanian,*Eclipse: Living in the Shadow of China's Economic Dominance*(Washington,DC:Peter G. Petersen Institute for International Economics,2011).

3.*Number one by 2027*:Jim O'Neill,*Growth Map:Economic Opportunity in the BRICS and Beyond*(New York:Portfolio/Penguin,2011).

4.*Number one in 2030*:National Intelligence Council, "Global Trends 2030: Alternative Worlds," December 2012,http://globaltrends2030.files.wordpress.com/2012/11/global-trends-2030-november2012.pdf.

5.*Gas prices from gas exports*:The original study,focusing on liquid natural gas(KNG),was released for comments on December 5,2012.Its purpose was to forecast how "U.S.LNG exports could affect the public interest,with an emphasis on the energy and manufacturing sectors." The conclusion of the report was unambiguous: "Across all these scenarios,the U.S.was projected to gain net economic benefits from allowing LNG exports." Subsequent to the release of the document,thousands of documents from a myriad of groups were filed opposing the conclusions of the report.A subsequent update by NERA, released on April 23,2013,concluded, "There were net economic benefits to the U.S.economy across all the scenarios that we examined in which the global market would take LNG exports from the U.S." See US Department of Energy, Office of Fossil Energy, "LNG Export Study," http://energy.gov/fe/services/natural-gas-regulation/lng-export-study.

6.*As much as $16 for an equivalent amount*:Prices vary by season and demand.At the time of this writing,according to BP's authoritative natural gas price comparisons index,prices for 1 million BTUs of natural gas were about $2.99 in the United States,$9.22 in the United Kingdon,$11.60 in Germany,and $17.10 in Japan.

7.*2.5 million barrels of oil a day*:US Energy Information Administration, Annual Energy Outlook 2010,June 2012,www.eia.gov/forecasts/aeo/pdf/0383(2012).pdf.

8.*Convert some of these facilities for export use*:Jim Snyder and Edward Klump, "Gas Export Approval Not Seen Signaling U.S.Permit Flood," Bloomberg,May 17,2013.

9.*Funded by the National Scince Foundation*:R.D.Vidic,S.L.Brantley,J.M. Vandenbossche,D.Yxtheimer,and J.D.Abad, "Impact of Shale Gas Development on Regional Water Quality," *Science*,May 17,2013.

10.*Sensation around the world*:Donella H.Meadows,Dennis L.Meadows, Jørgen Randers,and William W.Behrens III,*The Limits to Growth*(New York: Universe Books,1972).Updated editions were later published.

11. "*Service companies are developing...*" :National Intelligence Council, "Global Trends 2030:Alternative Worlds," December 2012,http://globaltrends2030. files.wordpress.com/2012/11/global-trends-2030-november 2012.pdf,36.

12.*Net energy exporter by 2025*:ExxonMobil,*2013:The Outlook for Energy.A View to 2040*,2013,www.exxonmobil.com/Corporate/files/news_pub_eo.pdf,47.

13.*35 percent compared to the present*:Ibid.,1.

14.*Will jump from #33 billion*:Sherle R.Schwenninger and Samuel Sherraden,*The Promise of(and Obstacles to)America 's Emerging Growth Story* (Washington,DC:New America Foundation,Economic Growth Progran,2012),http: //newamerica.net/sites/newamerica.net/files/policy docs/America_Emerging_ Growth_Story.pdf.

15.*Received scant attention*:Roger J.Stern, "United States Cost of Military Force Projection in the Persian Gulf,1976–2007," *Energy Policy* 38,no.6(2010): 2816–2825.

16.*Scoring toward the bottom*:See Transparency International ' s "2012 Corruption Perceptions Index" page at www.transparency.org/cpi2012,as well as the clickable map at www.transparency.org/cpi2012/results.As Transparency International explains,the index rates perceptions rather than the level of corruption directly because "corruption generally comprises illegal activities, which are deliberately hidden and only come to light through scandals, investigations or prosecutions.There is no meaningful way to assess absolute levels of corruption in countries or territories on the basis of hard empirical data....Capturing perceptions of corruption....is the most reliable method of comparing relative corruption levels across countries" ("What Is the Corruption Perceptions Index," www.transparency.org/cpi2012/in_detail#myAnchor2).

17.*Largest oil producer by 2020*:International Energy Agency,World Energy Outlook,2012.

18.*Twice as much ethanol as Brazil*: "World Fuel Ethanol Production," 2012,Renewable Fuels Association,http://ethanolrfa.org/pages/World - Fuel - Ethanol-Production.

19.*Used more energy than it produced*:Todd Diemer, "Al Gore Mea Culpa: Support for Corn - Based Ethanol Was a Mistake," *Politics Daily*,January 23, 2011,www.politicsdaily.com/2010/11/23/al - gore - mea - culpa - support - for - corn - based-ethanol-was-a-mistake/.

20.*According to the US Energy Information Administration*:US Energy Information Administration, "Frequently Asked Questions," accessed May 16, 2013.www.eia.gov/tools/faqs/faq.cfm?id=93&t=4.

21. "*Spurred by signs of economic improvement*" :David Bird, "U.S.Oil Futures Surge as Economy Improves," *Wall Street Journal*,March 27,2013,http:// online.wsj.com/article/SB20001424127887324789504578384011642706352. html.

22.*Rose on expectations*:I sometimes tink you could write the equation for what sets oil prices like this:Real demand,plus fear of Middle East instability, plus future expectations of demand,multiplied by the manipulation of supplies by OPEC,or$(RD+F+ED)\times M(S)=P$.

第5章 烧钱

1,*My colleagues at the Milken Institute*:James R.Barth,Tong Li,Wenling Lu, and Glenn Yago,*2009 Capital Access Index:Best Markets for Business Access to Capital,*April 2010,Milken Institute,www.milkeninstitute.org/pdf/CAI2009.pdf.

2.*Fifth in the lineup*:The reason the United States didn't fall further in the rankings was that after "freezing" for a period of months,the corporate bond market began functioning once more,at least for the biggest American companies.

This meant that big companies could borrow money at very favorable rates. However,smaller businesses and individuals still suffered.The newly chastened banks either stopped lending to them or lent money to them at high rates of interest,sometimes even requiring equity to limit their risks.In the United States, the bottom line was that big companies continued to have access to capital,while others did not.

3.*All things being equal*:*See Joel* Kurtzman and Glenn Yago,*Global Edge: Using the Opacity Index to Manage the Risks of Cross Border Business*(Cambridge, MA:Harvard Business Publishing,2007).

4.*At the time of this writing*:David Sterman, "10 Companies with the Biggest Cash Stockpiles in America," September 21,2012,StreetAuthority.com, www.streetauthority.com/energy - commodities/10 - companies - biggest - cash - stockpiles-america-459772.

5.*We pay between 15 and 39 percent*:The global accounting firm KPMG uses the Figure of 40 percent as an average for America's corporate tax rate,with 25.5 percent the average for all developed countries.

6.*$1.9 trillion*:Sherle R.Schwenninger and Samuel Sherraden,*The Promise of (and Obstacles to)America's Emerging Growth Story*,July 2012,New America Foundation,Economic Growth Program,http://newamerica.net/sites/newamerica.net/files/policydocs/America_Emerging_Growth_Story.pdf.

7.*Debt - to - GDP ratio*: "National Debt Graph by President," n.d.,zFacts, http://zfacts.com/p/318.html.

8.*Five times greater*: "SIPRI Military Expenditure Database," Stockholm International Peace Research Institute(SIPRI),www.sipri.org/research/armaments/milex/milex_database/milex_database.SIPRI is an autoritative nongovernmental organization in Sweden.

9.*In medieval England*:Peter Corless, "Medieval Agriculture Yields and Equivalents", December 10,1944,ibilio,www.ibiblio.org/london/agriculture/general/1/msg00070.html.

10.*Collectively,Americans had*:Research and Statistics,Weekly Money Market Mutual Fund Assets,September 5,2013,Investment Company Instiute, www.ici.org/research/stats/mmf.

11.*Mutual fund investments at the end of 2012*:Investment Company Institute,*2013 Investment Company Fact Book*,53rd edition,www.icifact book.org/fb_ch1.html.

12.*Additional $1.3 trillion*:Ibid.

13. *$7 trillion deposited*: "Total Savings Deposits at All Depository Institutions," Federal Reserve Economic Data,http://research.stlouisfed.org/fred2/series/SAVINGS.

14.*To at least $22 trillion*: "Market Capitalization of Listed Companies (current US$)," World Bank,http://data.worldbank.org/indicator/CM.MKT.LCAP.CD.

15.*Collectively owned about $64 trillion*:This number underreports total household net worth. "Financial Accounts of the United States:Flow of Funds, Balance Sheets,and Integrated Macroeconomic Accounts," a Federal Reserve Statistical Release,for the first quarter of 2013,puts household net worth at an even higher amount, $70 trillion.However,I will stick with the lower and more conservative amount for fafety ' s sake.See www.federalreserve.gov/releases/z1/current/z1.pdf.

第6章 美国制造

1.*They make an average of $33.77*:There is a difference between salary and benefits and labor costs.Labor costs include salary,benefits,and longtail liabilities,such as health-care costs for retirees.Salary is typically a pay-per-time unit,plus benefits,which vary,and other factors.However,not everyone computes these numbers the same way,given how complex the variables can get. As a result,it is rare for two analysts to come up with exactly the same numbers. for either figure.The numbers quoted here are from a paper published by Kevin C.Brown,PhD, "A Tale of Two Systems," December 21,2011,on *Remapping*

Debate,an online journal of economics,www.remappimgdebate.org/article/tale - two - systems.

2.*American wages are too low*:During the automobile industry bailout,in the aftermath of the bankruptcy of GM,Chrysler,and some suppliers,Entry - level wages and benefits were negotiated downward.For example,a summary of the United Auto Worker's 2011 contract by Abby Ferla,published on the *Remapping Debate* website on September 21,2011("Putting the New GM-UAW Contract in Historical Context"),shows that an average veteran autoworker hired before 2006 will make $25.94 an hour in 2015,while one hired after 2007 will make between $16.86 and $17.79 and hour(www.remppingdebate.org/map - data - tool/ putting-new-gm-uaw-contract-historical-context).

3. *$2,000 a car*:Sean P.McAlinden and Yen Chen,*After the Bailout,Future Prospects for the U.S.Auto Industry*,December 2012,Center for Automotive Research, available at www.cargroup.org/?module=Publications&event=View&pubiD=98.

4.*J.D.Powers Initial Quality Study*:Jeff Youngs, "2013 Initial Quality Study:Top - Ranked Models," J.D.Power:McGraw Hill Financial,http://autos. jdpower.com/content/blog-post/FCRnIHl/top-ranked-models-in-the-j-d-power-2013-initial-quality-study.htm.

5.*Most productive country in the world*: "2011 International Comparison of Labor Productivity," February 16,2012,Japan Productivity Center,www.jpc-net. jp/eng/research/2012_02.html.

6.*Theft of $45 million*:Mark Santora, "In Hours,Thieves Took $45 Million in A.T,M.Scheme," *New York Times*,May 9,2013.www.nytimes.com/2013/05/10/ nyregion/eight - charged - in - 45 - million - global - cyber - bank - thefts.html? pagewanted=all&_r=0.

7.*Focused on the Spartanburg plant*:Horatiu Boeriu,BMW Blog,January 10.2013,www.bmwblog.com/2013/01/10/bmw-spartanburg-plant-reports-record-production-volume/.

8.*A staggering amount*:Tom Orilick, "Rising Wages Pose Dilemma for

China," *Wall Street Journal*,May 17,2013,http://online.wsj.com/article/SB10001424127887324767004578488233119290670.html.

9.*Economic Research Service*: "Farm Labor:Background," "Hourly and Annual Earnings,Selected Occupations,May 2011," table,United States Department of Agriculture,Economic Research Service,www.ers.usda.gov/topics/farm-economy/farm-labor/background.aspx#wages.

10.*0.7 percent of America's workforce*:Central Intelligence Agency,*The World Factbook*, "The United States,Economy,Labor Force,by Occupation," https://www.cia.gov/library/publications/the-world-factbook/geos/us.html.

11.*20 percent of our economy*:US Department of Agriculture,National Agricultural Statistics Service, "Farm Labor:Number of Farms and Workers by Decade,US," n.d.,www.nass.usda.gov/Charts_and_Maps/Farm_Labor/fl_frmwk.asp.

12.*Thanks to new manufacturing techniques*: "Increasing Global Competition and Labor Productivity:Lessons from the US Automotive Industry," November 2005,McKinsey Global Institute.

13.*Priciest places to live*: "Worldwide Cost of Living Index 2013," *The Economist*,Intelligence Unit,https://www.eiu.com/public/topical_report.aspx?campaignid=Wcol2013.

14.*People will need office space*:David Segal, "A Missionary's Quest to Remake Motor City," *New York Times*,April 13,2013,www.nytimes.com/2013/04/14/business/dan-gilberts-quest-to-remake-downtown-detroit.html?pagewanted=all&_r=0.

15.*Over the past four years*:World Bank, "Foreign Direct Investment,Net Inflows(BoP,current US $)," 2013,http://data.worldbank,org/indicator/BX.KLT.DINV.CD.WD,*SHOWS THAT BETWEEN 2008 AND 2012*,China received about $250 billion in outside investment,while the United States received about $205 billion.

16.*And ours in just 313 million*:World Bank, "Population,Total," n.d.,http:

//data.worldbank.org/indicator/SP.POP.TOTL.

17.*Location is as important*:Enrico Moretti,*The New Geography of Jobs* (Boston:Houghton Miffin Harcourt,2012).

18.*Has a multiplier of 7.8 Rob Sentz*: "Job Multipliers:Silicon Valley vs. The Motor City," August 31,2012,EMSI,www.economicmodeling.com/2012/08/31/job-multipliers-silicon-valley-vs-the-motor-city/.

19.*Mitt Romey,for example*:Mitt Romney, "Let Detroit Go Bankrupt," *New York Times*,November 18,2008,www.nytimes.com/2008/11/19/opinion/19romney.html?_r=0.

20.*The book...shows so well*:Matthew B.Crawford,*Shop Class as Soulcraft:An Inquiry into the Value of Work*(New York:Penguin,2009).

21. "*Outsourcing that is based...*" :Jeffrey R.Immelt, "The CEO of General Electric on Sparking an American Manufacturing Renewal," *Harvard Business Review*,March 2012,http://hbr.org/2012/03/the-ceo-of-general-electric-on-sparking-an-american-manufacturing-renewal/ar.

第7章 并非事事完美

1. *$23,520 versus $51,108,on average*:US Department of Commerce,US Census Bureau,2009.

2.Versus $72,000:US Department of Commerce,Economic and Statistics Administration,US Census Bureau, "Field of Degree and Earnings by Selected Employment Characteristics:2011," October 2012,www.census.gov/prod/2012pubs/acsbr11-10.pdf.

3.*Only 800,000 people*:US Department of Labor,Bureau of Labor Statistics, "Databases,Tables and Calculators by Subject," www.bls.gov/data/.

4.*Tough-minded automobile testers*: "2014 Chevrolet Impala Is Consumer Reports' Highest Scoring Sedan," *Consumer reports*,www.consumerreports.org/cro/2013/07/2014-chevrolet-impala-highest-scoring-sedan-consumer-reports/index.htm.

5.*National Highway Safety Administration*:Harold Maass, "Tesla's Model S is the Safest Car Ever," *The Week*,August 20,2013,http://theweek.com/article/index/248468/why-teslas-model-s-is-the-safest-car-ever.

6.*Led to the establishment*:The National Science Foundation was established by Congress in 1950.At present it makes about 10,000 grants a year for scientific research.Its research has led to breakthroughs in supercomputing, nanotechnology,astronomy,mathematics,biology,and many other areas.

7. "*There must be a steady stream...*" :Vannevar Bush, "Science,the Endless Frontier:A Report to the President by Vannevar Bush,Director of the Office of Scientific Research and Development,July 1945" (Washington,DC:US Government Printing Office,1945),Chapter 3(n.p.),available online at the National Science Foundation website,www.nsf.gov/od/lpa/nsf50/vbush1945.htm.

8.*Going to college was rare*: "Educational Attainment in the United States, Population and Characteristics,2009," February 2012,US Department of Commerce,US Census Bureau,www.census.gov/prod/2012pubs/p20-566.pdf.

9.*Sites around the country*: "Professionals:Manufacturing Opportunities," n.d.,Siemans,www.usa.siemens.com/en/jobs_careers/professionals/manufacturing_and_production_opportunities.htm.

10.*9.8 percent for non-STEM jobs*:David Langdon,George McKittrick,David Beede,Beethika Khan,and Mark Doms, "STEM:Good Jobs Now and for the Future," July 2011,US Department of Commerce Economics and Statistics Administration,Office of the Chief Economist,www.esa.doc.gov/sites/default/files/reports/documents/stemfinaljuly14.pdf.

11.*By the McKinsey Global Institute*:James Manyika,Scott Nyquist,Lenny Mendonca,Sreenivas Ramaswamy,and Susan Lund, "Game Changers:Five Opportunities for US Growth and Renewal," July 2013,McKinsey,www.mckinsey.com/Search.aspx?q=stem.

12.*Enrollment in engineering schools*: "Science & Engineering Indicators," National Science Foundation,www.nsf.gov/statistics/seind12/.

13. "*Demand for engineering education...*" :Christopher R.O'Dea, "The

Graduates:How to Fill Three Million Jobs," *Korn/Ferry Briefings:Talent + Leadership* 4 no.15(2013):28-35,www.nxtbook.com/nxtbooks/kf/briefings_20143q3_v2/index.php?startid=29.

14.*Gain college credit*:One of the best reports on Race to the Top was done by the Center for American Progress:Ulrich Boser, "Race to the Top,What We Have Learned from the States So Far," March 2012,www.americanprogress.org/wp-content/uploads/issues/2012/03/pdf/rtt_states.pdf.There are other studies as well that chart the impact of states adopting the common curriculum program and tougher standards.

15.*Called "endless" now*: Elon Musk, "Hyperloop," Tesla Blog,www.teslamotors.com/blog/hyperloop.

16.*Software jobs multiplier*:I'm using the Economic Modeling Specialists International figure of 4.3 as an average for software,IT,high-tech,Internet,and related jobs.SpaceX is a manufacturer,which has a higher multiplier,but my aim is to be conservative in these estimates.

第8章 加州梦

1.*6,700 institutions*: "Database of Accredited Postsecondary Institutions and Programs," June 2013,US Department of Education,http://ope.ed.gov/accreditation/GetDownloadFile.aspx.

2.*Student of history*:Peter Drucker,*The Age of Discontinuity:Guidelines to Our Changing Society*(New York:HarperCollins,1969).

3.*And then people change*:see Harold Innis,*Empire and Communications*(Toronto:Dundurn,1950);Harold Innis,*The Bias of Communication*(Toronto:University of Toronto Press,1951);Marshall McLuhan,*Understanding Media:The Extensions of Man*(New York:Routledge,1964);Marshall McLuhan,*The Gutenberg Galaxy*(Toronto:University of Toronto Press,1962).

第9章 充沛的机遇

1.*Owed domestically*: "Federal Debt Bastics," n.d.,US Government Accountability Office,www.gao.gov/special.pubs/longterm/debt/debt basics.html.

2.*About $2.5 trillion*:James K.Jackson, “Foreign Direct Investment in the United States:An Economic Analysis,” October 26,2012,Congressional Research Service,www.fas.org/sgp/crs/misc/RS21857.pdf.

3. *$25 trillion worth*: “U.S. Net International Investment Position at Yearend 2011,” June 26,2012,US Department of Commerce,Bureau of Economic Analysis,www.bea/gov/newsreleases/international/intinv/2012/intinv11.htm.

4.*Darkest days of the crisis*:According to the Federal Reserve,the largest banks performed well on the 2013 “stress tests,” which models the impact of a large drop in economic activity on the strength of the banking system.According to Federal Reserve Governor Daniel K.Tarullo, “Significant increases in both the quality and quantity of bank capital during the past four years help ensure that banks can continue to lend to consumers and businesses,even in times of economic difficulty.” Tarullo was quoted in a March,7,2013,press release that is archived at the website of the Board of Governors of the Federal Reserve System at www.federalreserve.gov/newsevents/press/bcreg/20130307a.htm.